시민이 챙겨야 할 나라 가계부

희망제작소 프로젝트
우리 시대 희망 찾기

02

시민이 챙겨야 할 나라 가계부

| 이원희 지음 |

창비

'현장의 목소리'에서 희망을 찾다

민간 싱크탱크 희망제작소의 '우리시대 희망찾기' 연구 프로젝트는 민주화 이후 한국사회 현실을 심층적으로 진단하고, 이를 바탕으로 새로운 사회개혁의 전망을 모색하고자 하는 하나의 시도이다. 이 프로젝트가 같은 문제를 고민하는 다른 노력들과 구별되는 점이 있다면, 일상세계로 들어가 '현장의 목소리'를 듣고, 그 목소리가 들려주는 '아래로부터의' 경험과 지혜를 체계화하여 우리사회의 문제와 애로가 형성된 역사적·문화적·제도적 조건을 해명하고, 그러한 구체적이고 풍부한 이해 속에서 희망의 단서를 찾고자 한다는 것이다. '현장의 목소리'에서 출발해 사회 현실을 그려보고자 하는 '우리시대 희망찾기'의 문제의식은 이 연구 프로젝트의 연구방법론이자 사회 현실을 이해하는 태도이기도 하다.

이 연구 프로젝트를 기획한 것은 우리 두 사람이지만, 이 기획을 현실화시킨 것은 우리의 문제의식에 공감해 재능과 열정을 모아준 연구자들이다. 2006년 1월 희망제작소 내에 꾸려진 연구위원회는 집중 토론을 통해 모두 14개의 주제 영역을 설정하였고, 이후 주제별로 관련 '현장'에서의 활동 및 연구경험을 가진 전문가들로 연구팀을 구성했다. 각 연구팀은 독자적인 방식으로 연구를 수행하면서, 필요할 때는 연구팀 사이의 공통의 문제의식을 확인하고 토론했다. 연구의 전 과정에서 연구자들은 섣부른 주장보다는 현장 속에 유형무형으로 녹아 있는 다양한 목소리를 그려내고, 어렴풋하게나마 형성되고 있는 새로운 실천의 지향과 가능성을 드러내고자 노력했다.

　주제별 연구자들에 대한 소개와 연구과정은 순차적으로 발간될 책에서 하기로 하고, 전체 프로젝트 진행에 참여하였던 분들을 간단히 소개한다. '우리시대 희망찾기' 첫권의 저자이기도 한 유시주 희망제작소 객원연구위원은 작가 특유의 지적 감수성과 깨어 있는 시민으로서의 사회의식을 바탕으로 '우리시대 희망찾기' 씨리즈의 주요 편집인으로서 연구내용을 감수했을 뿐 아니라 프로젝트 전체를 실질적으로 이끌었다. 이희영은 연구기획 이외에 연구방법론 전공자로서 모든 주제 연구가 '현장의 목소리'에 기초하여 재구성될 수 있도록 전체 연구내용을 감수하고 자문했다. 강현선 연구원은 섭외, 조직, 예산집행을 포함한 연구진행 실무를 책임졌다. 또 삼성은 '우리시대 희망찾기'의 연구가 실현될 수 있도록 연구기금의 지원을 아끼지 않았고, 창비는 경제적 효과를 기대하기 힘든 연구보고서의 출판을 기꺼이 맡아주었다.

　생활세계의 구체성과 풍부함에 주목하고자 하는 우리의 문제의식이 기존의 연구방법에 대한 아쉬움에서 말미암은 게 사실이지만, 그렇다고 해서 이 연구가 지금까지의 다양한 이론적·경험적 연구결과들과 무관한 것은 아니다. 오히려 기존의 다양한 연구성과들은 현장의 목소리를 재구성하기 위한 분석과 해석 과정에서 중요한 자원이 되었음을 밝힌다.

'우리시대 희망찾기'의 연구결과에 대한 평가는 독자들의 몫이다. 우리는 독자들과의 다면적인 소통을 통해 연구결과가 평가되고 재해석되는 과정이야말로 이 연구의 마무리라고 생각한다. 독자들의 날카로운 질책과 비판을 기대한다. 마지막으로, 낯선 연구자들에게 마음을 열고 '나의 이야기'를 들려준 구술자들이야말로 이 프로젝트의 기본 동력이었음을 밝히며, 귀한 시간을 내어 경험과 지혜를 나누어주신 그분들께 진심으로 감사드린다.

2008년 7월

박원순(희망제작소 상임이사)

이희영(대구대학교 교수·사회학)

차
례

일러두기

1. 구술자의 이름은 몇명을 제외하고 가명으로 하되, 독자의 이해를 돕기 위해 구술 당시(2006년 3~6월)의 소속과 직책을 본문 뒤 '구술자 소개'에 밝혀두었다.
2. 구술자 인용은 연구팀에서 작성한 녹취록을 바탕으로 했고, 해당 녹취록의 면수를 각 인용문 뒤에 밝혀두었다.
3. 구술자 인용은 녹취록을 그대로 따르는 것을 원칙으로 하되, 가독성을 지나치게 해치는 부분만 일부 빼거나 가다듬었다. 인용문 가운데 일부를 중략한 곳은 (…)로 표시했으며, 인용자의 설명이 필요할 때는 〔 〕안에 넣었다.
4. 구술자 인용문에서의 강조는 인용자의 것으로, 구술 내용을 이해하는 데 중요하다고 여겨지는 부분을 강조 처리했다.
5. 이 책을 집필하는 사이 정권이 바뀌고 2008년 재정관련 정부조직이 전면적으로 개편되었다. 이명박정부는 기획예산처와 재정경제부를 기획재정부로 통합하고, 예산과 조세 그리고 경제정책을 한곳에서 관리하게 했다. 이 책은 인터뷰 당시의 주무부처인 기획예산처를 전제로 서술되었음을 밝힌다. 특히 재정관련 정부조직 개편을 논의하는 제5장에서 부처명에 혼선이 없기를 바라며, 이 책의 관점에 견주어 2006년 제정된 바 있는 국가재정법이 새 정부조직에서 제대로 작동하는지 평가하는 일은 차후의 과제로 미룬다.

재정, ‘그들’의 영역에서 ‘우리’의 영역으로

재정민주주의의 첫걸음

재정은 국가 또는 지방자치단체가 행정이나 공공정책을 시행하기 위해 자금을 만들어 이용하고 관리하는 활동을 일컫는다. 두말할 것도 없이 정부가 쓰는 돈은 모두 국민의 주머니에서 나온다. 그중에는 봉급생활자들의 ‘유리지갑’에서 나가는 소득세도 있고, 물건을 구입하면서 우리도 모르게 내는 부가가치세도 있으며, 경유 자동차를 이용하는 사람들이 내는 ‘환경개선부담금’ 같은 부담금도 있고, 교통법규를 위반했을 때 내는 범칙금도 있다. 돈이 부족할 땐 정부가 국민주택채권이나 지하철공채를 발행해 국민에게 빚을 내기도 한다. 어떤 형태이건 재정수입의 유일한 원천이 국민이니만큼 재정지출의 최종 결재권자도 국민임은 군말을 보탤 여지가 없을 것이다.

그러나 불행히도 그렇지가 않다. 과거 권위주의정권 시절, 재정은 국민이 감히 접근하지 못하는 영역이었다. 그것은 거의 '공권력'의 범주에 속했다. 더군다나 접근을 허락한다 해도 일반 국민들로서는 그 규모를 헤아리기도 힘든 어마어마한 액수인 데다, 전문가가 아니면 이해하기 힘든 복잡한 회계원리 때문에 실제로 그 내용을 들여다보는 게 불가능했다. 그런 까닭에 재정은 이제까지 우리와 상관이 없는 '그들의 영역'이었다. 국민은 전문가와 관료, 그리고 정치인들의 현란한 말잔치를 그저 구경만 할 수밖에 없었다.

그러나 1987년 이후의 민주화는 재정활동에도 변화를 가져왔다. 국민이 재정활동에 참여하고 권리를 확보해야 한다는 인식이 확산된 것이다. 민주주의의 일반적인 발전과정에 비추어볼 때 사실 이런 현상은 순서가 뒤바뀐 것이다. 서구의 경우, 시민계급의 조세저항에서 근대 민주주의혁명이 시작되었고, 재산권 확보 과정에서 민주주의가 정착되었다. 반면 정부주도형 경제발전 전략을 채택한 우리나라에서는 정부의 보호 아래 중산층이 육성되었기에, 정부를 아버지 같은 존재로 받들어야 했다. 가부장적 국가관 탓에, 서구와는 달리 재정민주주의가 민주화 발전과정에서 오히려 가장 늦게 촉발된 것이다.

시민사회가 재정에 본격적으로 관심을 가지게 된 것은 1999년 경제정의실천연합(경실련)이 산하에 예산감시위원회를 설치하면서부터라고 해도 과언이 아니다. '시민 없는 시민운동'이라는 문제가 제기되고 시민단체의 도덕성 문제가 쟁점이 되던 시기에 경실련은 '전문가-상근자-시민', 이 세 축이 같이 활동할 수 있는 영역으로 예산감시운동을 선정했다. 이후 기관장 판공비 공개, 연말이면 멀쩡한 보도블록을 파헤치는 예산낭비 문제가 쟁점이 되었고, 그밖에도 다양한 예산낭비 사례가 시민의 입장에서 제보되고 공론화되기 시작했다. 관료적 절차와 전문가의 분석에 갇혀 있던 예산문제가 우리 동네의 보도블록 교체 문제와 연관되면서, 비로소 재정은 '그들의 영역'에서 '우리'의 실생활 안으로 들어오게 되었다.

예산이 시민의 영역으로 전환되면서 많은 변화가 일어났다. 예산낭비 사례를 고발하는 사후 감시운동을 넘어서 이제는 예산참여운동이 적극적으로 전개되고 있다. 또한 복지나 환경 관련 단체에서는 예산확보 차원에서 이 운동에 강력하게 동참하고 있다. 참여정부 들어 복지비를 늘리는 과정에서 예산의 우선순위에 관한 논쟁이 제기된 것도 재정에 대한 국민적 관심을 높이는 촉매제가 되었다. 그리고 '작은 정부'와 '큰 정부' 논란에서도 예산규모가 중요한 주제였다.

이는 과거와 비교하면 결코 적지않은 변화이다. 개인적인 경험을 예로 들면 1987년 석사학위 논문을 쓸 때 예산에 관한 자료는 접근이 제한되어 있어 애를 먹었던 기억이 있다. 당시에는 『예산개요』라는, 정부 발간 책자만 가지고 있어도 전문가가 될 수 있었다. 복지비 비중이 얼마인지도 모르는 상황에서 예산구조를 이야기하기란 불가능했다. 정보와 관련해서는 공개가 아니라 통제가 우선이었다. 원고를 작성하다가 국방비 예산 비중을 알고 싶으면 국회도서관에 가서 자료를 찾아야 했다. 그런데 지금은 『예산개요』 전문이 기획재정부 홈페이지에 PDF 파일로 공개되어 있다. 우리의 재정활동은 규모가 증가하는 양적인 발전뿐 아니라, 과정이나 절차, 운용 차원에서 질적인 발전의 단계로 접어들고 있다.

상황이 이러한 만큼 재정 분야에서 새로운 비전을 찾는 노력은 꼭 필요하다. 그러한 고민을 하던 차에 희망제작소에서 '우리시대 희망찾기'라는 연구기획을 내놓았고, 나는 재정 분야도 포함되기를 강력하게 희망했다. 재정도 '우리의 영역'으로 넘어온 만큼 시민사회가 이에 대해서도 관점을 바로 세우고 올바른 방향과 원칙을 고민해야 한다고 생각했기 때문이다.

다른 모든 분야에서와 마찬가지로 재정도 변화하는 환경 속에서 새로운 운용 원리를 찾아야 한다. 그리고 그를 둘러싼 논의는 정부가 주도하는 폐쇄적인 공간에서가 아니라 공개된 광장에서 이루어져야 한다. 또한 전문가의 셈법을 넘어 국민의 보편적 정서가 반영된 과제를 도출해야 한다.

이 책에서는 재정운용과 관련해 국민적 관심사가 될 만한 몇가지 쟁점을 정리했다.

첫째는 재정관리를 둘러싼 논쟁이다. 언론에는 거의 매일 예산낭비에 관한 기사가 나온다. 국민이 크게 분노하는 사안인 까닭에 몇년 전 기획예산처에 예산낭비대응쎈터까지 설립되었다. 우리의 재정관리 수준은 과연 어떤 수준일까. 아무리 의도가 좋다고 해도 설계된 대로, 그리고 목적한 대로 예산을 지출하지 않으면 의미가 없다. 예산낭비의 의미를 생각하고 우리의 재정관리 수준을 개선하기 위한 방안을 모색해본다.

둘째는 재정규모 논쟁이다. 2005년에 우리나라의 국내총생산(GDP) 대비 예산규모가 주요 국가들과 비교하여 큰지 작은지가 논란이 된 적이 있다. 전문가들의 공방으로 끝나버리고 말았지만, 규모를 둘러싼 논쟁은 재정의 기준을 포함하여 우리가 생각해야 할 여러 문제들을 드러내주었다. 그리고 규모 논쟁을 통해 드러난 쟁점들은 마땅히 시민사회 내에서도 논의되어야 한다. 재정의 최종 결재권자는 국민이기 때문이다.

셋째는 재정운용과 관련한 논쟁이다. 이는 한마디로 무엇을 위해, 누구를 위해 예산을 배분할 것인가의 문제이다. 참여정부 들어 복지 관련 지출이 늘어나면서 재정구조의 변화가 시도되었다. 이 바람이 어디에서 불어왔는지는 이해가 되나 앞으로 어느 방향으로 갈 것인지는 분명하지 않다. 다양한 요인이 복잡하게 얽혀서 작용하고 있기 때문이다. 이와 관련하여 이 책에서는 지출의 당위성을 살펴보았다. 중소기업 지원, 농업 지원, 연구개발(R&D) 지원 등 향후 한국사회의 발전을 위한 정부의 역할 재정립이라는 거대담론을 염두에 두고 재정의 역할을 생각해보기 위해서이다.

넷째는 참여정부 들어서 진행된 각종 재정개혁 장치를 살펴보았다. 참여정부는 국가재정법을 새로 제정하여 재정의 기본적인 틀을 재구축하려 했다. 이러한 제도가 어떻게 정착되는가의 문제는 향후 우리나라 재정운용의 성패를 가늠하는 매우 중요한 기초가 될 것이다. 이에 대한 우리사회의 다양한 의견을 정리해보았다.

다섯째는 재정관리 주체를 둘러싼 논의이다. 이는 나라의 곳간을 누가 어떻게 지키는 것이 가장 효율적일 것인가의 문제이다. 사업을 담당하는 각 부처, 중앙예산기관인 기획재정부, 국회, 감사원, 시민단체가 향후 예산책정과 집행 과정에서 어떠한 역할을 해야 할지 생각해보고, 이를 통해 재정의 희망을 찾을 수 있는 제도적 장치를 제시한다.

이 책은 과학적 분석에 입각해 정책대안을 마련하는 이론서는 아니다. 그러나 우리 사회에 혼재되어 있는 재정 관련 쟁점을 정리하고, 재정민주주의(fiscal democracy)를 확고히 하는 데 디딤돌이 되기를 기대한다.

연구방법: 인터뷰를 통한 텍스트 분석의 가치와 한계

본 연구는 '우리시대 희망찾기' 씨리즈에서 시도하는 질적 연구방법론에 따라 진행되었다. 질적 연구방법론은 일반적으로 양적 연구에 비해 그 역사가 오래지 않고, 특히 통계와 수치에 익숙한 필자의 전공 영역, 고도로 전문적인 재정 분야에서는 낯선 방식이었다. 따라서 방법론의 특성과 장점을 제대로 살리기가 무척 어려웠음을 미리 밝혀둔다. 다만 그런 한계 속에서나마 관련 분야별로 공무원, 전문가, 시민단체 활동가 들을 인터뷰하여 '현장의 목소리'를 최대한 경청하고, 구술자의 경험과 주장 속에서 재정개혁의 길을 찾아보려 노력했다. 필자의 학습과 연구경험, 그리고 지금껏 축적된 우리나라 재정운용의 경험적 자료를 자원으로 구술의 함의를 올바로 해석하려 애썼지만, 그 성취 여부는 독자들이 평가할 몫이겠다.

독자들의 이해를 돕기 위하여, 구술자들의 인터뷰 과정에서 필자가 고민하거나 경험한 몇가지 특징을 따로 적고자 한다. 그로써 이 연구보고서의 의의와 한계가 함께 드러날 수 있을 것이다.

첫째, 누구를 인터뷰할 것인가의 문제이다. 이는 연구내용을 결정하는 매우 중요한 요소이다. 필자는 국회 관계자, 국책사업을 담당하는 행정부 공무원, 기획예산처(현 기획재정부) 공무원, 감사원 공무원, 시민단체 상근자, 교수, 국책연구기관의 전문연구원 등 다양한 사람들을 만났다. 그들은 어떤 의미에서든 장삼이사(張三李四)나 필부필부(匹夫匹婦)는 아니며, 넓은 범주에서 전문가에 속한다. 이 점은 '우리시대 희망찾기'의 다른 연구영역 구술자들과는 매우 구별되는 특징인데, 재정이라는 주제의 특수성으로 말미암은 불가피한 선택이었음을 밝힌다. 예전에 비해 많이 나아졌다고 하지만, 재정활동에 대한 일반 시민들의 인식은 그저 막연한 형편이어서 그들과 구체적인 사안별 쟁점을 논의하기는 어려운 게 현실이다. 따라서 시민사회의 목소리를 듣겠다는 취지는 시민단체 활동가를 인터뷰하는 수준에서 제한될 수밖에 없었다.

둘째, 대상 기관을 선정한 다음에 누구를 만날 것인가도 매우 중요한 요인이다. 모든 사람을 인터뷰할 수는 없는 상황에서 기관대표성을 어느 정도 고려하지 않을 수 없기 때문이었다. 나름대로 연령층과 분야를 고려하여 구술자를 선정했다. 그러나 계량적인 방법이 아니라 질적인 방법을 추구하는 과정에서 표본의 대표성 확보라는 문제는 여전히 필자의 책임으로 남는다.

셋째, 인터뷰 과정에서 절대 실명을 밝히지 말아달라는 요구가 많았다. 예산과 관련하여 답하기에 민감한 부분이 많기 때문이다. 특히 예산 관련 업무가 현재 진행되고 있는 상황이라, 자칫 기관을 폄하하는 이야기를 했다가 괘씸죄에 걸려 불이익을 받을 개연성도 구술자들로서는 염려하지 않을 수 없었을 것이다. 이런 점을 고려하여 본문에 나오는 모든 이름은 가명으로 처리했다.

넷째, 기관의 경우 구성원 간에 비슷한 의견을 보인다는 특징이 있다. 개인 의견보다 조직 의견이 지배하고 있다는 인상을 받았다. 예컨대 기획예산처 소속 공무원이면 특정 주제에 대해 거의 비슷한 인식을 하고 있었다. 국회 소속 공무원도 크게 다르지 않았다. 재정운용에 관한 한 집단최면에 걸려 있다는 느낌이 들 정도이다. 개별 기관 공무원들은 각 기관의 논리로 무장하고 있으며, 저마다 그것이 '국민의 복리를 위해서' 또는 '국가발전을 위해서'라고 주장했다. 준거집단에 따라 어떻게 논리와 판단이 달라지는가를 살펴보는 것도 독자들로서는 재미있을 것이다. 아울러 하나의 주제를 두고 관련 기관 구성원들의 견해와 주장이 엇갈리는 양상을 비교·분석해보는 것도 재정연구의 의미있는 방법론이 되지 않을까 하는 생각이다.

다섯째, 질문 방식과 관련하여 특정 주제에 대해서는 특정인에게만 질문하는 방식도 있으나 본 연구에서는 모든 구술자들에게 같은 질문을 던졌다. 특정 주제에 관심이 없다는 것도 분석 대상이 될 수 있기 때문이다. 예컨대 국책연구기관의 경우 거시적인 재정정책 분석만 하고 구체적인 사업의 낭비요소는 보지 않는다는 사실이 확인되면, 시민의 입장에서 필요한 재정정보를 제공하는 단체가 필요하다는 과제가 도출될 수 있기 때문이다. 그래서 모든 구술자들에게 재정운용과 관련한 다양한 쟁점을 던져보았다. 이 책의 목차가 곧 구술자들에게 던진 질문이라고 보아도 무방하다.

새로운 시도를 하는만큼 모자란 점이 많을 것이다. 질적 연구 방법에 익숙지 않은 필자로서는 무엇보다 '대표성'의 문제에서 여전히 아쉬운 마음이 남는다. 그러나 재정의 연구에서 이러한 방법을 도입했다는 시도 자체가 의미있다고 생각한다. 이 책이 재정에 관한 시민사회의 관심을 높이고, 우리가 재정민주주의를 위해서 무엇을 어떻게 개혁해나갈지 고민하는 계기가 된다면 연구자로서 그 이상의 기쁨이 없을 것이다.

2008년 7월
이원희

우리시대 희망찾기

1장

재정은 어디서 어떻게 낭비되는가

예산에 대한 관심이 재정민주화를 이끈다

1999년 경실련이 예산감시위원회를 구성하고 시민들의 제보를 받기 위해 '9898(고발고발)' 전화를 운영했다. 대낮에 가로등이 켜 있다는 시골 할머니의 전화에서부터 연말이면 파헤치는 보도블록 공사 문제, 판공비를 사적인 용도로 사용한다는 은밀한 제보에 이르기까지 연간 80여건의 예산낭비 사례를 알려올 정도로 뜨거운 반응을 얻었다. 이는 재정운용과 관련하여 시민들이 일상에서 체감할 수 있는 문제가 주로 낭비 사례이기 때문일 것이며, '국가가 쓰는 돈은 내 주머니에서 나간 세금이며, 따라서 그 돈을 허투루 쓰는 일은 바로잡아야 한다'는 건강한 시민의식의 발로이기도 하다. 그리고 그런 시민의식이야말로 예산낭비 사례 감시를 넘어 재정 전반의 문제로 관심을 넓혀갈 수 있는 소중한 출발점이다.

실제로 대다수 국민은 중앙이든 지방이든 정부의 예산낭비에 강한 거부감을 가지고 있으며, '공무원들은 자기 돈 아니라고 예산을 함부로 쓴 다'는 불신이 광범위하게 퍼져 있다. 이명박 대통령이 대선 후보 시기 "기업경영 마인드를 가지면 한 해에 국가예산 20조원은 쉽게 줄일 수 있다"는 과감한(?) 발언을 한 것도 그런 불신에 기초했을 터이다. 이런 인식은 서울시장 재임시의 경험에 근거한 것이었다. 그가 시장으로 있을 때 서울시는 예산집행을 심사하는 계약심사과를 신설했다. 관행에 따른 예산안 작성을 막고 각종 공사에 신공법 도입을 장려하면서, 이를 통해 예산을 절감하는 공무원에게 포상금을 주는 인쎈티브제도를 도입했는데, 이에 힘입어 서울시 예산이 3조원이나 줄었다는 것이다. 이를 중앙정부에 도입하면 20조원이 줄어든다는 계산이었는데,[1] 20조원이면 2007년 예산 163조원의 12%에 해당한다. 수치의 정확성은 따져보아야겠으나 우리의 재정관리에 중대한 문제를 제기한 것만은 분명하다.

과연 우리나라 재정관리 수준은 어느 정도이고, 예산낭비 실태는 어떠할까?

기획예산처는 2005년부터 예산낭비대응쎈터를 운영하고 있다. 첫해인 2005년에는 180건의 제보가 접수되었는데 그중 113건이 보도블록이나 도로공사와 관련된 내용이었다. 도로공사의 적정성이나 도로 위치선정에 대해서는 시민들이 경험에 근거해 그 적합성이나 효율성을 쉽게 판단할 수 있고, 보도블록 공사의 경우 매년 반복되다보니 제보가 집중된 듯하다.

그런데 1년 사이에 제보는 건수나 내용면에서 큰 변화를 보였다. 2006년의 제보 건수는 2005년의 180건에 비해 거의 3배가 증가한 574건이다. 제보 내용면에서는 보도블록이나 도로굴착이 90건으로 여전히 가장 많지만, 도로시설물(29건)이나 도로정비(9건)로도 관심이 확대되었다. 그밖에 인건비, 지역축제 등의 문제가 제기되어 시민들의 관심이 다

〈표 1〉 2005년 예산낭비대응쎈터 제보 건수 (단위: 건수)

1월	2월	3월	4월	5월	6월	7월	8월	9월	10월	11월	12월	합계
	1				3	4	1	2		23	142	180

* 4건의 비분류 포함.

〈표 2〉 2006년 예산낭비대응쎈터 제보 건수 (단위: 건수)

1월	2월	3월	4월	5월	6월	7월	8월	9월	10월	11월	12월	합계
50	61	47	22	23	97	49	40	44	26	56	59	574

양한 분야로 넓혀지고 있음을 알 수 있다. 예산낭비에 관한 한 첫손 꼽히는 사안인 보도블록의 경우, 2005년과 2006년 초기에 치중되고 점차 줄어드는 경향을 보이고 있는데, 기획예산처의 적극적인 대응이 주효했고 국민의 인식이 높아졌기 때문이라고 평가된다.

기획예산처는 소속 전문위원으로 하여금 시민의 제보를 검토 분석하게 하는데, 보고서를 살펴보면 전문위원은 이를 I, II, III 유형으로 구분하여 분석한다. I 유형은 낭비라고 인정하고 적극적인 대응방안을 마련하는 유형, II 유형은 낭비라고 할 수 없는 유형, III 유형은 평가 대상이 아닌 것들이다. 재판에 비교하면 II 유형은 무죄판결을 받는 것에 해당되고, III 유형은 아예 재판 대상이 아니기 때문에 판단 자체를 유보하는 각하에 해당된다고 할 수 있다(감사원이나 국가청렴위원회, 국민고충처리위원회 등 다른 관련 기관에서 이미 조사에 들어간 경우에는 조사 대상에서 제외된다).

이러한 구분에 따르면 2006년의 경우 II 유형이 가장 많다. 주민들이 제도의 취지나 사업의 구체적인 성격을 이해하지 못해 낭비라고 성급히 판단했다고 해석할 수 있다. 그럼에도 예산낭비로 판단되어 제도적인 개선으로 연계되는 I 유형이 73건에 달한다는 것은 시민들의 적극적인 참여가 거둔 긍정적 효과라고 평가할 수 있다.

유형별 판단 건수				기타
I 유형	II 유형	III 유형	합계	(검토중, 이첩, 이관)
73	385	89	547	36

문제는 보도블록이 아니다

예산낭비에 대해 국민적 경각심이 높아지고 있는 점, 그에 대응해 기획예산처가 나름의 체계를 갖추기 시작한 것도 재정민주화를 위해서 물론 좋은 일이다. 그런데 문제가 그렇게 간단하지 않다.

많은 사람들이 눈에 보이는 것만 말을 해요. 예산안 심의를 보면 보도블록 뭐, 이렇게 말하는데 사실은 보도블록은 중앙정부 소관이 아니에요. 다 지방정부 소관이고. 진짜 큰 예산들이 있거든요, 예산 일을 하다보면. 예를 들어 주차장을 고치는 데 3억에서 6억이 든대요. 기계식으로 되어 있는데. 아무도 얘기하는 사람이 없어요. 모르니까! 무엇에 대해서 말하느냐? 쏘프트웨어 구입하는 것에 대해서 말을 해요. 전산 쏘프트웨어. 얼마짜리냐? 백만원, 백몇십만원, 한 천만원짜리……. 그렇게 해요. 그러니까 마찬가지예요. 우리가 그냥 느낌으로만 말하면 느낌에 와닿는 것은 다, 말하자면 몇천만원에서 몇백만원짜리고 진짜 그 큰 예산들 다 허무했어요. 예를 들면 기초생활보장, 의료……. 의료에서 어떤 급여를 늘려주겠다…… 이런 게 몇천억에서 조 단위로 가는 예산들인데 잘 안 보여요. 잘 몰라요. (박민상, 6면)

국책연구원에서 근무하는 박민상 박사는 진짜 큰 예산낭비는 눈에 잘 보이지 않는다고 주장한다. 자신이 근무하는 연구소를 예로 들면 정작 큰돈이 들어가는, 따라서 낭비 위험성이 큰 주차장 개조 문제는 "모르니까" 그냥 넘어가고, 몇백만원짜리 쏘프트웨어 구입하는 문제를 놓고 갑론을박을 한다. 보도블록처럼 "느낌에 와닿고", 눈에 보이고, 잘 아는 것들에서 발생하는 낭비는 사실 제도적이고 거시적인 차원에서 일어나는 낭비, 이를테면 의료보험에서 어떤 급여를 늘려주는 일에 비하면 조족지혈이라는 것이다. 그리고 그런 큰 낭비요소일수록 잘 모르는 것들이고, 따라서 눈에 띄지 않는다고 지적한다. 한마디로 보도블록이 문제가 아니라는 이야기이며, '사소한' 문제들에 현혹되어 "몇천억에서 조 단위로 가는 예산"의 낭비요소들은 오히려 가려진다는 우려이다.

> 재설계 해가지고 단가 올리고, 거기에 따라서 당연히 올라가는 것을 따져보면 처음에 우리가 정치적인 부분을 덜어내면 할 수 있었던 것의 3배 정도는 줄여서 공사를 하고 먹여살리고 있단 말이에요. 그런 부분을 생각한다면 내가 생각할 때는 한 20% 정도는 거품이 되지 않을까. (…) 우리가 '인공위성'도 이야기하고, 우리가 잘 아는 친구들도 왜 금감위에 있던 애들이 그냥 금감위 안 있고 세종에 가서 고문을 한다든지, 아니면 서울시에 잘 있는 애가 삼성 들어가서 캡틴이 되는 그런 것까지 생각한다면, 인력에 있어서 거품까지 포함한다면 재정의 거품은 분명히 있는 것이죠. (박정수, 1면)

현재 서울 소재 대학의 행정학 교수로 재직하고 있는 박정수 교수는 경실련을 통해 시민운동에도 참여하고 국회 예산정책처에도 근무한 적이 있다. 시민단체와 국회에서 다양한 경험을 해보았기에 예산낭비에 대해 나름의 감각을 가지고 있다고 자부하는 그는 재정의 20% 정도는 불필요한 '거품'이라고 추정하며, 그 예로 관급공사와 공무원 인건비를 든다. 관급공사의 경우, 처음 공사비를 산정할 때 정치적 요인이 개입되어 부풀려지고, 또 시행단계에서 설계변경을 통해 단가를 올리는 방법으로, 알뜰하게 할 때에 비해 3배 정도 늘어난다고 지적한다. 나아가 부처에 소속되어 있으면서도 외국유학, 타 부처 파견 등 현업에 있지 않은 '위성 공무원'을 생각한다면 공무원 인력이 적정 수보다 많으며, 이런 것이 불필요한 비용을 유발한다고 지적한다.

예산에 낭비요소가 많다는 점에 대해서는 구술자들 대부분이 의견을 같이했다. 개방형 공무원으로 감사원에 근무하고 있는 신경혜 사무관은 정부의 예산관리 수준을 "중하위 이하"라고 평가하면서, 정부의 관리능력을 고려한다면 "세입을 줄여서 재정규모를 축소하는 것이 차라리 효율적"이라는 주장까지 했다.

그런데 앞서, 정말로 심각한 예산낭비는 보이지 않는 곳에서 일어난다고 지적한 박민상 박사는 "거품이 20%"라든지, "정부의 재정관리 수준이 중하위 이하"라는 식의 평가에 비판적인 태도를 보였다. 그 이유는 이러하다.

> 제가 이런 질문[예산 낭비 수준을 묻는 질문]을 받을 때마다 느끼는 게 뭐냐 하면, 사실은 학자는 근거를 기초로 주장해야 하는데, 거품을 측정하기가 참 어렵잖아요. 어떤 사람은 20~30% 거품이 있는 것 같다고 말하지만 만약에 어떤 사람이 나는 50%라고 말하고 어떤 사람은 0%라고 말하면, 그럼 그냥 서로 주장만 하는 것이지 근거는 없잖아요. 그래서 여기에 대해서는 우리가 자꾸 고민을 해봐야 할 것 같아요. 도대체 이건 어떻게 알 수 있는 건가? 상식적으로 제가 보기에는 잘 없을 것 같아요. (박민상, 1면)

일반 시민이든, 학자든, 공무원이든, 모두들 우리의 예산에 낭비요소가 많다고 입을 모으지만 의외로 "근거"는 모호하다는 것이다. 막연한 불신이거나 경험에 근거한 어림짐작인 경우가 대부분이다. 예산낭비에 대한 엄밀한 정의도 없고, 낭비 유형에 대한 체계적인 연구도 부족하다. 박민상 박사의 말대로 낭비가 있다면, 또한 그것을 효과적으로 막으려면 "도대체 이건 어떻게 알 수 있는 건가?"를 고민해보아야 한다. 정부 차원에서도 예산낭비 대응체계의 구축에 노력하고 있지만, 이제는 더욱 과학적이고 체계적으로 낭비 실태를 파악하고 해결하는 논의의 장이 필요하다. 예산낭비에 대한 명확한 개념이나 평가의 기준도 없는 상태에서 예산낭비 대응체계를 갖춘다는 것은 실사구시적이어야 할 예산 관련 논의를 자칫 '정치적 논란'으로 흐르게 하거나, 무모한 시행착오를 불러올 위험이 있기 때문이다.

예산낭비의 여러 수준[2]

예산감시운동이 상당한 수준에 오른 미국의 경우, 1984년 대통령 직속기구로 설치된 그레이스위원회(Grace Commission)[3]의 활동이 기폭제 역할을 했다. 1980년 레이건 대통령이 집권한 뒤, 국방비를 증액하려는 움직임이 있자 의회에서는 그 지출의 효율성을 먼저 점검하고 나서 하자고 주장하였다. 이에 감사원에서 대대적인 감사를 실시했고, 그 결과 예산지출에 낭비요인이 있다는 것이 밝혀지게 되었다. 정부 내에 비효율이 명백하고도 광범위하게 퍼져 있다는 주장이 제기되면서, 그레이스위원회가 설치되었다. 그레이스위원회는 미국 연방정부의 예산사업을 민간의 시각으로 조사하여, 연방정부의 부실운용으로 4000억달러의 국고가 낭비됐다는 보고서를 발간했다.

그러나 그레이스위원회가 보고서를 발표한 지 한달 만인 같은해 2월,

일반회계국(GAO)과 의회예산처(CBO)는 공동연구결과를 발표하여 실제로 절감할 수 있는 액수가 위원회가 주장한 액수의 3분의 1에도 미치지 못할 것이라는 결론을 내렸다. 그럼에도, 많은 국민이 관료들의 부주의로 예산이 낭비되고 있다고 짐작하던 상황에서, 해군이 망치 하나를 435달러에 구매했다거나 공군이 커피포트 하나에 3000달러를 지급했다는 위원회의 지적은 미국사회에 큰 충격을 주기에 충분했다.

이를 전후하여 예산낭비를 둘러싼 다양한 논의가 전개됨으로써 미국의 예산감시운동은 질적으로 성장하게 된다. 예를 들어 램브로(Donald Lambro)는 『비만도시: 워싱턴은 어떻게 국민의 세금을 낭비하는가』(*Fat City: How Washington Wastes Your Taxes*)라는 책에서 문제가 있는 정책 프로그램 100가지를 소개하면서, 연방정부가 매년 1000억달러의 예산을 낭비하고 있으며 작은 정부만이 이를 축소할 수 있다고 주장했다. 또 그로스(Martin L. Gross)는 『정부의 방만: 연방정부 예산낭비의 모든 것』(*Government Racket: Washington Waste From A to Z*)이라는 책에서 문제가 있는 75가지 프로그램을 소개했는데, 그는 지금도 매년 예산낭비에 관한 책자를 발간하고 있다.

미국의 대표적인 예산감시 시민단체들인 CAGW(Citizen's Against Government Waste), NTU, POGO 등이 1980년대에 활동을 시작한 것은 바로 이러한 풍성한 논의 덕분이었다.[4]

어디까지를 '예산낭비'로 규정할 수 있을 것인가를 둘러싸고 '불법성에 근거한 낭비'에 국한하는 좁은 개념[5]에서 '가치의 충돌로 인한 낭비'까지 포함하는 넓은 개념[6]에 이르기까지 여러 견해가 있다. 여기서는 '의도했건 의도하지 않았건 공공재정 운용의 흠결로 국민경제의 자원배분 효율성을 저해하고 국민에게 부담을 유발시키는 행위'로 정의한다.

덧붙여, 예산낭비를 판단할 때 반드시 유의해야 할 것으로 '기회비용의 관점'을 강조하고 싶다. 예산은 국민의 부담으로 조성된다. 따라서 항상 기회비용의 관점으로 접근하지 않으면 안된다. 다시 말해 예산에서는 특정 재화를 갑 사업에 사용하지 않고 을 사업에 사용할 경우 합당한 논거가 제시되어야만 하는데, 이는 예산낭비를 판단할 때도 마찬가지이다. 더 효율적인 방법으로 사용하지 않으면 곧 그것이 낭비이며, 주어진 절차와 규정을 지켰다는 것만으로 면책될 수는 없다.

한편 예산낭비를 유형화하여 파악하는 방법도 있는데, 일반 시민들이 '보도블록이나 도로'를 넘어서서 낭비의 구체적 사례들을 파악하는 데 보탬이 되었으면 하는 마음에서 간략히 소개하고자 한다.[7]

* 기술적 비효율성(technical inefficiency)
최소의 비용으로 목적을 달성하지 못한 경우이다. 5명으로 업무를 수행할 수 있음에도 10명이 투입되는 경우처럼, 특히 조직관리를 제대로 하지 못해서 일어난 낭비요소를 말한다.

* 과잉 또는 과소의 배분적 비효율성(Type A Allocative Inefficiency or Doing too much or Too little)
회관이나 체육관을 인구나 재정규모에 비해 너무 크게 건설하는 경우처럼, 적절한 규모에 비해 공공재를 과잉·과소 공급하는 유형이다. 정부가 독점체제를 유지하기 때문에 발생한다.

* 그릇된 배분으로 인한 비효율성(Type B Allocative Inefficiency or Doing the Wrong Things)
앞서의 두 유형은 해야 할 일을 하면서 실책을 저지르는 경우이지만 이것은 하지 말아야 할 사업을 하는, 즉 전혀 수요가 없는 사업을 벌이는

경우이다.

* 파급 비용(Spillover Cost)

정부정책 때문에 시민들이 불필요하게 부담하는 비용도 낭비로 파악한다. 예컨대 정부가 공급해야 할 주차시설을 주민에게 전가하면서 지나치게 넓은 시설을 요구, 주민 부담 비용이 증가하는 경우이다. 정부정책에 따르는 '순응 비용'이나 불편 역시 낭비이다.

* 유휴자산(Idle Assets)

정부 보유 자산을 적극적으로 활용하지 않고 방치하는 데 따른 낭비 유형이다.

* 부패, 횡령, 번잡한 절차(Corruption, Fraud, Theft, and Red Tape)

부패는 권력을 사적으로 이용하는 것으로, 뇌물수수도 여기에 포함된다. 사기는 거짓을 통해 이익을 취하는 것으로 탈세와 같은 것이다. 이는 다른 사람의 부담을 야기하며, 이를 밝히는 데에도 비용이 든다.

* 밑 빠진 독(The Leaky Bucket)

정책설계를 잘못해서 예산이 새는 경우이다. 예를 들어 생활보호 대상자를 어느 수준에서 결정하느냐에 따라 예산집행에 엄청난 영향을 미치는데, 이때 적정한 대상자의 수준을 결정하지 못하는 경우 예산이 낭비된다.

* 낭비적 이전지출(Wasteful Transfers)

정부가 민간에게 지급하는 이전지출과 관련한 낭비이다. 예컨대 시장보다 비싼 인건비를 지급하는 경우나, 관급공사에서 민간인 발주보다 비용을 과다 지급하는 경우가 이에 속한다.

* 지대 추구로 인한 낭비(Waste attributable to Rent Seeking)
독점권이나 이득을 얻기 위해 벌이는 각종 로비에서 발생하는 낭비이다. 예산을 확보하기 위해 기관의 판공비로 다른 기관에 로비를 벌이는 것도 이에 해당한다.

예산집행자로서의 공무원의 입장

필자가 만난 구술자들 가운데는 업무상 예산낭비 사례를 '현장'에서 구체적으로 경험하는 분들이 적지않았고, 그 덕분에 '내부고발'에 가까운 예산낭비 사례들을 들을 수 있었다.

양희석 박사는 지방자치단체의 정부출연연구소에 근무하고 있는데, 지방자치단체의 낭비적 지출을 강하게 비판했다.

(지방정부가) 재정책임성을 가질 수 있는 씨스템으로 가자는 거죠. 그게 안되니까 결국은 "내 돈 아닌데 당선되면 그만이지. 까짓것 중앙정부 돈 어떻게든 해가지고" 이런 식으로 되거든요? 어쨌든 재정책임성 중심으로 하고, 중앙정부도 마찬가지고 지방자치단체도 마찬가지고 홍보를 굉장히 많이 해야 한다고 생각합니다. '우리 지역의 발전은 내 주머니에서 나오는 돈으로 한다.' 그런 홍보를 굉장히 해가지고 주민들한테 지방자치가 무엇인가를, 당연히 지역의 문제나 지역의 현안은 내 주머니에서 나와야 되고 그렇기 때문에 내가 직접적인 관심을 가져야 된다. 이런 식으로 가서 자치단체도 책임을 가

그는 지방자치단체가 연말에 발주하는 사업, 지방의원의 해외연수 등을 보면 '한심한 수준'이라고 평가하면서, 이런 낭비는 근본적으로 '재정책임성'의 결여에 원인이 있다고 지적했다. 지방정부의 경우 걸핏하면 재원이 부족하다고 하소연하지만 추가경정예산에서 나타나는 낭비적 지출을 보면 "욕심에 비해 모자라는 것이지 절대 규모가 작은 것은 아니"라는 것이다.

지방정부가 지역발전이나 공공 써비스에 필요한 재원을 지방세로 충당하지 않고 중앙정부의 지원금이나 보조금, 교부금에 의존하다보니 자기책임성이 줄어들고, 그 결과 낭비적 지출이 증가한다는 것이다.[8] 나아가서는 "지역발전은 내 주머니에서" 나오는 돈으로 하는 씨스템이 아니다보니 주민들도 예산에 관심이 없고, 책임을 못 느낀다는 설명이다.

그는 이와 함께 지방자치단체의 예산낭비는 공무원의 기획능력이 부족한 데서 오는 측면도 강하다고 평가했다. 그나마 기초자치단체에서는 현장을 보면서 업무를 진행하지만, 현장에서 멀어질수록 낭비의 위험은 더욱 커진다. 그래서 상대적으로 광역자치단체의 경우 기획력 부족 문제가 더 심각하다고 한다.

이런 맥락에서 사업에 대한 공무원들의 전문적 식견이 매우 중요한데, 이와 관련해 국책연구원의 양원석 박사는 공무원 보직관리제도의 문제점을 지적했다.

런 뜻이 아니라 자기가 하고 있는 일 자체에 대해서 오랜 경험을 가지고 있고, 관련된 사항을 잘 알고, 배경이라든지 역사라든지 컨텍스트를 충분히 잘 이해하고 있어야 되는데, 우리나라 공무원들은 아시다시피 1년에 한번씩 사무실 바꾸거든요. 그러니까 너무나 이해수준이 낮죠. 자기가 하고 있는 사업에 대한 이해수준 자체가 너무 낮다는 데 큰 문제가 있고요. (…) 작년부터 예산처에서 '재정사업 실적평가'라는 것을 하면서 KDI에서 그걸 맡아가지고 지금까지 10개 정도 해왔는데 공통적으로 나타난 현상은 사업의 목적 자체가 불분명한 경우가 많고, 공무원들도 목적이 뭔지……. '그럼 뭐하자는 것인가' '왜 한 것이냐' 자꾸 물어보면 대답을 잘 못해요. (양원석, 3~4면)

어떤 사업을 잘하기 위해서는 담당 공무원이 자신이 맡은 사업의 역사적 배경에서부터 현장 사정까지를 정확히 파악하고 있어야 하는데 "1년에 한번씩 사무실을 바꾸는" 환경에서는 그런 전문성이 길러질 수 없다는 것이다.

우리나라 공직사회를 일컬어 'Z형 보직관리' 또는 '갈지(之)자형 보직관리'라고 한다. 이런저런 일을 다 경험하도록 하여 '일반적인 관리능력'을 함양하도록 한다는 것인데, 이 때문에 특정 업무에 대한 깊이있는 전문성은 부족해지는 문제가 발생한다. 예산이라는 관점에서 보면, 사업에 대한 구체적인 철학이나 인식이 부족한 채로 진행하기 때문에 필연적으로 사업 성격이 왜곡되는 현상이 발생한다. 낭비를 의도하지는 않았겠지만, 지식이나 능력의 부족으로 낭비하게 되는 셈이다.

전문성 부족도 문제이지만, 감사원의 송철호 사무관은 차분하게 문제를 검토할 여유가 없다는 현실적인 여건도 지적하였다.

서울지방국토관리청, 익산지방국토관리청, 그런 데서 자기 지역에 있는 건교부 사업 같은 경우 나눠서 하는데 사업 담당자가 맡고 있는 사업현장이 보통 10개가 넘거든요. 그러니까 관리가 제대로 될 수가 없어요. (송철호, 5면)

공무원 한 명이 담당해야 할 업무가 너무 많아서 사업을 충실하게 관리할 수가 없다는 얘기다.

국회의원 보좌관인 정창수씨는 대학시절부터 경실련 활동에 참여하다가 나중에는 상근자로 일했고, 이후 다른 시민단체에서 예산감시운동을 하다가 국회에 들어갔다. 시민운동 출신이어서인지 그는 예산과 관련해서 매우 구조적이고도 구체적인 문제의식을 가지고 있었다. 그는 대규모 예산낭비를 몇가지 지적하면서 "공무원들한테 나가는 돈이 너무 많다"고 비판했다.

예를 들면 지금 중앙정부의 인건비 예산이 21조인데, 공무원 연금으로 나가는 것만 10조가 더 있는데 이것을 인건비에 원래 포함시켜야 하지만 안 시키고 복지예산에 포함시키고 있거든요? 그런 것들 계산해보면 실제로 공무원이 많지도 않으면서 공무원들한테 나가는 돈의 지출이 너무 크다는 거죠. (…) 공공부문에서 과도한 인건비나 또 그 조직유지를 위한 대규모 사업들, 이런 게 문제예요. 주공이나 토공이 부동산 가격을 올리는 주범이었다고 비난들을 하는데 왜 주공과 토공이 그러는지에 대해서 〔알아야 합니다〕. 그들에게 경제성을 요구하던 얘기는 쑥 들어가고. 그런 게 문제라고 봐요. 그 사람들이야 당연히 돈을 남겨서 경제성이 높아지는 게 자기 보너스도 받고 〔좋지요〕. 최근에 DJ정권 이후에 인건비가 대폭 증가해가지고 제가 계산해보니까 평균 연봉이 4500만원. 공기업은 더 되죠. 제일 심한 외교부 같은 경우에는 1억 6100만원이에요, 연봉이. 1급부터 9급까지 평균. (정창수, 7면)

정창수씨는 우선 공공부문에 대한 지출규모 산정이 잘못되어 있다는 사실부터 지적한다. 공무원 인건비를 산정할 때 연금을 포함하면 지금보다 지출규모가 훨씬 커진다는 말이다. 그는 공공부문의 과도한 인건비, 조직을 유지하기 위한, 다시 말해 '조직논리'에 충실한 대규모 사업들이 예산낭비를 초래한다고 본다. 그래서 공무원 이외에 공기업과 산하기관 등도 공공부문에 포함해야 한다고 주장한다.[9] 그러나 잘못된 정책을 집행하고 있다고 공공기관을 비판하면서도 우리는 아직 이들 기관에 대한 본격적인 개혁을 이야기하지도 못하는 실정이다.

부처간 '밥그릇 싸움'과 일상화된 편법

공직사회에는 예산낭비를 초래하는 대표적이고도 '유서 깊은' 근원이 하나 있는데, 이른바 부처간의 '밥그릇 싸움'이다. 부처간 협조와 조정, 산업 분야간 연계가 제대로 이뤄지지 않은 채 사업이 관련 부처별로 경쟁적으로 추진되어 졸속·중복 투자가 일어나는 경우이다. '국민의 정부' 이후 정보기술 등 첨단기술 분야 지원을 놓고 벌어진 중복투자는 이러한 낭비의 실상을 잘 보여준다.[10]

또한 재정규율(fiscal discipline)이 확립되지 않아 예산집행에서 편법이 일상화되어 있는 것도 공직사회의 고질적인 문제이다.

예산규모가 크지 않았던 과거에는 단가를 현실적으로 반영하지 못하는 여건 때문에 예산을 편법으로 운영하는 경우가 있었다. 그러나 이러한 편법과 예외적 장치가 일상화되면 큰 문제이다. 작게 보면 출장비가 비현실적이라며 하루에 다녀올 수 있는 곳을 3~4일 다녀온 것으로 처리하는 사례를 들 수 있으며, 크게 보면 추가경정예산이 그러하다. 추가경

<표 4> 정부의 첨단기술 중복투자 사례

게임기술 개발	DMB부품 개발	특허기술 미활용	범정부 차원의 계획을 부처별로 수립
(정보통신부) ─온라인 3D게임 엔진 개발(2001년 3월 ~2003년 2월, 161억원 투자) ─온라인 게임기술 개발(2003년 2월~2006년 1월, 73억원 투자)	(정보통신부) ─2003년 12월, 지상파 디지털 멀티미디어 방송 핵심부품 개발 전담	(산업자원부) ─공통 핵심기술 사업의 2002년도 종료 과제 38개(82억원) 중 47%가 기존 특허와 중복	(정보통신부) ─정보통신 기술개발 5개년 계획 부처 내에서 확정 시행
(문화관광부) ─범용 3D게임 엔진 개발 (2001년 9월 ~2003년 4월, 4000만원 투자)	(산업자원부) ─2003년 12월 DMB 핵심부품 개발 계획 추진		(보건복지부) ─바이오 보건산업 육성계획을 부처 내에서 추진

* 자료: 중앙일보 2004년 6월 26일자.

정예산은 예산 성립 후에 생긴 사유로 불가피하게 편성하는 것이다. 그런데 매년 중앙정부는 1~2회, 지방정부는 3~4회 추경예산을 편성하면서 이제는 이를 당연하게 여기고 있다. 이는 무엇을 못하게 칸막이를 설치해놓고는 그것이 불편하다고 다시 칸막이를 걷어내는 행위로, 이중의 행정비용을 유발한다. 또 이런 일들은 행정에 대한 국민의 불신을 증폭시킨다.

편법이 일상화되면 예컨대 수원시 공무원들이 한 것과 같은 일종의 횡령이 벌어지기도 한다. 경기도의 감사 결과에 따르면 수원시 공무원들은 초과근무시간을 대리 기장(記帳)하는 방식으로 2002년 1월에서 2006년 9월까지 5년 동안 333억원을 부당하게 챙겼다. 각 부서의 서무담당 직원들이 초과근무 확인대장에 직원들의 출퇴근 시간을 일괄적으로 오전 8시

~오후 11시로 적어 1인당 초과근무시간을 매달 평균 54시간으로 적었다는 것이다. 이는 도내 다른 시군 공무원의 월평균 초과근무 32시간보다 22시간이 더 많은 것으로, 수원시 공무원 2311명을 기준으로, 1인당 1442만원을 초과근무수당으로 받은 셈이었다. 이에 대해 수원시는 "여러명이 초과근무를 할 때 모든 사람이 일일이 기록하려면 번잡스러워 특정인이 기록하고 있을 뿐 부당청구는 아니다"라고 해명했다.[11] 바로 편법이 일상화된 사례에 해당된다. 이런 맥락에서 지금 우리나라 예산운용에서 가장 중요한 과제 중의 하나가 재정규율을 확립하는 것이다.

민간도 도덕적 해이의 공범이다

'정부 돈은 눈먼 돈이기 때문에 먼저 본 사람이 임자'라는 생각은 공무원들뿐 아니라 민간단체도 한다. 정부 돈을 집행하는 민간단체가 이를 횡령하거나 유용하는 사례도 많다.

장애인을 고용하지 않으면 불이행 부담금을 납부해야 하지만, 고용하면 장애인고용촉진공단으로부터 고용장려금을 받게 된다. 그런데 이를 악용하는 기업들이 있다. 직업이 없는 장애인에게 매달 5~10만원을 주고 명의를 빌린 다음 임금수령확인서와 근로계약서 등을 위조하고 장애인 근로자에게 매월 70~80만원의 월급을 주는 것처럼 서류를 꾸며, 불이행 부담금 1200만원을 내야 할 업체가 오히려 공단으로부터 433만원의 고용장려금을 받은 사례가 있다.[12]

조금만 관심을 가지고 보면 이러한 예는 거의 매일 보도되고 있는 실정이다. A씨는 서울에서 독서실을 운영하다 1999년 고향인 경상남도 하동군에 전입신고를 했다. 그러고는 '벼 4200평, 참깨 300평, 마늘 600평을 경작하고 있다'는 허위 경작사실확인서를 제출하여 7100만원을 대출받아 독서실 운영을 하느라 빌려 쓴 고금리 대출금을 갚는 데 사용했다.

새 사업자 B씨는 '한우 37마리를 키운다'며 가축자가사육사실확인서를 제출하여 4200만원을 대출받아 새 사업으로 진 빚을 갚는 데 사용했다. 물론 이 과정에서 공무원과 농협직원들은 해당 공문서를 위·변조하거나, 허위로 발급해주는 등 불법행위에 적극 개입했다.[13]

이런 일들은 공무원들이 현장을 방문하여 사실을 확인해야 함에도 서류심사 위주로 행정을 처리하기 때문에 일어난다. 이러한 탁상행정과 도덕적 해이가 결합되어 정부 돈이 줄줄 새고 있는 것이다.

한편, 힘이 세거나 목소리 큰 이익집단에 의해 예산배분이 좌우되는 것도 구조적인 낭비를 유발한다는 지적도 있다.

이익집단들에 의해 생기는 문제가 크다고 생각합니다. 장애인 LPG 감면 지원 같은 경우가 저는 그런 거라고 보는데, 실질적인 장애인 예산도 적은 데다가 그나마 그 예산의 대부분이 차를 갖고 있는 장애인에게 돌아가는 (…) 이것에 대해서 제도를 바꾸려고 하면 장애인들이 시위를 하고 압력을 넣는 그런 거죠. 170만 중에서 30만을 위해서 예산의 80%를 쓰는 그런 문제라고 생각해요. 그런 것들이 도처에 깔려 있다는 거죠. 사회복지(예산)를 써도 그 안에서 힘있고 발언권이 있는 큰 집단 중심이죠. 실질적으로 집도 못 나오고 가난한 장애인들은 [혜택을 못 받고]. 그런 식으로 이익집단 중심으로 가는 것들이 문제가 있다고 생각합니다. (정창수, 7면)

장애인 차량에 대한 LPG 비용 지원 제도는 형평성과 자원배분의 효율성 측면에서 오랫동안 논란이 되었다. 1990년 도입 당시에는 장애인 차량 소유자들이 저가로 연료를 살 수 있는 방식으로 시행되다가 2001년부터는 연료에 부과되는 세금을 지원해주는 방식으로 전환했고, 차량을 소유하지 못한 장애인과의 형평성과 부정수급 등으로 논란이 일면서 2004년에는 1대당 월 250리터라는 상한제가 도입되었다. 그러나 장애인 차량이 연평균 5만 4000대나 증가하는 데다 전체 178만명의 장애인 가운데 25%에 불과한 46만명의 차량 소유자에게 정부 장애인 예산의 30%, 보건복지부 장애인 예산의 52%(금액으로는 2006년 기준 2715억원)에 달하는 돈을 쓰는 것이, 형평성이나 예산배분의 적정성에서 과연 합리적인가 하는 문제가 제기되어 보건복지부는 2006년 단계적 폐지 방안을 내놓았다. 2010년 보조금을 완전히 폐지하는 방안을 두고 한국장애인단체총연합회와 한국장애인단체총연맹 측은 "이동권은 기본권"이라며 거세게 반발했다. 사회복지예산의 경우, 시설이나 기관의 대표들처럼 힘있는 집단의 목소리에 휘둘려 정책이 결정되고 예산이 집행되는 경우가 적지않다고 한다.

예산을 잡아먹는 정치적 입김

앞서 이야기한 LPG 비용 지원 제도에 드는 돈은 2006년 기준 2715억원이다. 이것을 포함해 장애인 복지 관련 예산은 2006년 기준 6000억원이 채 되지 않는다. 그래서 다음과 같은 이야기를 들으면 연료비 지원 제도를 둘러싼 그 많은 논란이 허탈하기까지 하다.

전체적인 틀이야 당연히 SOC(사회간접자본) 투자가 낭비가 심하고요. 사람들이 정치적으로 선심성 사업을 하거나 할 때 제일 표 나는 게 SOC이니까요. 공항을 짓는다든가 도로를 놔준다든가 그런 거니까. 이런 경우, 정부 공공기관마저도 문제가 있다고 한 부분들을 추진하는 경우가 많아요. 예를 들어서 KDI 예비타당성 검사에서 보류된 사업에 대해서도 행정부가 사업을 올리거나 국회가 예산을 통과시키거나 하는 것들이 재작년에 12조 정도 된 것 같아요. (정창수, 6면)

정창수 보좌관은 '정치적 입김'이야말로 예산을 잡아먹는 블랙홀이라고 말한다. 정부든 국회의원이든 표를 의식해 '선심'을 쓰는 경우, "제일 표 나는" SOC, 즉 도로나 공항 같은 걸 지으려 하는데, 이런 '정치적 입김'은 합리적 판단을 위해 마련한 예비타당성 검토라는 장치조차 무용지물로 만든다는 것이다. 과학적인 분석 결과 편익 대비 비용이 더 크다고 하더라도 '지역 숙원사업' '균형발전' '지역정서' 따위의 정치적 고려에 의해 한 해에 무려 12조에 이르는 예산이 투입되는 것이다.

정부가 추진한 사업 가운데 계획 대비 수익이 발생하지 않는 경우를 분석해보면, 정치적 고려에 의해 사업이 결정되었다는 점이 중요한 원인임을 알 수 있다. 예컨대 국민의 정부 이후로 지역에 공항과 컨벤션 쎈터를 많이 건설했지만 이용률이 매우 낮다. 정치적 판단에 따라 지역간 나눠먹기로 진행된 결과이다. 1246억원을 들여서 건설한 서산 대산항이 개항 후 한달 수입이 156만원에 불과한 것도 그러한 예에 해당된다. 정부는 1995년 대산항 항만개발계획을 수립하면서 1차 준공 시점인 2006년의 연간 예상 물동량을 359만톤으로 계상했으나 2006년에는 이를 288만톤으로 축소했다. 그리고 2020년까지 건설 예정인 부두시설도 당초 11선석(船席)에서 6선석(총사업비 3154억원)으로 줄였다. 불과 50km 떨어진 곳에 평택항과 당진항이 있는 것도 문제이다.[14] 정치적 고려에 의한 결정에 비과학적인 예측치까지 겹쳐 엄청난 낭비가 발생하는 것이다.

대선공약으로 내세운 대형 국책사업이 주민이나 환경론자의 반대에

<표 5> 환경과 개발 논리의 충돌이 빚는 손실

사업명	공사 중단에 따른 손실
새만금 간척지	750억원(공사 2년 6개월 지연)
천성산 터널	2조 5161억원(공사 실질적으로 1년 지연)
사패산 터널	5547억원
계룡산 국립공원 관통도로	685억원
경인운하	2900억원
한탄강댐	3년 갈등 후 착공 못함
동강댐	10년 갈등 후 착공 못함
합계	4조 1739억원

＊자료: 중앙일보. 2007년 1월 30일자 E2면.

부딪혀 표류하는 과정에서 예산이 증가하는 것도 대규모 예산낭비의 사
례이다. 경부고속철도, 경인운하, 동강댐 건설 등 대형 국책사업에서 4조
원 이상의 경제적 손실이 발생했다는 연구결과도 있다.[15] 새만금사업의
경우 1980년대에 지역개발사업으로 논의하던 것을 당시 야당후보에게
쫓기던 노태우 후보가 1987년 대선공약으로 들고 나왔다. 그리하여
1991년 첫 삽질을 했으나, 1996년 시화호 오염사건 등으로 환경단체의
극심한 반대에 부딪혀 1년 넘게 공사가 중단되었다. 그뒤로도 숱한 우여
곡절을 거쳐 전체 방조제 33km 중 2.7km만 남겨진 상태에서 중단되었
다가 2006년 3월 대법원이 사업 추진 쪽에 손을 들어주면서 물막이 공사
를 끝낼 수 있었다. 착공한 지 15년이 흘렀고, 2년 6개월의 공사 지연에
7500억원의 손실이 발생한 뒤였다.

성과관리체계가 정교해져야 한다

많은 국민들이 정부와 공무원들의 예산집행능력을 불신하면서 정서

적 차원에서, 그리고 상식에 비추어 낭비라고 진단하는 게 사실이다. 그러나 예산을 결정하고 집행하는 현장에 있는 사람들은 그런 비판들에 매우 곤혹스럽다는 반응을 보였다. 국회 예결특위에서 일하고 있는 신동철 전문위원도 그러한 어려움을 토로했다.

"예산이 낭비적이다"(라고들 하는데) 거기서부터 우선 구체적인 사업들이 나와야 돼요. 각 사업별로, 세부 사업별로 "이건 사업에 문제가 있다" 이런 식으로 이야기할 수는 있겠지만 그걸 전체적으로, 예를 들어서 "163조 중에 몇조가 낭비적이다"라고 어떻게 이야기할 수 있겠어요? 그렇게 접근하는 건 어렵고, 각 사업별로 "낭비적인 요소가 될 만한 사업이다"라고 주장하는 것이 바람직하죠. (신동철, 5면)

신동철 전문위원은 구체적인 사업을 놓고 낭비요소를 추출하여 논의할 수는 있지만, 전체 예산에서 어느 정도가 낭비라고 뭉뚱그려 이야기하는 방식에 거부감을 보였다. 또한 시민단체에서 낭비라고 주장하는 사업들에 대해서도 그 근거가 구체적이지 못함을 들며 비판적인 입장을 취했다. 그러면서 각 사업별로 접근해야 한다고 강조했는데, 그의 말은 예산집행 결과를 평가하는 방식에 대한 나름의 주장을 담고 있다. 박민상 박사의 이야기도 같은 맥락이다.

대표적으로 의약분업을 하겠다고 할 때 핵심적인 논리가 뭐였냐면 항생제를 너무 많이 쓴다는 거였어요. 그러니까 의약분업을 하면 준다는 거였어요. 근데 그것 때문에 의료 쪽은 중간 돈이 엄청나게 늘었잖아요. 그러면 거꾸로 한번 살펴보면 될 거예요. 정말 항생제 소비가 줄었는가, 늘었는가. 그리고 항생제 소비를 줄이려면 어떻게 할까. 지금도 간단하다고 생각해요. 의사가 처방전 낼 때 사실은 항생제 들어가면 빨간색으로 해주면 돼요. 항생제 (처방) 한 부분 빨간색[으로 표시]해주면 돼요. 그러면 바로 항생제 처방이 줄 거에요. 그런데 그런 거 하나도 없이, 제가 받아봐도 뭐가 항생제인지 몰라요. 본래는 저런 문제가 있다고 해서 의약분업을 했는데 돈만 엄청 들어가고 진짜 효과가 있었는지는…… 복지 중에서도 전달체계가 잘못되어가지고 많이 새어나가는 것들이 있거든요. 그런 것을 분야별로 사람들이 해줘야지, 저는 어떻게 보면 매크로 재정하는 사람이라 그런 디테일은 어떻게 할 수가 없잖아요. 심지어 보육 같은 경우도 구체적인 제도가 어떤지를 예산전문가가 알 수 없고. (박민상, 6면)

앞서 언급한 것처럼 박민상 박사는 미시적인 사업보다 거시적이고 제도적인 차원에서 발생하는 낭비사례에 국민이 관심을 가져야 한다고 강조한다. 또한 과학적이고 구체적인 기준이나 근거 없이 막연한 불신에 기초해 예산낭비라고 비난하는 행태에 대해서도 비판적인 입장을 보였다. 낭비라고 비판받는 부분 중에는 '필요한 거품'도 있다고까지 생각한다. 조직관리에는 일정한 거품이 있는데 이는 조직의 갈등에 완충장치 역할을 하며, 예산집행에도 이것이 어느정도는 반영되어야 한다는 입장이다. 주택보급률도 100%가 아니라 120%는 되어야 이전하는 과정의 마찰을 줄일 수 있기 때문에 20%의 여유분을 설정한다. 마찬가지로 조직운영에서도 급박하게 발생하는 업무에 대응하기 위해 약간의 여유 인력을 보유할 필요가 있다는 것이고, 그런 맥락에서 낭비에 대한 비난이 지나친 바가 있다고 본다.

하지만 그 역시 제거해야 할 '진짜 낭비성 거품'이 분명히 있고, 그런 부분을 분명하게 가려낼 수 있는 씨스템이 필요하며, 어떤 방법이 가능한지 연구해야 한다고 생각한다. 그리고 위의 인용문에서 재정사업 성과

평가과정에서 예산의 낭비요소를 추출할 수 있다는 견해를 밝혔다.

인용문에서 박민상 박사는 의약분업이 과연 투입된 비용에 상응하는 성과를 얻었는지를 따져볼 수 있는 방안(항생제를 빨간색으로 표시해줌으로써 환자들이 쉽게 알 수 있도록 하는 것)을 나름대로 제시하면서 평가방식이 매우 정교해야 낭비요소를 잡아낼 수 있다고 설명한다. 그런데 "매크로 재정"을 담당하는 예산 전문가들은 사실 "그런 디테일"에 약해서 "새나가는 것들"을 잘 포착하지 못하므로 분야별, 사업별 전문가들이 평가 기준을 구체적으로 세워나가야 한다는 의견을 피력한다. 요컨대, 낭비인가 아닌가를 평가하는 씨스템은 사업별, 분야별로 '밑'에서부터 마련되어야 하고, 그런 토대 위에서 전체 재정이 건전해질 수 있다는 것이다. 이 말은 곧 재정낭비를 막기 위해서는 예산전문가와 분야별 전문가가 손을 잡아야 한다는 뜻이다.

구조개혁이 필요하다

낭비를 감시하거나 예방할 수 있는 기준과 안목, 방법은 결국 사업에 관한 정교한 평가과정, 즉 성과관리체계에서 축적될 수밖에 없다는 점에 대해서는 예산감시운동을 해온 경실련의 이강원 국장도 의견을 같이한다. 그러나 그것이 다는 아니다.

구조에서 오는 비효율성을 지적할 수 있을 것 같은데, (…) 예산집행에 대한 성과관리체계를 한다고 하지만, 성과관리체계가 피드백되는 것도 아직 구조적으로 정착이 되고 있지 못하다고 봤을 때, (…) 우선 시민단체에서 고질적이고 구조적인 예산낭비를 철회하는, 제도적 결함과 관련해서 제기한 게 있지 않습니까? 우리는 공공건설 영역에서 입찰제도라든지 민자 추진 방식이라든지 쭉 이야기했던 거 같거든요. 그와 같이 제도 자체가 필연적인 비효율성을 야기하는 부분에 대해서 과감하게 수정할 필요가 있다고 보는 거죠. (…) 특히 공공건설 분야에 나타나는 비효율 부분에 대해서, 대안이 없는 게 아닌데 그 부분에 대해서 정부는 건설 부양책과 관련 이해집단의 일정한 보전 때문에 발목 잡혀 있어요. 그와 같은 부분들은 분명하게 손을 볼 필요가 있는 게 아닌가 싶어요. (이강원, 7면)

이강원 국장은 성과관리체계가 피드백되는 씨스템이 아직 구조화되지 못한 만큼, 효율성을 높일 수 있는 구조적이고 제도적인 개혁을 함께 밀고 나가야 한다고 말한다. 즉 공공건설 분야처럼 제도의 결함으로 말미암아 "고질적이고 구조적인 예산낭비"가 일어나는 분야부터 하나하나 제도개혁을 해나가야 한다는 것이다. 특별히 공공건설 분야를 예로 든 것은, 경실련이 관급공사 계약과정에서 나타나는 낭비요소에 대해 집중적으로 문제를 제기한 바 있기 때문이다. 관급공사를 둘러싼 비리와 비효율은 어제오늘의 일이 아니고, 시민단체 쪽에서 제도적인 대안까지 제시했지만 업계와의 유착이나 이해관계, 수십년 묵은 관행에 발목이 잡혀 손을 대지 못하고 있는 것이 사실이다. 이런 현실은 최근 어떤 조사에서 민간기업 사원들이 '최고의 계약 상대자'로 공공기관을 꼽은 데서도 잘 알 수 있다. 시민사회의 이런 문제제기는 사실 '국민적 피드백 씨스템'이라고 볼 수도 있을 것이다.

그다음에, 구조적 결함보다는 개개인의 비리에 의한 것이나 체크 앤드 밸런스(check and balance), 즉 감시와 점검의 기능이 부족한 부분들은 그 씨스템을 강화해야 합니다. 예산운용과 관련해서 지금 내부 감사체계가 전혀 작동을 안하고 있잖아요. 그다음에 그것을 외부에서 감시할 수 있는, 주민참여나 외부 감시체계라든지 (…) 점검과 감시 기능들을 제대로 구조화할 필요가 있다고 보여요. (이강원, 7면)

예산은 구조적인 문제와 더불어 이를 운영하는 개개인의 행태도 중요하다. 그런 의미에서 담당자의 재량에 의한 낭비가 발생하지 않도록 감시하는 체계도 필요하다. 이강원 국장은 정부 내부의 감사체계가 전혀 작동하지 않고 있다고 비판하면서, 그렇다면 시민사회라도 그런 역할을 해야 한다고 말한다. 시민사회로부터 그러한 자극이 와야 내부 감사체계도 제대로 작동될 것이다. 정치적 민주화가 궁극적으로 시민들의 몫이듯이 재정민주화도 내 주머니에서 나간 돈이 제대로 쓰이고 있는가를 점검하고 감시하는 시민들이 없으면 불가능하다.

우리나라에서 예산은 그동안 경제발전을 뒷받침하는 원동력이라고 여겨져왔다. 그러나 예산운용을 구체적으로 살펴보면 낭비요소가 많이 발견되고, 부실한 사례도 연이어 지적되고 있다. 거시적으로는 재원이 부족하다고 하면서도 미시적으로 보면 낭비적 지출이 확인된다. 정치적 배려에 의한 결정, 부처간 할거주의에 의한 중복지출, 편법에 의한 지출, 먼저 본 사람이 임자라는 도덕적 해이, 방만한 조직운영 등의 문제점이 지적되고 있다. 차라리 세금을 줄여서 재정규모를 줄이는 것이 낭비를 막는 가장 좋은 방법이라는 냉소적인 주장을 흘려들을 수 없는 이유는 그 때문이다.

우리시대 희망찾기

2장

우리의 재정규모는 적정한가

1. 재정을 이야기하자

국가가 쓰는 돈은 모두 국민의 주머니에서 나오므로, 한 나라의 재정 규모가 적정한가의 문제는 국민 부담이 적정한가의 문제와 사실상 같은 의미이다. 또한 시장경제체제에서는 시장규모 대비 정부규모가 적정한 가를 따지는 매우 중요한 쟁점이 된다. 따라서 입장에 따라 다양한 견해 가 나올 수밖에 없고, 이는 보수와 진보의 이념 논쟁에서 평가 기준이 되 기도 한다.

우리사회에서는 그동안 재정규모를 둘러싼 논쟁이 '큰 정부' '작은 정 부' 수준의 정치적 언술에 머물러 있었다. 그런 점에서, 2006년 4월에 중 앙일보와 기획예산처 간에 벌어진 규모 논쟁은 재정규모를 둘러싼 논의 의 수준을 진전시키는 계기가 되었다. 정부가 GDP 대비 재정규모가 28.1%라고 발표하자 중앙일보가 "몇몇 전문가의 자문을 받아 다시 계산해보니 37.9%까지 된다"는 반론을 내놓으며 논쟁이 촉발되었다. 이는 아직 우리나라 재정규모가 선진국에 비해 작으니 세금을 더 거두어 복지비를 지출해도 문제가 없다는 참여정부 복지정책의 논리적 기반을 흔들 수 있는 반론이었고, 기획예산처는 "이런 식의 통계자료를 유포하는 것은 위조지폐를 남발하는 것과 같다"는 논평을 낼 정도로 발끈하였다. 자세한 쟁점은 아래에서 살펴볼 것이나, 어쨌든 이 논쟁은 예산에 관한 관심을 불러일으키고 재정을 둘러싼 담론이 정치적 논전의 수준을 넘어서도록 하는 데 긍정적인 역할을 했다고 평가된다.

어디까지가 정부지출인가

논쟁의 핵심은 재정규모를 따지는 '기준'을 둘러싼 것이었다. 한국은행은 2006년 6월 GDP 대비 일반정부(일반정부는 중앙정부와 지방정부, 그리고 비영리 공공기관을 포함하는 개념이다) 총지출 비율을 28.1%로 발표하고, 이러한 재정규모는 경제협력개발기구(OECD)의 다른 국가와 비교할 때 낮은 수준이라고 설명했다. 한국은행이 발표했으므로 이 통계는 국가의 공식통계였다. 그런데 중앙일보는 여기에 공기업부문을 포함하여 37.9라는 비율을 내놓았다. 결국 재정규모를 산출할 때 공기업 등 준정부기관의 영역을 어느 정도 포함할 것인지가 쟁점이 되었던 것이다.

중앙일보와 함께 정부통계에 문제를 제기한 당사자인 옥동석 교수는 공기업을 포함시킨 취지를 이렇게 설명하고 있다.

〈표 6〉 GDP 대비 일반정부 총지출 비율 비교　　(2004년 기준, %, 한국은행 2006.4.6)

구분	한국	미국	영국	일본	프랑스	스웨덴	덴마크	OECD 평균
OECD(05.12)	28.1*	36.4	43.9	37.5	53.5	57.3	55.1	40.8
중앙일보	37.9	36.4	43.7	37.5	54.4	57.3	55.0	—

* 2006년 3월 22 발표한 2004년 확정치. ＊자료: OECD Economic Outlook, 2005.

공공부문의 범위를 명확하게 하자는 것과 또하나는 공공부문 내에서 어디까지를 공기업으로 볼 것이냐, 그렇게 두가지 쟁점이었다고 생각이 들거든요. 전자와 관련해서 저는 민간부문과 공공부문의 경계는 가능한 한 명확해야 된다고 생각합니다. 경계가 명확해야 된다는 것은 책임소재, 그런 관계를 분명히할 필요가 있는데 우리나라는 굉장히 모호하고 불분명합니다. (옥동석, 1면)

옥동석 교수는 민간 경제연구소에서 근무한 적도 있고, 개방형 공무원으로 기획예산처에도 근무했으며 경실련에서 시민운동에도 참여한 경험이 있다. 그러한 경험을 토대로 '정부'와 '민간'이라는 두 영역을 구분하는 경계 혹은 기준을 명확히해서 재정규모를 산출해야 하고, 그래야만 책임소재를 분명히 할 수 있다고 생각해서 문제를 제기했다고 말한다.

실제로 우리나라는 재정이 매우 복잡하다. 일반회계 하나만 있는 것이 아니라 특별회계, 기금 등 예외적으로 운영되는 항목이 보편적으로 활용되고 있고,[1] 정부 이외에 공기업, 산하기관, 투자기관, 출자기관 등으로 다양한 주체가 있다. 이들 모두를 공공기관이라 부르지만 기능을 보면 그렇게 간단하게 통칭하기 어려운 면이 있다.

논쟁 당시 기획예산처는 옥동석 교수의 통계치가 안고 있는 문제점을 조목조목 비판하는 논평을 내놓은 바 있다.[2] 논박의 핵심은 일반정부(general government)에 공기업(public corporation)을 포함한 개념은 '공공부문(public sector)'으로서 일반정부와는 범주가 다르며, 일반정부의 재정통계를 낼 때 어떤 나라도 공기업을 포함시키지는 않는다는 논리였다.

기획예산처에 근무하는 정영규 과장은 당시의 문제제기를 떠올리며 "논쟁거리도 안되는, 논쟁할 실익이 없는 걸 갖다가 계속 물고 늘어지는” 행태라며 짜증스러운 반응을 보였다.

> 국제기준에 따라서 지속적으로 통계를 체계적으로 잡아가서 기한별로 비교
> 가능하게 하면 되지, 기업의 재무제표처럼 기한별 부처 규모를 이야기할 때
> 공통된 주제에 따라서 지속적으로 비교 가능하게 관리하면 되는 것이
> 지……. (정영규, 1면)

국제기준에 따라 국가가 공식적으로 표준화된 통계를 제시한 것인데, 표준에 맞지도 않게 통계를 내서 공연히 “트집을 잡는다”는 것이다. 정부부문과 공공부문은 엄연히 구분되는 개념인만큼 정영규 과장의 비판은 형식논리에서는 문제가 없다. 외국과 비교하면서도 그들은 포함하지 않는 공기업을 우리만 포함시켰기 때문에 당연히 재정규모가 크게 나타날 수밖에 없다는 것이다.

정영규 과장처럼 단호하지는 않았지만, 감사원과 국회 등 다른 정부 기관에서 근무하는 구술자들도 ‘국제적 비교를 해야 하는 만큼 재정통계는 국제적 기준을 따라야 하고, 국가가 기준을 정해주는 것이 필요하다’는 데는 원칙적으로 동의했다. OECD 국가들 간의 비교를 위해 SNA(System of National Account)[3]를 기준으로 통계를 적용하면 우리도 이를 적용하고, IMF에서 GFS(Government Finance Statistics)[4]를 적용하면 우리도 이를 적용해야 한다는 것이다.

정책과 연계된 다양한 기준의 통계가 필요하다

정영규 과장이 정부가 표준을 정해주면 그대로 따르면 될 것이지 무슨 말이 많으냐는 듯 폐쇄적 태도를 보인 반면, 같은 공무원이라도 다른 부처에 소속된 구술자들은 옥동석 교수가 문제를 제기하게 된 취지를 인

정하면서 논쟁 속의 다른 의미를 나름대로 짚어내려 하였다.

> 옥동석 교수나 중앙일보 측의 문제제기가 이유가 있다고 보는데, 그 근거가 뭐냐면, 정부가 해야 할 일을 공기업이나 이런 데서 한다면 그것도 정부에 넣어야 된다는 게 그쪽의 기본 입장입니다. 근데 여기서 문제가 뭐냐면 '정부가 해야 할 일'에 대한 판단이 없다는 거죠. 중앙일보와 옥동석 교수 입장에서는 현재 공기업은 정부가 해야 할 일을 하고 있는 것이라고 전제하고 들어갑니다. (…) 더 얘기하려면 공기업의 효율성을 따지고 효율적이지 않은 것은 민영화하거나 아웃소싱 처리하든가 이런 식의 그다음 일이 있어야 한다고 생각합니다. (전철홍, 2면)

국회에서 개방형 공무원으로 근무하고 있는 전철홍 박사는 재정규모 논쟁이 품고 있는 다른 쟁점, 나아가서는 국가가 공식적으로 재정통계를 내는 목적을 환기하고 있다. 공기업을 정부부문에 포함시킬 것인가를 판단하기 위해서는 "정부가 해야 할 일"이 무엇인가를 판단해야 하며, 그에 근거해 "그다음 일", 즉 새로운 정책의 방향을 가늠하기 위해 통계를 내는 일을 한다는 것이다. 요컨대 재정의 범위를 논하는 것은 정부의 기능을 논하는 것과 같은 맥락에 있다고 볼 수 있다.

전철홍 박사도 가능한 한 공식적인 자료를 기준으로 논의해야 하고, 이를 인용하는 경우 분명한 기준을 제시하여 상호 비교할 수 있도록 해야 한다는 원칙에는 이견이 없었다. 그런 맥락에서 반론을 펴는 측이 단순히 '새로운 기준에 의거하여 통계를 재작성하니 재정규모가 늘어났다'는 수준을 넘어 '새로운 지표에 의할 경우 어떠한 정책과제가 도출된다'는 차원의 문제 제기가 올바르다고 보는 것이다. 일례로 공기업 민영화의 필요성을 주장하는 정책적 제안과 연관된 지표가 제시되면, 이는

'기준'을 둘러싼 논쟁을 넘어 정책방향을 논의하는 더 성숙한 논쟁이 될 수 있다.

공직에 있는 다른 구술자들도 한결같이 정책 목적에 따라 통계자료를 다양하게 범주화할 필요가 있다는 견해를 밝혔다. 정부의 재정규모를 하나의 잣대로 결정할 수 없는 이유는 정부의 재정활동이 다양하기 때문이다. 따라서 어느 범위까지 포함할 것인지는 정책적 고려가 필요한 영역이며, 통계는 정책 목적에 따라 다양하게 산출되어야 한다. 하나의 지표에만 의존할 것이 아니라 시민사회가 원하는 다양한 기준을 반영하는 노력이 필요한 것이다.

그런 점에서 범주에 따라 공공부문의 포괄 범위를 구분하고 정책적 필요에 따라 이를 활용할 필요가 있다. 예컨대 통화량의 범주를 결정할 때 정책적 고려에 따라 M1, M2 등으로 다양하게 유형화하듯이, 공공부문의 재정규모도 일반정부만 포함하는 B1, 공기업을 추가한 B2, 외국과 비교하기 위한 수치, 정책적으로 관리하기 위한 수치 등으로 다양하게 표준화할 수 있을 것이다. 이와 관련해 현재 추진되고 있는 디지털 예산회계씨스템에서는 우리사회의 다양한 관점과 기준, 쟁점을 반영한 표준화가 가능할 것으로 기대한다.

규모 논쟁을 넘어서

시민단체에서 활동하는 구술자들은 재정을 둘러싼 또다른 문제의식을 내보였다.

논쟁의 본질 자체는 그걸 적정 수준에서 관리할 수 있느냐, 그 관리의 포괄 범위를 어디까지 두느냐라고 했을 때 준(準)공기업 같은 경우까지도 정부재 정부문으로 포괄해서 관리를 하는 것이 맞다고 생각하고요. 대표적인 경우가 국책은행 같은 곳에서 실제 IMF 때 공적자금 쏟고 했던 부분들이지요. 그래서 그쪽도 적자가 났던 것인데 그 부분도 결국엔 세금으로 메워졌잖아요. 그렇다고 한다면 구체적으로 그 정도의 범위를 정부부문으로 놓고 관리하는 게 맞지요. (…) 그래서 규모가 크다, 작다 그러니까 작은 정부다, 큰 정부다라고 논쟁을 하는 것은 저희 입장에서는 소모적이라고 생각이 되고. 문제는 현정부에서 제대로 관리되지 않으면서 방만하게 되는 부분들이 분명히 있다는 거지요. (오관영, 1면)

저는 재정규모에 대해서는 잘 모르겠어요. 재정규모라고 하는 것은 근본적으로 국민의 세부담능력하고, 두번째 재정수요라고 보거든요. 세번째는 재정의 건전성. (…) 그런 것들을 통해서 재정수요를 건전하게 맞춰나가는 것이 중요하지 규모가 '크냐 작냐'라는 문제는 제가 봤을 때에는 다른 정략적인 논쟁인 것 같고……. (이강원, 6면)

'함께하는 시민행동'의 오관영 사무처장과 경실련의 이강원 국장은 공히 논쟁이 '규모가 크냐 작냐'를 중심으로 진행되는 것에 비판적이었다. 오관영 사무처장은, 국책은행을 예로 들어 공적자금이 투입되고 그로 인한 적자를 결국 국민의 세금으로 메웠다면 그런 부분은 당연히 정부부문으로 포함해야 한다는 입장이다. 그러면서도 결론적으로는 규모가 아니라 재정관리 수준이 더 중요한 문제라고 주장한다. 즉 '규모가 크냐 작냐'가 아니라 '재정의 포괄 범위가 어디까지인가'라는 관점에서 논쟁이 진행되어야 한다는 것이다.

이강원 국장은 재정을 둘러싼 문제는 일반 시민이 접근하기 어렵다는 점을 전제하면서, 재정규모의 적정성은 재정수요, 국민들의 세부담능력, 그리고 재정의 건전성 같은 여러 요소들을 고려하여 판단할 수 있는 것이지, 단순히 규모가 크냐 작냐라는 차원에서 평가할 수 있는 게 아니라고 지적한다. 즉 국민의 필요를 충족할 수 있는가 하는 규범성을 가지고 접근해야지 '크냐 작냐'로 단순화해선 안된다는 것이다. 그럼에도 재정규모를 둘러싼 이견이 그렇게 흐르는 것은 정치적 의도 때문이라고 본다.

> 〔재정규모를〕 정확히 측정한다는 것은 불가능한 일이고 그랬을 때 사람들이 감성적으로 어떻게 받아들이는가에 대해서 주목할 필요가 있다고 봅니다. 예를 들어서 부패지수 같은 거 〔조사〕할 때도 우리나라가 굉장히 낮은 평가를 받고 있는데, 국민들이 생각하는 기대 수준에 못 미친다는 것을 방증하는 거라고 보고요. 단순히 〔객관적 수치로는〕 다른 나라보다 나은데 평가가 왜 이렇게 나오느냐고 말할 수 있는 게 아니라고 생각합니다. 마찬가지로 재정의 거품도 국민들이 볼 때 낭비가 심하다고 생각하는 것들을 어떻게 해결해 줄 것인가를 고민할 문제이지, 사람들이 과도하게 생각하고 있기는 하지만 그 부분이 초점이 되어서는 안될 것 같고요. 그런 의미에서 재정규모에 대한 작년의 논쟁 같은 경우에도 정확하게 어디서 왜 그렇게 됐는지에 대해서 양쪽이 합의하는 결론을 냈으면 좋았을 거라는 생각이 듭니다. 그렇지 않고 대충 얼버무리고 나면 여전히 불신을 더 증폭시키는 역할만 한 게 아니냐는 생각이 들고요. (정창수, 1면)

한편 정창수 보좌관은 논쟁이 '크냐 작냐'로 단순화되는 데는 국민들이 재정규모를 실제 이상으로 크게 받아들이는 환경적 요인이 작용했음을 지적하면서, 국민들이 '감성적으로 어떻게 받아들이는가'에 대해서도 주목할 필요가 있다고 강조한다. 즉 객관적 지표에 비해 국민들의 평가가 부정적이라면 그런 부분도 어떻게 해결할지 고민해야 한다는 것이다. 이는 곧 재정을 둘러싼 논쟁이나 정책담론이 더 '민주화'되어야 한다는 말로 해석할 수 있다. 관련 공무원, 재정학자, 정치인, 시민단체까지 포함하는 정책공동체 속에서 다양한 수준의 담론을 통해 재정 관련 쟁점들을 "정확하게 어디서 왜 그렇게 됐는지"를 따지고, 그 속에서 합의해 가는 노력이 필요하다는 것이다. 그리고 그런 논쟁과 합의 속에서 기존의 '큰 정부, 작은 정부' 수준의 공방을 넘어, 정부의 적정 기능 범위에 대한 합리적인 기준뿐 아니라 국민적 공감대를 형성할 수 있는 재정규모가 나올 것이고, 그런 토대 위에서 다음과 같은 "국민적 선택"을 할 수 있을 것이다.

> 지금 37%가 적정한 것이냐, 아니면 다른 선진국은 그것보다 더 큰 데가 있으니까 그게 적정하냐? 이것은 국민적 선택의 문제라고 보는 거죠. 그다음에 가치관이 개입되는 측면도 있다고 보이기 때문에 그것은 다시 논의하기로 하고요. 하여튼 지표에 있어서만큼은 우리에게 회색지대가 너무 많으니 그 부분에 대해서 분명하게 정의를 해야만 우리가 재정규모의 적정성에 대한 논의를 비로소 시작할 수 있어요. (옥동석, 1면)

옥동석 교수는 자신이 제기한 논쟁의 취지를 설명하면서 재정민주화와 관련하여 중요한 지적을 하고 있다. 취지는 앞서 언급했듯이, '재정규모의 적정성을 논의하려면 지표가 분명해야 하는데, 우리나라는 회색지대가 너무 많아서 그 부분을 분명히 하려고 했다'는 것이다. 그런데 그에 앞서 옥 교수는 재정의 중요한 특성 하나를 언급하고 있다. 재정규모의 적정성은 "가치관이 개입"될 수밖에 없는 문제이고, 결국은 "국민의 선택의 문제"라는 것이다.

10년간 경제전문 기자로 활동해온 손일석 기자는 규모 논쟁을 이렇게 평가한다.

지금까지 막연히 중구난방으로 이야기했던 것인데, 어느 쪽이 맞는지는 잘 모르겠지만 꺼냈다는 데 의의가 있는 것 같고. 이거는 누구도 잘 모르잖아요? 그래서 좀더, 학자들뿐만 아니고 정부나 시민단체나 여러 곳에서 같이 한 번 고민을 해보면서, 정답은 아니더라도, 최소한 그 과정에서 여론수렴이라든가 합의 같은 것은 할 수 있잖아요? 그게 맞든 틀리든 간에. 그거는 필요한 것 같아요. (손일석, 1면)

한마디로 논쟁 그 자체가 의미있다는 평가인데, 그만큼 그동안에는 재정에 관한 '이야기'가 없었다는 말이다. 그러나 기준을 명확히하자는 것은 이야기의 시작일 뿐, 세금을 낸 국민이 그 세금이 어디에, 어떻게, 어떤 순서로, 얼마나 쓰여야 하는지를 '선택'하기 위해서는 더 많은 이야기를 들어보아야 한다.

2. 재정규모를 늘릴 것인가, 줄일 것인가

우리나라는 정부주도형 경제개발이 이루어졌던 80년대까지 다양한 재정수요를 억제했다. 대신 국방비와 경제개발비의 비중이 매우 높았다. 그러나 국민의 정부 이후 세출구조가 변화하고 복지비가 증가하면서 국민의 조세부담이 급격히 늘어나고 있다. 분석 결과 외환위기 이후 한국 국민이 부담하는 세금의 증가 속도가 OECD 30개 회원국 중 가장 빠르다. OECD의 '2007년도 조세통계'를 분석해보면 1999~2005년 한국의 조세부담률 증가 속도가 14%(1999년 17.8%→2005년 20.3%)이다. 같

(단위: %)

국가	1999년	2005년
한국	17.8	20.3
영국	30.4	30.1
일본	17	16.8
프랑스	28.9	27.9
독일	22.5	20.8
캐나다	31.5	28.6
미국	22.5	20.2

* 자료: 조선일보 2007.9.18.

은 기간 OECD 평균은 1% 증가했고, 미국·독일·영국·일본은 하락하고 있다. 재정규모에 대한 논쟁의 배경에는 결국 이처럼 '높아가는 국민의 부담을 어떻게 바라보아야 할 것인가'라는 문제가 있다.

규모의 적정성을 따지는 몇가지 기준

적정한 재정규모가 어느 정도인가에 대한 국민적 공감대가 형성되어 있지 않지만, 구술자들은 이 문제에 대해 다양한 의견을 내놓았다. 이를 종합하면 현행 유지, 억제, 증대, 조건부 증대 등으로 구분할 수 있다.

경제학 박사이자 한국개발연구원(KDI) 중견 연구원인 양원석 박사는 우리의 재정규모에 무리가 없다는 입장이다.

현재 수준에서 1인당 소득이나 인구구조에 따라서 볼 때 우리나라 규모가 작은 것도 아니고 큰 것도 아니고 대충 그런 것 같아요. 근데 앞으로는 고령화되고 소득도 늘어날 것 같고…… 규범적으로 말하기도 어렵죠. 기껏 할 수 있는 근거라는 게 국제비교인데 국제비교상으로는 그렇다고 얘기할 수 있을 것 같아요. (…) 총량적으로는 큰 무리는 없는 것 같고요. (양원석, 1면)

양원석 박사는 규모 자체보다는 예산을 통해 시민사회의 요구를 충족시키는 것이 중요하며, 이를 위해서는 적정한 예산이 필요하다는 전제 아래 현재의 재정규모를 적절하다고 평가하였다. 다만, 항상 나름의 정답을 제시하려는 경제학 전공자의 일반적인 자세와는 조금 다른 "대충" "아마" 등의 표현이 눈에 띄는데, 이는 적정성을 판단하는 절대적인 기준을 제시하기가 그만큼 어렵다는 얘기다.

반면 재정규모 논쟁을 촉발시켰던 옥동석 교수는 재정규모를 줄여서 민간 부분의 활력을 제고해야 한다는 입장이 분명하다.

> 저는 기본적으로 줄일 수 있는 데까지는 줄여야 된다는 생각이거든요. 정부의 규모를 줄인다는 것은 그만큼 민간부문이 커진다는 것이고 민간부문이 커진다는 것은 결국 성장동력이 나온다는 것이라고 생각해요. 그럼 정부가 어떤 기능과 역할을 해야 하느냐? 그것도 역시 국민적 선택의 문제임과 동시에 그 역할은 가능한 한 민간부문에 맡길 수 있으면 맡겨라 이거죠. (옥동석, 2면)

옥동석 교수는 재정을 줄이는 것이 민간부문을 활성화하는 길이라고 생각한다. 재정이 확대되면 민간부문이 축소되는 이른바 구축효과 (crowding out effect)[5]를 염려하는 것이다. 따라서 정부의 기본 기능은 수행해야 하나, 그것을 결정하는 것도 궁극적으로는 시장의 몫이라고 여긴다. 그에게 정부는 시장의 종속변수이며, 정부의 역할은 "가능한 한" 축소되는 게 좋다.

> 저는 기본적으로 지출억제주의자입니다. 재정을 통제하는 방법은 세입보다는 지출을 억제하면 훨씬 유효하고, 지출억제에 있어서도 어떤 적자목표나

혹자목표를 두는 것보다는 절대규제 형식이 옳다는 게 기본 생각입니다. 절대규모. 그렇게 해야만 효과적으로 재정의 건전성이 유지될 수 있어요. 그럼에도 불구하고 필요한 분야에 쓰는 것이 재정이 아닌가라는 거죠. 민간부문이 할 수 없는, 예컨대 복지부문 같은 거죠. 민간이 할 수 없는데 무조건 재정을 줄이라는 것은 국가적 의무의 포기라고 생각해요. 교육이라든지 사회복지라든지 국방이라든지, 소위 공공재와 관련된 써비스부문은 늘리는 것이 당연하다고 생각합니다. 그래서 우리 재정이 현재 수준이 적정한 선에 경험적으로 근접한 수준이 아닌가 싶고, 이보다 늘리는 것은 부담스럽지만 그렇다고 해서 국가 역할을 줄이는 것은 문제가 있다고 봅니다. (전철홍, 1면)

국회 전문위원인 전철홍 박사도 기본적으로 재정지출의 확대를 경계하는 입장이다. 하지만 그 이유는 옥동석 교수와 다르다. 그는 재정의 건전성 확보라는 측면에서 지출의 절대규모를 제한하는 방식이 효율적이라고 판단한다. 그러나 다른 한편으로는 민간이 할 수 없는 부분, 즉 공공재와 관련된 써비스부문은 늘리는 게 당연하다고 본다. 이런 입장은 일견 모순인 듯하다. 국민의 부담을 유발하지 않으면서, 즉 재정부담 없이 필요한 지출을 기대하는 것이기 때문이다. 총량의 확대를 경계하면서 필요한 재정수요를 충족해야 한다는 것은 결국 재정규모의 확대를 용인할 수 있다는 얘기이다. 크게 보면 지출의 증가 그 자체를 놓고 옳다 그르다를 따지기보다 재정수요에 제대로 대응하고 있느냐, 그러면서 재정건전성을 유지하느냐가 중요하다는 견해로 해석할 수 있다.

원론적으로는 당연히 재정규모가 확대될 수밖에 없고, 확대되어야 된다고 보는데요. 다만 그것이 '큰 정부, 작은 정부'의 논쟁으로 가서는 안된다고 봅니다. 그래서 DJ정권 때 구조조정이 실패한 가장 큰 이유가 "똑같이 몇% 줄인다" 이런 개념으로 접근했기 때문이라고 보고요. 구조조정이라는 것은 늘릴 건 늘리고 줄일 건 줄이는 그런 합리적인 접근 속에서만 가능하다고 봅니다. (…) 분명히 줄여야 되는 부분이 많고 그 부분을 판단하는 노력도 과정이 필요하다고 생각합니다. (정창수, 1면)

시민운동가 출신인 정창수 보좌관은 재정규모는 당연히 확대되어야 한다고 생각한다. 다만 무조건 확대가 능사가 아니라 재정 건전성을 확보하는 것이 중요하다고 강조한다. "늘릴 건 늘리고 줄일 건 줄이는" 합리적인 대응체계를 갖추어야 한다는 것이다. 총량적 의미에서 줄이자, 늘리자 식의 논쟁은 무의미하고, 그보다는 구체적인 영역별 논의가 중요하다는 뜻으로 이해된다.

조세연구원에 근무하는 박민상 박사는 구술자 가운데 가장 분명한 목소리로 확대해야 한다는 견해를 밝혔는데, 그 역시 전체 규모를 놓고 크네 작네 하는 총량적 접근이 아니라 분야별로 재정수요를 충족하느냐로 접근해야 한다고 강조했다.

아주 쉽게 생각하면 우리나라 정부는 국민한테 해주는 게 그렇게 많지 않아요. 예, 공공 써비스가 적어요. 그렇기 때문에 (재정규모가) 작을 수밖에 없어요. 지방이 지방세라는 게 또 있잖아요. 그렇기 때문에 지방 자체적으로 인구는 적고, 중앙정부는 받아서 주는 거잖아요. 그렇기 때문에 적다고 봐야죠. 의료 써비스, 교육 써비스, 핵심적인 써비스, 복지 써비스 보면 선진국보다 훨씬 적잖아요. (박민상, 2면)

박민상 박사는 의료, 교육, 복지 등 공공 써비스 체계에서 우리나라 정부가 "국민한테 해주는 게 그렇게 많지 않다"고 평가한다. 이는 중앙정부뿐 아니라 인구에 비해 재정규모가 작은 지방정부도 마찬가지이다. 우리나라는 선진국에 비해 공공 써비스나 사회안전망이 미흡한데, 그는 그러한 역할이야말로 국가가 해야 할 일이라고 생각한다. 따라서 재정규모 자체가 크다 작다 논하는 것은 순서가 바뀐 것으로, 먼저 정부가 어떤 일을 하고 어떤 일은 하지 말아야 하는지, 어떤 일은 줄이고 어떤 일은 늘려야 하는지, 정부가 꼭 해야 한다고 판단되는 분야의 재정수요는 얼마나 되는지에 따라 재정 총규모의 적정성을 따져봐야 한다고 본다.

전체적으로 시장의 역할을 강조하는 옥동석 교수를 빼면 연구자든 공무원이든 시민운동가든 대부분의 구술자들은 지금의 재정규모가 크다고 할 수 없으며, 필요하다면 확대해야 한다(물론 재정 건전성을 강화해야 한다는 전제 아래)는 입장을 보이고 있음을 알 수 있다.

정치적 선택을 가능하게 하는 비정치적 논의

재정을 둘러싼 논의를 진전시키기 위해서는 구술자들의 지적처럼 정부가 어떤 일을 해야 하는지, 그 기준에 의거하여 어떤 일은 늘리고 어떤 일은 줄여야 할지로 논의의 내용을 구체화해야 한다. 그런데 우리가 알다시피 재정을 둘러싼 논의는 너무나 쉽게 정치적 공방, 혹은 선전의 소재가 되어버리고, 국민들은 정부가 더 많은 역할을 하기를 바라면서도 재정규모는 줄이기를 바라는 모순된 기대를 한다. 그 이유를 손일석 기자는 이렇게 해석했다.

정부가 큰지 안 큰지는 국가마다 다르고 경제발전 단계마다 다르겠지만, 이게 문제가 되는 것은 정부 돈 씀씀이에 대해서 믿음을 못 가지니까 만날 제대로 쓰지도 않는 것 같은데 자꾸 뭘 하겠다고 나서는 것도 마땅치가 않고. 그러니까 정부 씀씀이에 대해서 피드백해서, 〔설명해주어야 하는데〕국민들이 느끼는 것은 현실적으로 잘 느껴지지도 않는데, 어디다 쓰는지는 모르겠는데 자꾸……〔지출을 늘리니까〕. 그게 불만인 것 같아요. 그래서 "거품이 있다" "작은 정부로 해라" 그다음에 언론사에서 얘기하는 것은 "우리나라 경제발전 단계가 정부가 나서서 어떻게 할 수도 없고, 하려고 하면 할수록 금방 소진되는 돈이 어떤 휘발성을 가지고 사라지는 그런 데에 자꾸 투입할 필요가 있겠느냐. 아예 시장 기능 감시나 제대로 하는, 경제발전 단계가 그 정도로 오지 않았나" 이런 생각을 하는 것 같아요. (손일석, 1면)

손일석 기자는 첫번째로 재정규모를 둘러싼 논의가 더 깊어지지 못하는 이유가 정부에 대한 국민의 신뢰 수준과 연관되어 있다고 지적한다. 어디다 어떻게 썼는지 "현실적으로 잘 느껴지지도 않는데" 자꾸 지출규모를 키우니까 일단은 불신한다는 것이다. 국민들이 그것을 느끼고 이해할 수 있도록 "피드백"하는 것은 정부의 책임이니만큼 재정에 대한 국민의 신뢰를 얻기 위해서는 정부가 더 노력해야 한다는 말이기도 하다. 그는 두번째로 현재의 재정규모에 대해 비판적인 언론사들의 주장을 전하는데, 요지는 우리나라의 경제발전 단계가 이제는 정부가 "시장 기능 감시나 제대로 하면" 되는 단계이니 "휘발성을 가지고 사라지는" 그런 일을 하는 데 더는 돈을 쓰면 안된다는 것이다.

정부에 대한 불신이 정책적 담론을 정치적 공방의 소재로 만들어버리는 상황이며, 공적 기관에 대한 국민들의 신뢰가 대단히 부족하다는 것도 여러 국제비교 조사에서 드러난다. 예를 들어 몇해 전, 국가채무의 범위와 규모를 둘러싼 논쟁이 있었는데 이 역시 여야간의 정치적 공방으로 끝나고 말았다. 국제비교를 해보면 실제 우리나라의 국가채무 비중은 그리 높지 않다. 다만 최근에 급격히 증가하고 있어, 문제가 심각해지기 전에 이를 방지하자는 취지의 경고성 문제제기를 할 수는 있는 상황이다.

<표 8> GDP 대비 일반정부 채무 비율 (단위: %)

	1996	1997	1998	1999	2000	2001	2002	2003	2004
캐나다	100.3	96.2	93.9	89.5	81.8	81.0	77.7	73.3	71.5
프랑스	67.5	69.4	71.1	67.3	66.2	64.9	68.7	71.1	73.2
독일	60.2	61.8	63.3	61.8	60.9	60.4	62.9	67.0	70.1
일본	93.9	100.3	112.2	125.7	134.0	142.3	149.4	154.6	157.6
한국	5.9	7.5	13.1	15.6	16.3	17.4	16.6	19.2	21.7
뉴질랜드	50.8	50.1	49.0	42.8	35.1	27.1	23.9	20.5	17.8
영국	52.6	53.2	53.8	48.8	45.9	41.2	41.5	42.0	44.2
미국	73.4	70.9	67.7	64.1	58.3	57.9	60.2	62.6	63.4
OECD 전체	75.3	74.5	74.8	73.6	71.1	71.4	73.4	75.3	76.4

* 자료: OECD Economic Outlook No.77—Statistical Annex Tables, Annex Table 33, May 2005, www.oecd.org/document 참조.

두번째로 언급한 문제는 재정 문제는 궁극적으로 정치적 문제임을 깨닫게 한다. 같은 정부를 두고 어떤 사람은 "해주는 게 별로 없다"고 생각하고, 어떤 사람은 "시장 기능 감시나 제대로 하면 된다"고 말한다. 이는 결국 재정규모의 적정성을 판단하는 데는 가치가 개입될 수밖에 없다는 의미이고, 그것을 결정하는 것은 '국민의 선택'이다. 그러나 재정이 결국 정치적 문제라는 것이 재정을 둘러싼 논의가 정치적 공방으로 흐를 수밖에 없다는 것을 뜻하지는 않는다. 재정을 둘러싼 논의와 담론은 실사구시에 입각해 정책적으로 차분하게, 섣부른 정치화를 경계하며 이루어져야 하고, 그 과정에서 쟁점과 현실이 정확히 드러날수록 국민들은 더 올바르게 선택할 수 있다.

재정규모의 적정성을 둘러싼 논의가 좀더 성숙하기를 바라면서 지금까지 나온 이야기들을 토대로 몇가지 기준을 정리하면 다음과 같다.

첫째, 국제비교는 경제규모가 비슷한 다른 나라와 상대적으로 비교하는 것이다. 이럴 경우 당연히 동일한 기준에 입각해야 한다. 문제는 회계·예산 구조가 복잡하면, 그것만으로도 재정을 이해하기 어려워지고 재정규모가 크다고 느끼는 요인이 된다는 것이다. 그래서 18개의 각종 특별회계, 60개의 기금을 정비하는 작업이 꼭 필요하다. 복잡한 예산구조는 정책사업의 복잡성을 초래하여 정책의 효과를 저하시키는 요인도 된다.

둘째, 경제규모 대비 재정규모가 적정한가를 평가할 필요가 있다. 국민경제의 주체를 정부와 시장으로 나누어 볼 때, 정부의 영역이 커지면 시장의 규모가 줄어드는 상충관계(trade-off)가 발생할 수 있다. 시장경제에서 유통되어야 할 자금을 조세라는 이름으로 정부가 흡수하여 지출하기 때문이다. 복지재정을 늘리더라도 그것은 경제의 지속 가능성을 보장하는 범위 내에서 허용된다. 경제발전 단계에 따라 재정의 역할이 달라지는 이유가 여기에 있다.

셋째, 재정수요를 평가하여 그 규모를 결정해야 한다. 첫번째와 두번째가 상대적 평가에 의한 접근이라고 한다면, 이는 절대적 평가에 의한 접근이라고 할 수 있다. 향후 재정규모를 확대할지 축소할지를 결정하는 기준이며 쟁점이기도 하다. 문제는 절대규모 그 자체보다 향후 재정수요를 합리적으로 평가하는 절차가 중요하고, 이는 어떤 의미에서 정치적 합의를 도출하는 과정이기도 하다.

3. 어디에 먼저 쓸 것인가

A : 경제 여건으로 보아 복지비를 늘려야 합니다.

B : 경제성장 관련 경비를 줄이면서 복지비를 늘려야 하나요?

A : 성장잠재력을 죽일 수는 없습니다. 경제성장 관련 지출도 유지해

야 합니다.

B : 그러면 조세부담을 늘려야 하지 않겠습니까?

A : 국민 부담을 늘리는 것은 곤란합니다. 불필요한 공무원의 경상경비를 줄여야지요.

B : 그 금액은 크지 않습니다. 결국 사업을 줄여야 합니다.

　　어느 부분을 줄일 수 있겠습니까?

A : 내가 그것을 아나요, 전문가들이 해주어야지요.

　국방, 경제개발, 복지 어느 것 하나 정부가 포기할 수 없는 중요한 지출 항목이다. 미국에서는 "버터냐 총이냐(Butter or Gun)?"라는 주제로 복지비와 방위비의 상충관계에 관한 연구가 많이 진행되고 있다. 공화당이 집권하면 방위비를 늘리고 민주당이 집권하면 복지비를 늘리는 성향이 있기 때문에 나온 말인데, 연구 차원이 아니라 첨예한 정치적 쟁점이 되기도 한다.

　재정은 한정되어 있는데 어느 분야에 우선 지출할 것인가? 이것은 정부의 역할과 관련되는 본질적인 문제이면서 동시대를 살아가는 사람들의 정치적 합의가 필요한 영역이기도 하다. 그래서 재정지출의 우선순위를 정하는 방법과 절차로 국가의 성격을 알 수 있기도 한다. 그리고 실제 예산의 우선순위를 분석해보면, 국가의 경제발전 단계를 설명할 수 있다. 권위주의 국가와 민주주의 국가, 사회주의 국가와 자본주의 국가 등 국가 성격에 따라 재정지출의 구조가 달라지기도 한다.

우리나라 재정지출 우선순위의 변화

　우리나라의 재정지출구조는 크게 보면 1970년대는 부국강병(富國强兵)의 시대, 1980년대는 경제개발의 시대, 1990년대 이후에는 복지비 증대의 시대를 거쳐왔다고 할 수 있다.

국방 분야는 1980년대까지는 가장 높은 비중을 차지했으나 이후 점차 축소되었다. 국방 분야의 감축을 통해 6공화국과 문민정부는 경제 분야에 지원을 확대했으며, 국민의 정부는 복지와 삶의 질 분야를 지원했다. 경제 분야는 문민정부부터 크게 증가하여 IMF 직후까지 상승 추세였으나, 국민의 정부 이후 축소되기 시작했다. 반면 복지 분야 예산은 지속적으로 증가했다. 특히 참여정부 이후 큰 폭으로 늘어나고 있다. 교육 분야는 큰 변동 없이 일정한 수준을 유지하고 있다.

주요 선진국과 비교하면 우리나라는 GDP 대비 예산에서 국방비와 경제개발비는 비중이 높은 반면, 복지비와 교육비는 낮은 편이다. 경제규모가 커진 데 비해 재정구조의 질적 변화는 그리 크지 않다고 볼 수 있다. 그래서 앞으로 재정지출의 우선순위를 어디에 둘 것인지와 관련하여 우리나라는 전환기에 있다는 평가를 받고 있다. 달라진 경제규모와 사회적 환경을 고려하여 앞으로 어떤 분야를 늘리고 줄일지, 정부의 역할을 어디까지로 볼지 등 재정운용의 방향을 새롭게 점검해야 할 싯점이다.

〈그림 1〉 전체 재정지출 대비 분야별 지출 비중　　　(단위: %)

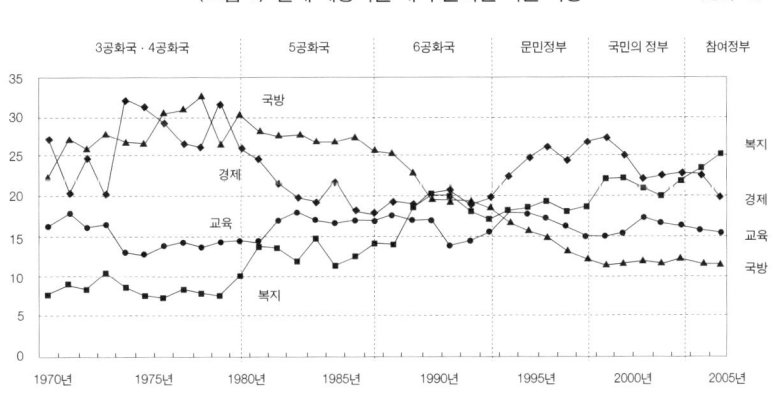

* 자료: 대한민국정부 『2006~2010년 국가재정운용계획』, 2006, 15면.

<표 9> 분야별 재정지출의 국제비교   (단위: GDP 대비, %)

		국방	경제사업	복지 및 삶의 질	교육	기타	계
중앙 정부	오스트리아	0.9	2.6	30.9	4.2	8.1	46.7
	벨기에	1.3	2.0	25.9	1.1	18.6	48.9
	덴마크	1.7	2.6	20.6	4.4	11.6	40.9
	핀란드	1.6	3.9	26.2	4.5	6.5	42.7
	프랑스	2.4	4.6	29.5	4.7	6.7	47.9
	독일	1.2	2.3	27.8	0.1	4.1	35.5
	그리스	4.3	14.7	24.9	3.4	10.9	58.2
	이딸리아	1.2	2.1	23.1	4.0	13.1	43.5
	룩셈부르크	0.3	3.2	24.3	4.0	4.6	36.4
	뽀르뚜갈	1.5	3.8	22.4	6.7	13.3	47.7
	스페인	1.2	2.0	18.0	0.7	14.3	36.2
	스웨덴	2.3	3.6	24.4	2.5	10.4	43.2
	영국	2.7	2.1	19.7	1.4	13.0	38.9
	미국	3.6	1.5	11.6	0.5	3.4	20.6
	평균	2.0	3.1	23.4	3.0	11.5	43.0
	한국	2.8	6.1	5.4	3.7	2.4	20.4
일반 정부	오스트리아	0.9	4.9	30.7	5.9	9.7	52.1
	벨기에	1.3	4.7	26.7	6.3	12.0	51.0
	덴마크	1.7	3.9	33.0	8.4	9.9	56.9
	핀란드	1.6	5.0	30.0	6.6	7.8	51.0
	프랑스	2.4	5.0	31.6	6.1	7.7	52.8
	독일	1.2	4.2	31.0	4.2	7.5	48.1
	그리스	4.3	5.7	26.0	3.4	119.	51.3
	이딸리아	1.2	3.8	27.7	5.2	11.9	49.8
	룩셈부르크	0.3	4.4	26.5	4.9	5.8	41.9
	뽀르뚜갈	1.5	5.4	24.9	7.3	8.9	48.0
	스페인	1.2	4.4	21.9	4.3	7.5	39.3
	스웨덴	2.3	4.8	34.1	7.5	10.8	59.5
	영국	2.7	2.9	24.6	5.1	7.1	42.4
	미국	3.6	3.8	15.0	6.3	7.5	36.2
	평균	2	4.1	27.5	5.6	8.9	48.1
	한국	2.8	6.4	7.3	4.4	4.1	25

* 주: 1) 외국은 1999~2003년 평균. 한국은 2001년(일반정부) 및 2003년(중앙정부).
    2) 평균은 연방제 국가(미국, 독일, 오스트리아)를 제외한 11개국을 대상으로 GDP를 가중치로 하여 계산.
* 자료: OECD; 한국은행『국민계정』, 2005; 재정경제부『한국통합재정수지』, 2004.
    고영선『재정의 지속 가능성, 무엇이 위협하는가』, NSI 국가전략포럼, 2005에서 재인용.

또한 재정지출의 우선순위를 조정하는 문제에서 누가 어떻게 결정할지, 서로 다른 정책선호를 어떻게 반영할 것인가 하는 여러 쟁점들이 남아 있다.

2006년도 국가재정운용계획과 비전 2030[6]에서의 우선순위

재정지출 우선순위와 관련하여 가장 중요한 기초자료는 매년 기획예산처에서 발표하는 5년 단위의 국가재정운용계획이다. 이를 통해 향후 재정지출의 우선순위를 알 수 있다. 흔히들 '중기재정계획'이라고 하는 국가재정운용계획은 참여정부에서 더 중요해졌다. 기획예산처 공무원들이 참고해야 할 자료일 뿐 아니라 시민의 다양한 목소리를 담아내기 위한 절차 또한 갖추었다. 국민대토론회를 거치면서 관련 전문가와 이해관계자의 의견을 수렴하여 결정하고 있기 때문이다. 2006년에 제정된 국가재정법으로 국가재정운용계획을 국회에 보고하도록 했다.

참여정부는 2006년에 국가재정운용계획을 별도 책자로 발간하는 등 이를 알리기 위해 매우 적극적으로 노력했다. 이 보고서에 따르면 계획기간 중 실질성장률은 잠재성장률 수준인 연평균 4.8% 내외, 경상성장률은 7.3% 내외를 전제로 짜였다. 또 이 기간 중에 총수입은 경상성장률보다 낮아 연평균 7.1% 증가하여 2010년에는 309조 1000억원, 총지출은 총수입 증가율보다 낮아 연평균 6.4% 증가한 287조원에 달할 것으로 전망하고 있다.

통합재정수지는 2007년에 공적자금 상환이 끝남에 따라 흑자폭이 2008년 13조 3000억원에서 2010년에는 22조 1000억원으로 확대되고, 사회보장성기금을 제외한 관리대상수지는 GDP 대비 1% 내외로 안정될 것으로 보고 있다. GDP 대비 국가채무 비율은 2008년 33.4%에서 2010년에는 31.3%로 점차 하락하고, 일반회계 국채는 2007년 9조 3000억원에서 2010년 7조 5000억원 수준으로 감소할 것으로 예상된다.

재원배분은 국민 기본생활 보장과 미래사회 대비에 중점을 두고 인프라 구축이 진전된 분야나 민간이나 시장과의 역할분담이 가능한 분야에서 재정지원을 내실화하는 데 초점을 맞추고 있다.

R&D 분야는 미래 성장동력 확충을 위해 지속적으로 투자를 확대하기로 했다. 사회 분야는 사회통합을 통한 복지와 성장의 선순환구조를 형성하는 데 역점을 두어 교육복지, 고등교육 경쟁력강화를 위한 지원을 꾸준히 강화할 계획이다. 또 사회안전망 확충, 저출산·고령화 추세에 대비한 복지 분야 투자를 지속적으로 확대하고, 문화수요 충족, 문화·관광사업 육성 등 문화 분야에도 역점을 두기로 했다.

경제 분야는 민간역할을 강화하면서 재정투자를 내실화하는 데 중점을 두고, 수송과 교통 분야는 투자재원의 다변화를 통해 재정투자를 보완해나갈 계획이다. 또 농어업·농어촌 종합대책을 내실있게 추진하고 산업·중소기업 분야의 기술개발과 에너지 분야 투자를 확대하고 대기질·수질 등 생활환경 개선도 적극 지원하기로 했다. 국방 분야는 국방개혁과 사병 복무여건을 개선하고, 통일·외교 분야는 남북교류협력, 공적개발원조 등에 중점을 두기로 했다.

계획기간 중 R&D 분야와 사회복지, 보건 분야는 각각 연평균 9.4%와 3.7%, 국방 분야는 8.4%, 교육 분야는 8.1%씩 투자가 늘어날 전망이다. 수송·교통은 0.1%, 지역개발 분야는 7.9%, 농림·해양수산 분야 투자는 각각 연평균 1.6%, 산업·중소기업 0.7%, 환경 6.2%, 문화·관광 4.9%, 공공질서·안전 3.1%, 통일·외교는 6%씩 늘어나고, 국가 균형발전(균특회계) 분야 투자는 연평균 6.8%씩 확대될 것으로 예상된다.

수치로만 보면 복잡해서 그 방향성이 얼른 와닿지 않지만 국가재정운용계획은 우리의 미래를 보여주는 매우 중요한 정보를 담고 있다. 제한

<표 10> 분야별 재원배분 계획 (단위: 억원)

분야	2006	2007	2008	2009	2010	연평균 증가율
사회복지	505,153	562,926	611,757	668,411	730,471	9.7
보건	55,108	55,488	57,471	60,213	63,654	3.7
교육	287,650	308,890	337,104	363,788	392,565	8.1
수송·교통	152,862	155,439	154,262	154,067	153,739	0.1
지역개발	31,374	26,792	33,336	39,096	42,090	7.9
농림·해양수산	155,121	159,254	161,540	163,338	165,234	1.6
산업·중소기업	123,955	125,085	123,692	125,056	127,593	0.7
통신	61,125	662,323	64,452	67,654	69,665	3.3
환경보호	37,927	40,337	42,711	45,385	48,170	6.2
문화·관광	27,972	28,693	30,339	32,041	33,859	4.9
국방	222,906	240,485	263,009	287,752	307,710	8.4
공공질서·안전	110,383	108,976	112,897	118,147	124,559	3.1
통일외교	25,514	24,489	27,292	28,907	32,226	6.0
일반공공행정	388,821	428,668	455,633	479,401	509,562	7.0
과학기술	29,476	31,188	33,215	33,817	34,428	3.9
예비비	25,798	26,000	29,775	32,375	34,537	8.0
합계	2,241,082	2,385,033	2,538,482	2,699,447	2,870,463	6.4

* 자료: 기획예산처.

된 범위이지만 전문가, 학자, 시민단체의 다양한 의견을 반영하여, 우리 사회가 나아갈 방향을 제시하고 있다.

다만 몇가지 제약요인은 있다. 첫째, 국가재정운용계획이 5년 단위로 연동계획(rolling plan)으로 운영된다는 점이다. 5년은 대통령 임기와 연계된 기간이기도 하여 정치적 상황에 따라 영향을 받을 수밖에 없다. 둘째, 이는 행정부에서 일정한 절차를 거쳐 결정한 것으로, 실제 집행 여부는 국회가 어느 정도 승인할지에 달려 있다. 계획은 행정부에서 짜더라도 최종 결정하는 기관은 국회이기 때문이다.

그럼에도 불구하고 R&D 증가를 통해 성장잠재력을 함양하고, 복지비를 확대하며, 물량 위주의 SOC 확대를 경계하자는 데 대해서는 상당한 공감대가 형성되어 있는 듯하다.

복지비, 성장동력, 선택과 집중

정부는 재정이 투입되는 분야라면 어디든 소홀히 할 수 없다. 그럼에도 '어느 분야에 더 많은 투자를 할 것인가?'는 피해갈 수 없는 물음이다. 우리의 재정규모가 계속 증가할 수는 없기 때문이다. 그리고 이 물음은 철학적 기반과 가치지향, 그리고 국가의 위상과 역할에 대한 시각과도 연계되어 있는 매우 중대한 질문이며, 각자의 입장과 서 있는 자리에 따라 다양한 의견이 나올 수밖에 없다. 국민적 합의로 결정해야 한다고는 하지만, 그것은 원칙적이고 상징적인 의미일 뿐, 현실적으로는 시민사회 내부의 다양한 요구, 선거를 통해 권력(결정권)을 위임받은 지도자와 정치권, 전문성을 근거로 집행과정에서 상당한 영향력을 발휘하는 행정관료들의 소통과 역학관계에 따라 결정된다고 볼 수 있다. 앞으로의 재정운용 방향을 놓고 구술자들도 다양한 의견을 내놓았으나 우리사회가 나아가야 할 방향에 대해 최소한의 공감대를 확인할 수는 있었다.

국가재정운용계획에서 가장 눈에 띄는 방향은 경제 관련 사업은 줄이고 복지 관련 예산을 늘려나가는 것이다. 이러한 기본방향에 대해서는 대체로 동의하는 편이었다.

정부의 기본방침은 (…) 그 자체로는 맞는 것 같아요. 경제사업에 대해서는 과거처럼, 개발연대처럼 경제성이 발달 못한 상태에서는 정부가 여러가지 경제상황에 기여를 해야 되겠지만 지금 상태로서는 경제사업에 관한 정부지출이 경쟁력을 약화시킨다거나 여러가지 부작용이 많은 것 같아서 경제사업은

좀 거품이 있어 보여요. SOC 투자도 웬만큼 된 것 같고요. (양원석, 2면)

국책연구원의 양원석 박사는 현재 우리나라의 경제적·사회적 여건이 "과거 개발연대"와는 다르다는 점을 지적하면서 정부가 경제사업을 줄이는 것이 이같은 변화에 대응하는 타당한 방침이라고 동의했다. 복지비를 늘려나가는 것은 정치적으로 인기를 끌기 위한 전략 차원이 아니라 경제개발 우선주의를 넘어서야 하는 시대적 변화에 따른 전략 차원에서 바라보아야 한다는 인식이다. 경실련의 이강원 국장은 양원석 박사보다 더 강하게 복지 관련 지출의 확대 필요성을 강조했는데, 이는 시민사회 단체들이 대체로 복지비의 지출 증가를 요구하는 것과 같은 맥락이다.

양원석 박사는 복지 분야 이외에도 재정지출 전략에 전반적으로 찬성하는 입장이었다. 그러나 참여정부가 우선순위를 두고 추진한 지역균형발전 분야에 대해서는 심각한 우려를 표했다.

복지랑 균형발전은 좀 다른 개념이에요. 복지는 개인이나 가계 단위로 봐서 못사는 사람들을 도와주는 거고, 균형발전이라는 것은 거기 살고 있는 사람이 잘살든 못살든 지역적으로 잘 안되는 데를 도와주는 점에서 다른 개념인 것 같아요. (…) 이 균형발전을 추구하는 과정에서 굉장히 낭비가 심한 것 같아요. (…) 자치단체 입장에서 정부가 균형발전 한다고 돈을 주니까 안 받아오면 바보거든? 그러니까 일단 받고 보는 거야. 그런데 받아서 열심히 쓰게할 요인이 상당히 부족해요. 예를 들어서 산자부에서 하는 지역전략산업진흥사업이라는 게 있는데, (…) 일단 계획 세워서 중앙정부에서 돈 받고 나서는 건물 짓고, 장비 구축하고, 그다음에는 지방정부에서 운영비를 지급한다거나 인력을 지원하거나 해서 사업이 잘되도록 하는 모습이 별로 안 보여요. 일단 돈 받고 나면, 그러면 자치단체장이 와서 기공식할 때 테이프 끊고 사진

찍고 이벤트성……. 의회도 별 관심이 없고. 중앙정부가 추진하고 있는 지역 균형발전 전체의 상당 부분이 이런 식으로 진행되고 있지 않을까 상당히 의심이 돼요. (양원석, 2면)

알다시피 지역균형발전은 참여정부를 상징할 만큼 중요한 사업 가운데 하나이고, 운용계획상 우선순위에서도 앞서 있다. 그런데 양원석 박사는 산자부의 지역전략산업진흥사업을 예로 들어 이 사업의 우선순위를 조정해야 한다는 의견을 밝혔다. 지역 불균형을 해소해나간다는 취지는 좋지만, 집행되는 과정에서 심각한 낭비요소가 발견된다는 것이다. 이런 낭비요소는 전달체계나 관리체계가 허술해서, 지방자치단체가 이를 집행할 수 있는 준비가 덜 되어 있거나 능력이 모자라서 생긴다. 그렇지만 근본적으로는 개인이나 가계가 아니라 '지역'이라는 단위를 지출 기준으로 하는 데서 낭비가 생긴다고 그는 생각한다.

한편, 복지 분야 지출 확대를 이야기하다보면 반드시 뒤이어 나오는 주제가 바로 성장동력을 키워야 한다는 것이었다. 이는 그 구분법의 옳고 그름을 떠나 우리사회가 이미 내면화하다시피 지닌 이분법, 즉 '성장이냐 분배냐'의 구도를 본능적으로 의식하기 때문인 듯하다. 복지 분야 지출 확대를 지지하는 사람들은 '그렇다고 그 역기능을 모르는 건 아니다'라는 차원에서, 혹은 내놓고 지출 확대를 비판하지는 않지만 그것의 역기능을 강조하고 싶은 사람들은 '그러나 복지비지출 확대가 성장잠재력을 잠식해서는 안된다'라는 식의 단서를 달다보니 복지와 성장동력이 짝을 이루어 이야기되는 것이다.

R&D냐 복지냐 이야기를 할 때 저는 이렇게 생각하거든요. 사실은 성장을 하지 않고 복지 중심으로 정책을 폈을 때 오히려 소득격차는 심해지는 게 아닌

가. (양희석, 1면)

　지방자치단체 소속 연구소에 근무하는 양희석 박사는 복지비지출 확대의 필연성을 부인하지 않는다. 그러나 그는 '복지를 위해서라도 성장(인용문에서는 R&D가 이것을 표상하고 있다)하지 않으면 안된다'고 강조하고 있다. 성장잠재력을 줄이면 장기적으로는 오히려 소득격차가 커져 복지가 악화될 수 있다는 것이다. 또 그는 복지비를 지출할 때 공적 영역에서 해결해야 할 부분과 사적 영역에서 해결해야 할 부분을 구분해야 한다고 덧붙였다. 예를 들어 항암 치료는 정부 역할로, 건강보조식품 관리는 민간 영역으로 구분하는 식이다.

　어쨌든 많은 구술자들이 성장동력을 키워야 한다는 데 복지비지출 확대의 필요성만큼이나 공감하는 입장을 보였다. 그런데, '복지'를 이야기하다보면 '성장'이 뒤따라 나오듯, 성장동력을 이야기할 때는 '선택과 집중'이 자주 거론되었다.

　그러니까 미래의 핵심 우선순위는, 우리는 아직 성장이 필요하니까 (…) 포커스적인 성장을 해야겠다 그렇게 보입니다. 그래서 R&D도 사실 정부가 많이 하고 있어요. 그럼에도 불구하고, 꼭 정부 기준 R&D가 아니더라도, 다른 걸 지원하더라도 R&D든 고급인력 양성이든 이런 쪽에는 앞으로도 계속해야만 〔한다〕. 우리가 살아갈 방향은 그것밖에는 없죠. (…) SOC뿐만 아니라 농어촌이든 그런 쓸데없는 것들, 예를 들어서 1조 빼면 〔그중의〕 한 5000억 〔R&D나 고급인력 양성에〕 지원하고. 교육도 마찬가지, 인적자본 양성하는 것도 학급당 학생수가 30명에서 27명으로 안 줄면 어때요. 거기서 한 1조 정도 챙기면 그걸로 고급인력, R&D나 연구 이런 데다 쏟아 부어줘야죠. (박민상, 5면)

조세연구원의 박민상 박사는 우리 경제는 아직 성장, 특히 "포커스적인 성장"이 필요하다고 강조한다. 그 포커스는 다름 아니라 R&D와 고급인력 양성이며, "우리가 살아갈 방향은 그것밖에" 없으므로 미래를 향한 그런 지출에 가능한 모든 자원을 집중해야 한다. 이를테면 거품 많은 SOC를 줄이고, 생산성을 고려하지 않고 시혜적 차원에서 이루어지는 농업이나 중소기업 지원도 줄이고, 학급당 학생수를 목표치인 27~30명으로 줄이는 데 들이는 예산도 절감해서 그런 돈을 모두 "미래의 핵심 우선순위", 즉 성장잠재력을 제고하기 위한 R&D와 고급인력 양성에 투입해야 한다는 것이다.

한마디로 국방, 경제, 복지 같은 종전의 기능별 배분이 아니라 장기적인 관점에서 선택과 집중이 필요하다는 입장이다. 장기적인 비전에 입각한 전략적 투자를 강조하는 이런 관점에서 보면, 농어촌이나 중소기업 지원, 혹은 학급당 인원수를 선진국 수준으로 낮춰가는 사업은 "포커스적인 성장"을 어렵게 만드는 나눠먹기식에 불과하다. 박민상 박사는 수혜 대상 개개인에게 돌아가는 몫은 얼마 되지 않지만 국가 전체적으로는 큰 재원이 소요되는 그런 사업들은 자원의 무의미한 분산이라고 비판했다.

지금까지 국가재정운용계획의 방향성에 대해 총론 차원에서 몇가지 중요한 견해들을 정리해보았다. 다음 장에서는 분야별 운용방향에 대한 다양한 의견들을 살펴보고, 그에 근거해 적절한 총규모와 운용방향을 가늠해보려 한다.

우리시대 희망찾기

3장

어떤 전망 아래 어느 분야에
얼마나 쓰이고 있는가

분야별 재정운용 현황

재정의 역할을 분야별로 살펴보면, 총론 범위에서 재정의 규모나 운용방향을 논할 때에 비해 좀더 다양한 대안이 발견된다. 그리고 이러한 '밑으로부터의 접근'(bottom up)은 우리의 재정운용을 폐쇄적인 소수 엘리뜨 관료의 손에서 국민의 감시 영역으로 가져오고, 재정운용계획의 수립을 관료나 정치인, 전문가 들이 적당히 절충하는 절차가 아니라 국민적 공감대를 형성하는 과정으로 전환시키는 출발점이 될 것이다.

1. 사회간접자본(SOC)

성장잠재력 향상을 위해 경제 인프라를 구축하는 것은 정부가 해야

<표 11> 국가재정운용계획(2006~2010)에서 SOC 비중 추이　　(단위: 억원, %)

	2006	2007	2008	2009	2010	연평균 증가율
도로 (증가율)	73,567	73,345 (−0.3)	72,263 (−1.5)	73,225 (1.3)	73,490 (0.4)	−0.03
철도 (증가율)	32,914	34,342 (4.3)	34,382 (0.1)	32,796 (−4.6)	32,253 (−1.7)	−0.5
도시철도 (증가율)	12,953	12,570 (−3.0)	12,795 (1.8)	12,836 (0.3)	12,842 (0.1)	−0.2
해운·항만 (증가율)	19,402	20,471 (5.5)	20,775 (1.5)	21,217 (2.1)	21,422 (1.0)	2.5
항공·공항 (증가율)	3,918	3,335 (−14.9)	2,684 (−19.5)	2,212 (−17.6)	1,332 (−39.8)	−23.6
물류 등 기타 (증가율)	10,081	11,376 (12.8)	11,363 (−0.1)	11,781 (3.7)	12,400 (5.3)	5.3
수송·교통 합계 (증가율)	152,862	155,439 (1.7)	154,262 (−0.8)	154,067 (−0.1)	153,739 (−0.2)	0.1
수자원 (증가율)	22,426	16,710 (−25.5)	17,264 (3.3)	17,760 (2.9)	18,263 (2.8)	−5.0
지역·도시 (증가율)	5,237	6,163 (17.7)	12,078 (96.0)	17,206 (42.5)	19,963 (16.0)	39.7
산업단지 (증가율)	3,711	3,919 (5.6)	3,994 (1.9)	4,130 (3.4)	4,264 (3.2)	3.5
지역개발 합계 (증가율)	31,374	26,792 (−14.6)	33,336 (24.4)	39,096 (17.3)	42,490 (8.7)	7.9
총 합계 (증가율)	184,236	182,231 (−1.1)	187,598 (2.9)	193,163 (3.0)	196,229 (1.6)	1.6

* 지역·도시 부문에는 행정중심복합도시 건설 지원 포함.
* 자료: 기획예산처 「2006~2010년 국가재정운용계획」, 2006.10.

할 중요한 역할 가운데 하나이다. 그래서 70년대 이래 급속한 경제발전 과정에서 정부는 도로, 항만, 철도, 공항 등의 SOC투자에 주력해왔다.

국가재정운용계획(2006~2010)에 따르면 수송·교통 및 지역개발 분야 재정투자 총액의 연평균 증가율은 각각 0.1%와 7.9%로 다른 분야에 비해 가장 낮다. 이 분야가 차지하는 재정 비중도 2006년 8%이지만 2010년에는 7%로 낮아질 전망이다. 또 내부 구성상으로는 수송·교통 분야보다 지역개발 분야의 투자가 늘어날 전망이다. 수송·교통 분야는 2006년에 15조 2862억원, 2010년에 15조 3739억원으로 연평균 증가율이 0.1%에 불과하다. 반면 지역개발 분야는 2006년에 3조 1374억원, 2010년에 4조 2490억원으로 연평균 증가율이 7.9%로 계획되어 있다. 투자가 감소하는 부문은 항공·공항(-23.6%), 수자원(-5.0%), 철도(-0.5%), 도시철도(-0.2%), 도로(-0.03%)의 순이다. 반면 투자가 증가하는 부문은 지역·도시(39.7%), 물류 등 기타(5.3%), 산업단지(3.5%), 해운·항만(2.5%)의 순이다.

시멘트 예산을 통한 성장은 이제 그만

사회간접자본 시설에 대한 재정지출을 줄여야 한다는 데는 모든 구술자들이 의견을 같이했다.

스톡(stock)도 우리나라 수준에서는 어느정도 올라선 거 같아요. 과거 92년부터 무지하게 많이 늘어났거든요. 그때부터 매년 20%씩 늘어나다가 최근에 와서 정체를 보이고 있는데, 그 와중에 상당히 많이 확충이 된 것 같아요. 그래서 이제는 좀더 가려가면서 SOC투자를 할 필요가 있는 것 같고. (양원석, 2면)

재정학자들에게서도 우리 SOC가 최적보다 훨씬, 20% 이상 과잉이라는 논문이 나왔어요. 도로·철도·항만 다 포함해서. (…) 이제 아젠다(agenda)를 부처가 만들어가지고 재정지출의 우선순위를 끌어당기고 이러는 경향도 있죠. 그런 것들 중에 대표적인 게 SOC 같습니다. 실제로 물류비용이 비싸고 싸고 이런 얘기도 하지만 물류비용이 비싸니까 지금 돌아가는 사례가 있는데, 꼭

경부고속도로에다가 트럭을 갖다놓고 그 트럭이 몇시간 걸린다는 것을 계산해서 물류비용을 과대 계산하고 하는 조작적인 면이 있거든요. 그런 물류비용을 줄이고 어쩌고 하는 것들이 다소 신화화되었는데. SOC는 과잉이라는 입장이 학계에서 논문이 많이 나와 있고 저도 감으로는 그래요. (박기택, 3면)

KDI 양원석 박사는 무엇보다 SOC가 필요한 만큼 충분히 확보되었으므로 이제는 "가려가면서" 투자를 해야 하는 시기라고 진단한다. 개발시대의 물량 위주 투자는 이제 확실히 끝내야 한다는 뜻이다. 박기택 국회예산정책처 국장은 거기서 더 나아가 20% 이상 과잉공급되었다고까지 평가하고 있다. 그리고 일이 그렇게 된 원인의 하나로 관련 부처의 '아젠다 조작'을 꼽는다. 예를 들어 가장 막히는 경부고속도로에 트럭을 투입해 산출한 시간으로 물류비용을 실제 이상으로 과장하여 '물류비용이 너무 커서 이대로는 안된다'는 "신화"를 만들어내고, 그것을 근거로 관련 예산의 우선순위를 앞당기고 규모를 키운다는 것이다. SOC는 투입되는 비용이 큰 만큼 수요 조사를 정확히 하고 이에 근거하여 투자해야 한다. 그런데 수요를 측정하는 단계에서부터 이런 부풀리기가 시작되니 투자 효율성도 낮을 수밖에 없다. 이는 기획예산처의 예산낭비감시센터에 신고된 낭비사례 가운데 보도블록을 빼면 도로와 관련된 것이 가장 많다는 사실, 또 '함께하는 시민행동'이 '밑 빠진 독' 상을 준 사안 가운데도 건설 관련 사안이 가장 많았다는 사실에서도 여실히 드러난다.

우회로를 차단하고, 인적 자원에 투자하자

정부는 SOC 관련 예산을 2006년 7조 2000억원에서 2008년 5조원 규모로 점차 낮춰 내실화하겠다는 의지를 보이고 있다. '건설공화국'이라 불릴 만큼 정부가 중요한 구매자 역할을 하면서 경제를 발전시킨 모형을 바꾸겠다는 의지가 분명히 드러나 있다. 그러나 경제개발 시기에 최우선 순위의 지위를 누려왔던만큼, SOC 분야를 줄여나가는 데는 적잖은 '저항'이 따르리라는 걸 예상할 수 있다.

> 지금 우리나라에서 줄어드는 예산이 SOC 쪽인데 그럼에도 불구하고 현재 같은 재정운용 방식으로는 안되죠……. BTO사업이나 BTL이 그런 것들이라고 보는데요. 왜냐하면 예산을 늘려주지 않으니까 그런 방식으로 해가지고 미래에 부담을 전가시키는 쪽으로 진행되고 있어요. 일단 총량적으로 줄인다고 계획을 세웠다면 그런 방식으로 우회해서 예산을 확대시키는 건 바람직하지 않다고 보고요. SOC 같은 경우에는 총론적으로는 감소시키는 게 맞지만, 그중에서 반드시 해야 되는 사업들이 있는 거니까 그런 건 구별해야 된다고 생각합니다. (정창수, 2면)

정창수 보좌관은 갑자기 예산을 줄이거나 우선순위를 낮추면 BTL(Built-Tranfer-Lease)[1]이나 BTO(Built-Transfer-Operation)[2] 같은 편법이 발생할 수 있다는 문제점을 지적하고 있다. 즉 조세부담 대신 재원을 조성해서 충당하는 국채발행사업, BTO사업 등으로 "우회해서" 예산을 확대하는 일이 벌어진다는 것이다. 이런 우회로가 많아지면 총량은 사실상 줄어들지 않게 된다. 더구나 이런 사업은 미래세대에 부담을 넘기는 것이기 때문에 국가채무로 인식되어야 한다. 그리고 BTO사업의 경우 민간의 적정수익을 보장하는 과정에서 국고부담이 지속되는 실정이다. 시민단체에서도 정부가 직접 수행할 때에 비해 이런 식의 사업에서 자금이 많이 지출될 뿐 아니라, 적정 운용수입을 확보하는 과정에서 정부가 지출하는 비용에 낭비요소가 있다는 지적을 하고 있다.

총량은 줄이되 "반드시 해야 되는" 사업들은 가려서 내실있게 하자는 것이 많은 구술자들의 의견인데, '함께하는 시민행동'의 오관영 사무처장은 여기에 더해 투자 방향도 이제는 바꿀 필요가 있다는 의견을 덧붙였다.

> 저희가 '밑 빠진 독' 상을 많이 주었던 분야가 건설이었어요. 시멘트 예산이 많았던 거죠. 도로부터 해서 복지도 시설 중심으로 가고 있었던 거니까. 이제 이런 부분들을 통제하는 것이 필요한데, (…) 그러니까 SOC투자도 방향이 조금 달라져야 할 것 같아요. 지금은 인적 자원에 대한 것을 고민해봐야 한다고 생각하고. 항만이나 도로 같은 것들은 이제 줄여나갈 수 있는 거 아니냐 싶고요. (오관영, 2면)

오관영 처장은 복지나 농어촌 관련 예산이라고 하지만 속을 들여다보면 그것조차 실질적으로는 도로나 시설을 건설하는 예산인 경우가 많다고 지적하면서, 이제는 SOC투자도 시설이 아니라 '인적 자원'으로 눈을 돌릴 때가 되었다고 제안한다.

두가지 굴레: 정치적 입김, 경기조절
조세연구원의 박민상 박사는 이런저런 '저항'에도 불구하고 SOC투자는 축소될 수밖에 없을 것이라고 예측했는데 그 이유는 이러하다.

> 갑자기 국민의 부담이 올라가는 것은 어떤 경우라도 바람직하지 않다. 정치적으로도 제가 보기에는 불리할 거예요. 정부가 언제 정권이 바뀌었냐? 다 비슷해요. 갑자기 부담이 늘어날 때. 바로 압력이 가요. (박민상, 3면)

재정의 절대적 규모가 커지는 것은 국민의 조세부담이 커진다는 뜻이고 이는 정치적 부담이 된다. 따라서 복지비를 늘려야 하는 상황에서 SOC를 줄이지 않으면 국민적 부담이 늘어나기 때문에 정치적 부담을 고려해서라도 불가피하게 SOC는 줄일 수밖에 없다는 설명이다. 물론 조세부담은 앞으로 일정 수준까지는 늘어날 수밖에 없지만 국민들이 그것을 어떻게 체감하느냐, 증가 속도는 어느정도냐에 대해서는 정치적인 고려를 하지 않을 수 없다. 그런 맥락에서 참여정부에 대한 국민들의 낮은 평가에는, 정부가 조세정책을 부동산정책의 수단으로 활용함으로써 단기간에 조세부담을 급격히 높인 것도 원인으로 작용했다고 볼 수 있다.

멀리 내다보면 그렇게 낙관할 수도 있을 것이다. 그러나 SOC투자와 관련해서는 매우 근본적인 두가지 굴레가 있다.

SOC는 정부안을 줄여가면 꼭 국회에서 늘어나더라고요. 아시겠지만 주민들이 있으니까 지역 단위로 많이 늘어나는데, 낭비 신고 들어오는 것에서 SOC가 상당부분 차지해요. SOC가 경기 보완 역할을 해야 된다는 것인데, 그게 또 문제인 것 같아요. 우리나라가 SOC나 건설이 GDP에서 차지하는 비중이 2004년에 17%로 알고 있거든요. 건설 SOC가 GDP에서 차지하는 비중이 크다는 것은, 건설은 경기나 계절적 요인의 영향을 많이 받잖아요. 그래서 건설 경기가 GDP의 많은 비중을 차지하는 것 자체가 경기 불합리 요인의 하나로 작용하지요. 건설은 부동산이랑, 부동산은 또 주거랑 연결되기 때문에 근본적인 문제를 안고 있다고 생각합니다. 건설 R&D나 품셈이나 계약제도 같은 부분들에서 근본적인 제도개선을 해야지요. 그런데 이 건설부문은 전문업체하고 하도급 부분이 경쟁요소를 막아놨어요. 그걸 풀어가지고 경쟁을 유도하면 전체적인 질은 올라가면서 재정에서 투입하는 비율도 줄어들 수 있지 않을까요. 전체 건설산업 자체에 대해서 제도개선이 있으면 재정은 이제 〔건전해질 수 있다〕. 사실 재경부나 이쪽도 못 건드린다는 표현이, 결국 경기랑 연결되다보니까 나오는 거죠. 이게 오히려 문제인 것 같아요. 우리나라가 정보화다 IT강국이다 하면서도 2차산업인 건설이 큰 비중을 차지한다는 것은 아이러니죠. (원종관, 1면)

기획예산처의 원종관 사무관은 SOC투자는 정부에서 줄여가도 "꼭 국회에서 늘어나고", 또 이제껏 "경기 보완 역할을 해야" 하는 '숙명'을 안고 있었다고 지적한다.

국회에서 예산이 늘어나는 이유는 국회의원들이 지역구 관리 차원에서 지역 단위의 SOC사업을 많이 끼워넣기 때문이다. 의원들은 지역에서 '생색나는' 사업을 벌여 표를 얻을 욕심에 재정운용의 전체적 방향성이나 효율성은 그다지 고민하지 않는다. 그래서 항상 예산심의 막판에 온갖 방법을 동원해 지역구사업을 끼워넣는다. 지방자치단체장들도 다르지 않다. 국회에서 이런 식으로 결정되는 사업은 재정지출의 효율성을 평가하는 체계를 갖추고 있는 행정부에서 결정한 사업에 비해 효율성이 떨어질 수밖에 없다. 참여정부는 낭비요소를 극복하기 위한 다양한 장치를 개발하긴 했으나, SOC투자에 서리는 정치적 입김을 극복하기는 쉽지 않을 것이라는 비관적인 견해도 많다.

원종관 사무관의 설명대로 우리나라는 선진국에 견주어 SOC사업이 GDP에서 차지하는 비중이 대단히 높은 편이다. 이는 말할 것도 없이 건설경기를 경기조절의 정책적인 수단으로 활용해온 정부주도 경제개발이 남긴 결과이다. 그런데 건설사업이 GDP에서 차지하는 비중이 높다는 것은 사실 그 자체가 "경기 불합리 요인의 하나"로 작용한다. 즉 경제적 안정성을 떨어뜨리는 요인이 되는데, 원종관 사무관은 이를 해결하기 위해서는 건설산업 내부의, 경쟁을 제한하는 여러 불합리한 제도를 근본적으로 개선해야 한다고 본다. 시장 내에서 합리적으로 경쟁할 수 있도록 해놓으면 SOC사업의 질, 즉 재정 효율성이 올라가고, 결과적으로 재정에서 차지하는 비중도 줄어들 것이라는 설명이다. 그런데 건설산업이 "경기랑 연결되다보니까" 재경부도 섣불리 손을 대지 못하는 것이 현실이다.

SOC 분야는 물량 위주의 건설을 극복해야 할 중대한 시기에 놓여 있다. '시멘트 예산을 통한' 성장주의를 확실하게 극복하고 이제는 물류와 교통을 지원하는 예산구조로 전환해가야 한다. 이러한 맥락에서 국토해양부의 기능을 재검토해볼 필요가 있다. 주택공급에서도 물량 위주가 아니라 정부와 시장의 역할을 구분해, 저소득층을 위한 임대주택, 장기적 관점에서 관리가 필요한 임대주택의 기능을 정부가 책임지는 방식으로 역할을 분담해야 한다.

앞으로 SOC투자는 시장의 실패를 보완하고 치유하는 투자가 되어야 한다. 그런 점에서 사업의 선정과정이 더 신중하고 치밀해져야 하며, 특히 예비타당성 조사 결과를 철저히 검토하고 분석하는 노력이 필요하다. "몇사람이 모여 앉아 '사람들 귀에 솔깃할 것이 뭔가'를 두고 머리를 짜내는"[3] 방식의 정치적, 주먹구구식 투자는 이제 청산해야 한다.

2. 사회복지

외환위기 이후, 사회복지·보건 분야 재정투자는 예산·기금을 합한 총지출 기준으로 1997년 21조원에서 2005년 51조 9000억원 수준으로 연평균 12.0% 증가했다.[4] 1997~2004년에 전체 재정지출 증가율이 8.5%였음을 고려하면 사회복지·보건 분야의 증가 속도가 매우 빠르다는 걸 알 수 있다. 그중에서도 특히 보육·가족 및 여성, 기초생활보장, 노동, 취약

구분	97년	00년	02년	03년	04년	05년	연평균
사회복지 · 보건 분야	210,001	352,112	379,428	416,588	440,758	518,604	12.0
−예산	52,942	84,209	120,185	136,022	148,191	156,892	14.8
−기금	158,059	267,903	259,243	280,566	292,567	361,712	10.9
●기초생활보장	9,624	24,710	34,303	35,402	39,283	46,261	21.7
●취약계층 지원 등*	4,349	6,210	9,400	10,508	12,940	11,940	13.5
●공적연금	78,279	104,535	110,170	123,323	137,991	160,796	9.4
보육 · 가족 및 여성	1,337	1,466	2,461	3,606	4,625	7,094	23.2
국가보훈	11,885	13,881	18,572	22,258	23,721	25,116	9.8
노동	29,174	48,913	57,690	62,692	65,262	82,122	13.8
주택	58,816	129,849	107,378	113,443	109,899	134,994	10.9
보건의료	5,834	5,011	7,697	8,514	9,195	9,905	6.8
●건강보험 지원	10,703	17,537	31,757	36,842	37,842	40,376	18.1

* 취약계층 지원 등: 취약계층 지원＋노인 · 청소년＋사회복지 일반.
* 자료: 기획예산처 「2006~2010 국가재정운용계획」, 2006.10.

계층 지원 분야가 두드러지게 증가했다.

복지예산에는 허수가 많다

알다시피 재정의 여러 분야 가운데 가장 논쟁이 잦은 것이 바로 복지이다. 국가의 역할을 둘러싼 가치지향이 반영되고, 국민들의 일상과 광범위하게 걸쳐져 있으며, 삶의 질과 연관된 정책 영역이라는 특성 때문이겠지만, 최근에는 재정 증가 속도가 빠르다는 점도 논쟁을 격화하는 요인이 되었다.

그런데 정창수 보좌관은 '복지예산이 빠르게 증가하고 있다'는 일반적 인식에 문제를 제기했다.

복지의 경우에 저는 통계 같은 거 낼 때 참 맘에 안 드는데요. 61조다라고 하면, 내역을 뜯어보면 공무원연금이 10조를 차지하고 국민연금 등이 거의 16~17조를 넘어서고 그 외에 공적연금들을 빼고 나면 보건복지부 예산은 12조밖에 안되는 현실이에요. 실제로 복지예산이 차지하는 비중이 작다고 보이는데, 그 부분을 과장해서 공격하는 사람들이나 "사회복지에 투자한다"는 이미지를 풍기기 위해서 재정상에 큰 변동이 없음에도 그렇게 발표하는 현정부나 다 문제가 있다고 생각합니다. 그래서 일단은 그런 허수를 밝히는 노력이 진정한 투명성이라고 보고요. (정창수, 3면)

정창수 보좌관은 복지 분야로 분류된 예산 내역을 자세히 들여다보면 복지비가 실질적으로 그렇게 많이 증가했다고 보기 힘들다고 지적한다. 요컨대 실제 이상으로 부풀려져 있다는 것이다. 복지예산이 61조라고 하지만 국민연금이나 공무원연금을 빼고 나면 보건복지부가 실제로 사업에 쓸 수 있는 예산은 12조밖에 안된다. 그런데 정부는 복지 관련 재정지출을 늘렸다는 것을 보여주기 위해 통계를 부풀리고, 정부를 비판하는 쪽은 또 그것을 근거로 "복지비가 지나치게 늘고 있다"며 공격한다는 것이다. 실제로 복지뿐만 아니라 문화, 환경 분야도 분류 기준이 명확하지 못해 허수가 발생하고 종종 논쟁이 일어난다. 복지예산의 적절한 규모나 비중, 증가 속도를 논하려면 통계자료 작성과 분석부터 더 투명해져야 한다는 게 그의 주장이다.

구빈과 복지를 구분해야 한다

경실련의 박정식 국장도 '보건복지부가 실제로 사업으로 집행할 수 있는 예산'을 기준으로 복지예산이 더 늘어나야 한다고 주장했다.

절대수준으로 봐서는 복지비가 아직도 미약한 부분이 있기 때문에 그것을 우선순위 잡아서 나가야 할 거 아닌가, SOC를 약간 좀 줄이고 하더라도. 그런 다고 성장잠재력이 약화되는 건 아니라고 보거든요. 성장잠재력도 어떻게 보면 모순되는 게 아니라 복지나 여러가지 그런, (…) 어떤 인적 투자, 복지 같은 것을 함으로써 성장잠재력이 더 높아진다고 보면 오히려 더 중요할 수 도 있죠. (박정식, 2면)

박정식 국장은 복지비를 늘리자는 견해를 밝히면서 그런 주장이 늘 부딪히는 반론, 즉 복지비가 늘면 성장잠재력이 약해진다는 논리를 의식 해 복지비지출이 성장잠재력과 충돌하지 않는다는 설명을 덧붙이고 있 다. 복지 씨스템, 사람들에 대한 투자가 성장잠재력을 높일 수 있다는 그 의 설명은 최근에 강조되고 있는 사회적 투자(social investment) 개념과 닿아 있다. 인적자본에 대한 투자를 통해 복지 문제도 해결하고 성장잠 재력도 향상시킬 수 있다는 것이다. 복지를 소모적인 지출로만 보는 성 장우선론자들과는 달리 복지예산을 사회투자의 범주에서 접근하여 미 래의 인적 자원 개발비로 바라보는 관점이다. 이는 기획예산처가 2006 년에 발표한 "2030"의 입장이기도 하다. 앞서 복지예산의 허수 문제를 제기한 정창수 보좌관은 이를 '미래를 위한 사회복지'라는 개념으로 설 명했다.

미래를 위한 사회복지, 재생산을 더 확대시키기 위한 사회복지가 필요해요. 주로 교육이라든가 일자리 같은 것들인데 그 예산은 우선순위를 두고 확대되 어야 한다고 생각합니다. (정창수, 2면)

예산을 과거지향적 예산, 현재유지형 예산, 미래지향적 예산으로 구 분할 때 복지 관련 예산은 미래 예산으로서의 성격을 강화해야 한다는 것이 정창수 보좌관의 설명이다. 그래서 사회복지 안에서도 구휼, 구빈을 위한 예산과 재생산을 위한 예산을 구분할 필요가 있고, 재생산을 위한 예산, 즉 미래를 위한 예산을 우선 확대해나가야 한다는 것이다.

자격급여로 인한 경직성 경비의 확대를 경계해야 한다

우리 경제의 발전단계를 볼 때 복지비 지출을 늘려야 한다는 데에는 대체로 공감하면서도, 복지비 증가과정에서 나타날 수 있는 낭비요소를 예방하고 지출 효율성을 높이기 위한 노력을 강조하는 구술자들도 많았다. 구술자들 다수가 복지전문가가 아니라 예산지출의 효과성을 중시하는 재정전문가라는 사실을 감안하면 자연스러운 일이기도 하다.

> 아주 어려운 계층에 타겟팅(targeting)을 해라. 근데 지금 복지는 대부분 어디에서 늘어나느냐? 큰 덩어리는 어디에서 늘어나느냐? 의료보험, 국민연금. 한데 국민연금, 의료보험만 해도 상대적으로 중상위 계층이거든요. 대신 단위는 어떤가? 조 단위입니다. 몇조 단위인데, 조 이하 단위로도 아주 어려운 계층으로만 타겟팅을 할 수 있거든요. 그래서 나중에 여력이 생기면 거기까지 늘리더라도, 첫번째는 제 생각에는 아주 어려운 계층에 타겟팅을 하자는 것입니다. (박민상, 3면)

조세연구원의 박민상 박사는 복지예산이 증가하고 있지만 연금과 보험 같은 정책적인 분야에서 대규모 지출이 이루어져 정말 도움이 필요한 계층은 제대로 혜택을 못 받는다고 비판한다. 그래서 복지예산을 늘린다면 아주 어려운 계층을 중심으로 수혜대상을 분명히 하고, 맨먼저 그 계층에 복지 써비스가 제대로 전달되게 할 필요가 있다고 말한다.

사실 복지재정과 관련 경계해야 할 것 중 하나가 규모와 더불어 재정의 경직성이 동시에 커진다는 점이다. 자격을 부여하고 이에 근거하여 재정이 지출되는 자격급여(entitlement expenditure)의 경우, 지난정부에서 법률에 근거하여 결정된 것이 현정부에서 집행되기 때문에 복지재정이 늘어나는 현상이 있다. 향후 복지 분야 지출이 경직적·지속적으로 확대될 개연성이 있다.

이러한 맥락에서 참여정부 들어 복지 관련 예산 증가가 각종 자격급여의 증가에 따른 것이라는 점에 주목할 필요가 있다. 예컨대 기초생활보호 대상자의 확대 등 복지 사각지대를 해소하는 과정에서 일정한 자격이 있는 사람에게는 일정한 급여를 지급하는 씨스템이 도입되면 복지비가 지속적으로 증가하고, 이는 재정운용의 경직성을 강화시킨다. 실제로 2005년에서 2007년까지 보건복지 재정의 부문별 지출구조를 살펴보면 기초생활보장, 건강보험 지원, 경로연금 등 의무적 지출이 17조원 규모로 총지출의 약 90%를 차지한다. 이렇게 되면 예산안 심의를 통해 지출을 통제하는 데 근본적인 한계가 있다. 1980년대 미국 재정적자의 주된 원인이 1960년대 후반에 도입된 자격급여 형태의 복지비 증가였다는 사실을 상기할 필요가 있다.

이럴 경우 통합재정지출을 대상으로 의무지출과 재량지출을 구분해볼 필요가 있다. 의무지출(mandatory spending)이란 금융 구조조정 지원, 사회보장급여, 교부금, 이자지출을 포함하며, 재량지출(discretionary spending)이란 이들을 제외한 것이다. 2004년의 경우 전체 지출 가운데 의무지출의 비중은 전체 지출의 43%로 거의 절반에 육박한다. 특히 의무지출의 비중이 계속 상승하고 있다는 점을 주시해야 한다. 향후 경직성 경비의 증가에 대해서는 장기적으로 추세를 관리하면서 의사결정을 할 필요가 있다.

한편 국회의 전철홍 박사는 복지예산을 늘리기는 하되 그 전에 민간

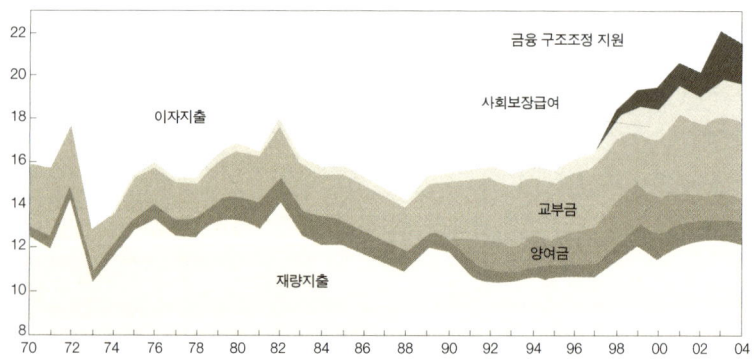

〈그림 2〉 의무지출과 재량지출의 비중 추이

* 자료: 재정경제부 『한국통합재정수지』, 각 연도.

〈표 13〉 보건복지 재정의 부문별 지출구조: 2005~2007년(단위: 억원, %)

	2005	2006	2007(안)	2006~2007년	
				증가액	증가율
〔보건복지부 총지출: A〕	143,314	166,282	193,060	26,778	16.1
■ 사회복지	92,940	113,413	139,507	26,094	23.0
기초생활보장	43,671	53,418	65,835	12,417	23.2
(의료급여)	(22,148)	(26,623)	(35,778)	(9,155)	(34.4)
취약계층 지원	4,230	5,633	7,404	1,771	31.4
공적연금	38,861	48,031	56,470	8,439	17.6
보육·가족 및 여성	260	385	473	88	22.9
노인	3,444	4,355	6,542	2,187	50.2
사회복지 일반	2,474	1,591	2,783	1,192	74.9
■ 보건	48,024	52,869	53,553	684	1.3
보건의료	7,649	9,907	10,639	732	7.4
건강보험	40,375	42,962	42,914	-48	-0.1
■ 내부거래	2,347	–	–	–	–
〔의무지출: B〕	125,940	147,698	170,803	23,105	15.6
총지출 대비 의무지출 비중(B/A)	87.9	88.8	88.5	–	–
〔재량적 지출: A-B〕	173,744	18,584	22,257	3,673	19.8

* '의무적 지출'은 기초생활보장, 공적연금, 경로수당, 장애수당 및 장애아동수당, 건강보험 지원에
  한정하여 합산(이외, 의사상자 지원 등도 있음).
* 자료: 대한민국정부 「2007년도 예산안 설명서 IV」, 2006.10.

이 할 일과 공공기관이 할 일을 엄밀히 구분할 필요가 있다고 지적한다.

분류 기준이 조금 더 명백해지고 나서, 예컨대 민간부문이 감당할 수 있는 부분, 민간부문이 맡는 게 효율적인 부분과 공공기관이 맡는 게 효율적인 부분이 나누어지고 거기서 민간부문이 효율화되는 것은 당연히 넘어가야 되겠죠. 그러나 지금 '경제냐 사회복지 재정이냐'를 얘기할 때 클래시피케이션 (classification)은 꼭 그걸 구분하여 접근한 것 같지는 않다는 것이 첫번째 생각이고요. 그렇게 본다면 현재 복지 부분을 늘리고 경제 부분을 줄이자 하는 것이 정부가 현재 재정수요를 맞추기 위해서 만들어낸 고육적인 논리일 수도 있다는 생각을 저는 갖고 있습니다. 그런 점에서 미래의 우선순위는 지금 말씀드린 것처럼 민간에 이양될 수 있는 부분들은 넘겨주고 민간이 할 수 없는 부분을 늘리는 것이 당연합니다. (전철홍, 3면)

전철홍 박사는 경제부문 투자를 줄이고 복지비를 늘린다는 식의 이분법적 구도가 재정건전성에 관해서는 더 근본적인 문제를 덮어버린다고 생각한다. 그런 구분 이전에 경제 분야든 복지 분야든 민간이 하는 게 더 나은 일을 정부가 하고 있는 것은 없는지 분별하고 역할을 재설정할 필요가 있다는 것이다. 그러한 역할 재정립이 전제되어야 복지 분야 지출 확대가 의미있는 성과를 낳을 수 있다고 그는 생각한다. 복지 분야의 지출 확대가 낭비 확대로 이어질 개연성을 염려하는 의견은 사회복지 써비스의 전달체계를 두고도 많이 나왔다. 현재 사회복지 써비스는 거의 지방자치단체 단위로 집행되는데, 지방직 공무원의 관리능력이 부족하면 상당한 비효율이 나타날 수 있다는 것이다.

복지 분야의 재정구조와 관련하여 고령화와 연금도 심각한 문제로 지적되었다.

고령화, 이게 미국도 그렇고 전 세계적으로 그렇고 우리나라는 특히나 이게 급속하게 되는데 준비를 대단히 잘해야 될 것 같아요. 이게 세대간의 싸움이 되는 거잖아요. 젊은 세대하고 나이든 사람들하고. 지금 정부에 대해서 약간 불만인 게 뭐냐면 내놓는 정책을 보면 쓰겠다는 식의 것이 많기는 한데 사실은 뒷감당은 어떻게 할지 우리 자식세대들 뒷감당 얘기는 잘 안하거든요. 국민연금, 공무원연금 이런 것들. 이해관계가 얽혀 있기는 하지만 사실은 지금이야 문제가 수면으로 나오지 않았을 뿐이지 당장 20~30년 지나면 아마 크게 벌어질 문제인데. (손일석, 1면)

우리나라는 전세계를 통틀어 고령화가 가장 급속히 진행되고 있는 사회이다. 그리고 이에 대한 가장 기본적인 대책은 국민연금인데, 연금은 구조를 어떻게 설계할 것인지에 따라 그 부담이 미래세대에 전가될 수 있다. 당장의 정치적 부담을 피하려고 본질적인 구조개혁을 하지 않으면 나중에 재정이 바닥나는 심각한 상황이 발생할 수 있는 것이다.

지출 확대가 낭비 확대로 이어져선 안된다

우리의 사회경제적 여건에 비추어 사회복지비의 지출은 확대되어야 한다. 그러나 재정운용에서 잘못되어 있거나 비어 있거나 허술한 부분을 반드시 보완해, 지출 확대가 낭비 확대로 이어지지 않도록 해야 한다. 이와 관련하여 몇가지 제안을 하자면 다음과 같다.

첫째, 부처간 중복 개연성이 있는 사업들을 걸러내는 장치가 필요하다. 예컨대 농촌여성에 대한 교육이라고 하면 여성가족부, 교육인적자원부, 보건복지부 등에서 사업이 동시에 진행될 우려가 있다. 부처를 넘어 국가적 차원의 관리가 필요하다.

둘째, 복지 써비스 전달체계를 개선해야 한다. 중앙정부가 지출한 자금이 수혜자에게 전달되는 과정에서 이러저러한 이유로 낭비가 일어날 소지가 상당히 많다.

셋째, 자원봉사자의 역할을 강화할 필요가 있다. 사회적 자본을 잘 활용하고 지역공동체를 활성화하여 '복지국가' 대신 '복지사회'를 만들어가야 한다. 그러한 맥락에서 중앙과 지방, 공적 영역과 시민사회의 역할 분담체계를 구축할 필요가 있다.

넷째, 복지 분야는 다른 어떤 분야보다도 성과관리체계가 중요하다. 이를테면 실업자 교육훈련을 했다면, 효과가 어떠했는지를 추적 관리해야 한다. 2007년도 예산에 반영되기 시작한 사회적 일자리 창출 사업의 경우에도 실질적인 효과를 평가하여 예산에 반영하여야 한다. 예산의 집행 자체가 아니라 성과를 관리하는 것이 특히 중요하다.

다섯째, 복지를 사회투자로 정리하여 새로운 성장전략으로 설정하는 접근법을 눈여겨볼 만하다. 시혜적 복지가 아니라 사람에 대한 투자를 통해 사회 전체의 성장잠재력을 높이고 이를 통해 지속 가능한 성장을 꾀하는 것이다. 이를 위해 복지 분야의 재정지출을 재유형화하는 작업도 필요하다.

3. 농업

우리사회에서 농업개방 문제가 심각한 의제로 등장한 것은 1994년부터이다. 1990년부터 2006년까지 농업에 투입된 예산은 130조원이 넘는다. 그러나 그 결과 농업경쟁력이 높아졌다는 분석은 어디에서도 찾아볼 수 없다. GDP 대비 농업의 비중은 2005년 기준으로 2.9%까지 떨어졌으

<표 14> 농업·농촌 부문의 비중 추이(단위: %)

	2006	2007
농가소득 · 경영안정	27.2	28.7
농업 체질 강화	23.2	21.6
양곡 관리 · 농산물 수급	28.5	26.5
농업생산기반	16.4	15.3
농촌개발 · 복지증진	4.8	7.9

* 자료: 대한민국 정부 「2007년도 예산안 설명서」, 2006.10.

나 재정투자는 계속 늘어나 농업 총생산의 42%를 재정투자로 메우고 있는 형편이다. 연간 농업총생산이 22조원가량인데, 한·칠레 FTA에 따른 투융자 12조원, 삶의 질 개선 계획에 따른 4조원 등 연간 지원액이 16조원에 이른다. "농산품도 상품이다. 상품으로서 경쟁력이 없으면 농사를 지을 수 없다. 농업도 시장의 힘, 시장의 원리에 의해 지배될 수밖에 없다는 것을 인정해야 한다"[5]는 발언이 나올 수밖에 없는 현실인 것이다.

그런만큼 구술자들도 농업 분야에 대해서는 너나 할 것 없이 지출 규모뿐 아니라 방향과 방법을 놓고도 매우 비판적인 견해를 밝혔다.

"차라리 농민에게 직접 뿌리자"

우선 그동안 투입된 예산이 어떤 부실과 비효율, 불합리를 안고 있는지에 대한 폭로와 성토, 개탄이 이어졌다.

'기생(寄生) 계층'이라고 하면 너무 심하지만 제가 조사한 바에 의하면 13만 명 정도 되더라고요. 농업 관련 준공무원까지. '기생'이라고 하면 너무 심하고, 농업 관련 직업 종사자들이 13만명인데. 더 될 것 같은데, 제가 다 조사한 건 아니니까요. 그분들 인건비가 한 6조 정도 돼요. 농업예산이 16조인데, 사실 그 비율이 너무 크다는 거죠. (정창수, 4면)

예를 들어 논농사 하면, 생산이 많이 되어도 농민한테 이득이 가는 게 아니거든요. 생산이 많이 되면 가격이 떨어지겠죠? 실제적으로 이득은 누가 가져가느냐? 농기계 만드는 사람, 농약 만드는 사람, 그 다음에 일반 소비자 이런 사람들이 가져가는 거예요. 실제 농민들은 거의 혜택을 못 받아요. 해보니까. 그래서 저희 생각은 정말 타겟팅을 해서 농업이 아니라 농민을 지원해주자는 거예요. 투자하고 싶으면 농민에게 하자. 농민이 자식교육을 하는 거라든지 농민의 의료라든지 농민의 노후보장이라든지 이런 데다 돈을 쓰자. 그 돈이면, 예를 들어 농약이나 농업 지출이 각각 해서 1조씩 돼요. 차라리 이 돈을 뿌리자, 줄이는 대신에 뿌리자는 거죠. (박민상, 4면)

정창수 보좌관과 박민상 박사는 농업을 지원한다는 명목으로 투입된 예산이 농민에게 돌아가는 것이 아니라 엉뚱한 데로 흘러들어가는 문제를 지적한다. 예를 들어 농기계나 농약을 구입할 때 보조금을 주면 그 보조금은 농민을 경유하여 농기계상이나 농약상으로 빠지고, 농업 지원 업무를 담당하고 있는 각종 기관이나 단체의 준공무원을 비롯 "농업 관련 직업 종사자"들의 인건비로 나간다. 그 규모가 6조원이나 된다는 것이다. 또한 '농업기반시설 확충' 명목으로 투입된 돈은 사실은 도로를 닦는 데 주로 쓰여 건설업체로 흘러들어간다. 그러다보니 지원금은 농업의 경쟁력을 높이지도 농민소득을 증대시키지도 못하는 눈먼 돈이 되고 만다. 그래서 박민상 박사는 차라리 그 돈을 농민에게 직접 "뿌리자"고까지 주장한다. 농민들이 농사를 짓는 것은 돈을 벌어 자식교육이나 병원 갈 때나 노후보장에 쓰려는 것이니, 공연히 이런저런 제도와 절차를 만들어 엉뚱한 곳으로 새나가게 할 바에야 직접 "뿌리는" 것이 효율성을 높일 수 있다는 말이다.

탁상행정과 관료적 편의주의

농업행정의 뿌리 깊은 문제인 탁상행정과 관료적 편의주의에 대한 비판도 빠지지 않았다.

축산 같은 경우, 정부가 손을 대면서 관리 편의주의적으로 하는 게 있거든요. 일본이나 유럽 국가들과 비교한 걸 보면, 양계든 뭐든 이런 데에서 정부관료들이 자기들이 컨트롤하기 좋은 규모로 만들려고 합니다. 수익을 어느정도 만들어내는 조그마한 양계업체들을 많게 하는 게 건전한 농업정책이 될 수 있는데 어떻게 보면 지금은 규모만 키우라고 하거든요. 업계에서 약간 비판적으로 보는 사람들 얘기 들어보니까, (…) '기업농 육성' 이런 식으로 자꾸 하는데 그거는 농림부 관료들이 자기들 일 편하게 하려고, 통제하기 편하게 하려고 그러는 것입니다. 돈 쓰면 어디로 나가는지 관리감독하기 편하게 하려는 거 같아요. (손일석, 3면)

손일석 기자는 양계업을 예로 들어 우리나라 농업정책의 문제점을 지적한다. 닭뿐 아니라 소나 돼지의 경우도 마찬가지인데, 정책당국은 '기업농', 즉 규모를 키워 효율을 높이려는 방향으로 축산농가를 지원해왔다. 그런데 전문가나 축산농민 들 사이에는 그와는 다른 의견도 있다. 장기적으로 우리나라 농촌을 살리려면 유럽식 대규모 기업농보다는 건전한 자영농을 다수 육성하는 게 더 낫다는 것이다. 그런데 관료들은 우리나라 농촌이나 농업의 특성, 향후 축산농의 전망 같은 것을 깊이 고민하거나 따져보지 않고 그저 외국의 정책을 이식해오는 것처럼 보인다. 극단적으로 보면 그것은 "자기들 일 편하게 하려고, 통제하기 편하게 하려고" 그런 게 아닌가 하는 의심까지 든다. 예컨대 농민 입장에서 경작하기 좋은 기준을 설정하는 것이 아니라, 관료적 입장에서 관리하기 좋은 기준을 경작면적의 선정 기준으로 삼는다는 것이다. 관련 공무원들이 농민의 입장이 아니라 관료적 편의주의와 이해관계에 의해 정책을 결정하고 집행한다는 비판과 함께, 언론 보도로 알 수 있듯이 현장을 직접 확인하지 않고 책상에서 서류만 검토해 대상자를 선정하는 바람에 정책자금이 다른 용도로 전용되는 사례도 많았다.

산업과 복지를 구분하자

정부는 2004년 추곡수매제도를 폐지하면서 대신 '쌀 소득보전 변동 직불기금'이란 이름으로 직접지불제도(직불제)를 도입했다. 정부가 쌀을 구매해주는 제도를 폐지하여 쌀가격은 시장에 맡기고 대신 직불제를 통해 농가의 소득을 보전해주겠다는 취지였다. 기획예산처가 밝힌 이 제도의 목표는 '가격을 낮추어 국제경쟁력을 높이는 한편 생산량을 줄이는 것'이었다.

그런데 양원석 박사는 현재 우리나라에서 시행되고 있는 직불제는 설계 자체가 잘못되었다고 비판한다.

> 직불제 같은 것도 우리나라는 제도가 잘못 설계되어 있다고 해요. 직불제의 당초 의미는 구조조정을 촉진하기 위한 것인데, 여전히 가격보조의 성격이 강하기 때문에 농민들이 스스로 나갈 요인이 별로 크지 않은 것으로 전문가들이 얘기하더라고요. (…) 그냥 단순히 보조금만, 소득보조만 해주고 농업 자체의 경쟁력을 기르는 데는 크게 도움이 안되는 것이 아닌가 싶어요. (양원석, 3면)

양원석 박사에 따르면 직불제는 유럽이나 일본에서는 농업 구조조정

수단으로 쓰인다. 직접 지원받는 대신 경작을 포기하게 함으로써 농민들이 농업에서 실제로 "나갈" 수 있게 하고, 그로써 농업구조를 조정하여 경쟁력을 높인다는 것이다. 그런데 우리나라의 직불제는 보조금 성격이 강해서 추곡수매제도와 본질적으로 달라진 게 없으며, 따라서 경쟁력을 높이는 효과도 거의 없다고 한다. 기획예산처가 제도를 도입하면서 밝힌 취지를 보면 이런 결과가 이해되고도 남는다. 현재 시행되는 직불제로 쌀 가격을 낮추어 국제경쟁력을 높인다든지 생산량을 줄이는 게 불가능하다는 것은 중국이나 미국 쌀에 대한 우리나라 쌀의 가격경쟁력을 보면 금방 알 수 있다. 한마디로 지금의 직불제는 죽도 밥도 아닌 셈인데, 정창수 보좌관은 그 원인을 "복지로 해결해야 할 부분"과 "산업으로 해결해야 할 부분"을 구분하지 않는 데서 찾았다.

농업인구 180만 중에 60세 이하가 70만밖에 안됩니다. 그리고 30세 이하는 몇만명 수준도 안되는데, 솔직하게 농업인구 중에 복지로 해결할 부분과 산업으로 해결할 부분을 구분을 해야 된다는 거죠. 제가 볼 때는 복지로 해결할 부분이 대부분이라고 보고요. 솔직히 산업으로 해결해야 할 부분은 많지 않아요. 지금 액수로도 충분히 조정 가능하다고 생각하고 (…) 일단 가격경쟁력이 안돼서 생기는 문제인데, 그렇다면 그나마 경쟁할 수 있는 거는 '질'의 문제, 즉 환경농업이라든가 이런 문제인데, 이제 많이 늘었다 해도 겨우 천억 원대 정도밖에 되지 않습니다. 16조 중에. 대부분의 농업예산이 직불제라든가 아니면 농업 관련 업계 보조금이라든가 하는 것들로 나가고 있거든요. 복지비로 쓰이고 있는 것들도 많고요. WTO 같은 것들을 대비하기 위해서라도 복지로 돌릴 수 있는 부분들은 복지로 돌리고 산업으로 돌릴 수 있는 부분들은 최소화시키는 게 바람직하다고 봅니다. 그렇게 해야만 앞으로 전망이 있을 것이고요. (정창수, 4면)

정창수 보좌관은 자신을 "FTA 신중론자"라고 밝혔다. 농업이 걱정되어서 그렇다는 것인데, 하더라도 조금 더 준비된 다음에 해야지 "지금은 안된다"고 생각한다. 그런 그도 농업 분야 예산은 "당연히 줄여야 한다"고 주장했다. 정창수 보좌관은 농업 관련 예산 가운데 "복지로 해결할 부분"과 "산업으로 해결해야 할 부분"을 구분하자고 제안한다. 다시 말해 농업 생산성 향상을 위한 지출과 농민들의 복지를 위한 지출을 구분해, 두가지가 어정쩡하게 섞여 발생하는 비효율을 없애야 한다는 것이다. 농업인구의 대다수가 고령층인 현실을 생각하면 현재 농업에 지출되고 있는 예산의 대부분은 사실상 '산업으로서의 농업'에 대한 지출이 아니라 '농어촌에 거주하는 고령자의 복지'를 위한 지출에 가깝다. 그런데 두가지를 구분하지 않고 지출함으로써 앞서 언급한 것처럼 농민이 아니라 농업 관련 업계나 직업 종사자들에게로 의미없이 돈이 흘러들어가는 문제가 생기게 된다. 복지적 지출과 생산성 향상을 위한 지출을 과감히 나누고, '상품'으로서 농산품의 질을 높이고 미래 전망이 있는 방향으로 실효성있게 투자해야 하며, 그렇게 할 경우 예산을 늘리지 않고도 "충분히 조정 가능하다"는 것이 정창수 보좌관의 판단이다. 최근 부각되는 '고령층 농민의 문제는 농림부가 아니라 보건복지부에서 담당해야 한다'는 주장도 비슷한 맥락에서 이해할 수 있다.

정창수 보좌관은 농업의 미래와 관련해 "그나마 경쟁할 수 있는 것"으로 환경농업을 예로 드는데, 이에 대해선 박민상 박사도 똑같은 지적을 한다.

농업도 생산이나 이런 거에 관계없이 할 수 있다면 할 수 있어요. 그러니까 '친환경농업으로 지원한다.' 그런데 지금은 어떤 곳에 돈이 많이 들어가느냐

하면 단순 농업 지원에 많이 들어가거든요? 예를 들면 조세감면에 보면 농업용 기자재에 대해서 다 줘요. 거기에 어떤 게 들어가느냐? 농약. 농업 하려니까 농약 들어갈 거 아닙니까? 농약, 의류, 석유…… 이건 친환경 아니거든요. (박민상, 4면)

박민상 박사는 현재의 농업생산구조와 상관없이, 다시 말해 '산업으로서의 농업'만 생각한다면 전략적 투자를 할 수 있다고 본다. 친환경농업이 바로 그런 것 중의 하나이다. 그런데 앞서 정창수 보좌관이 지적했듯이 농업예산 16조 중에 친환경농업에 쓰이는 돈은 그동안 늘어났다고 하는데도 천억원대밖에 안된다. 나머지는 사실상 농업 경쟁력을 높이는 데는 아무런 보탬도 안되는, 그리고 농민의 복지 수준을 높이는 데도 별로 상관없는 곳으로 나가고 있는 셈이다.

농촌의 미래를 내다보는 정책

한미 FTA 비준을 앞둔 상황에서 농업 관련 정책과 예산 지원을 어떻게 할 것인가? 이 문제는 사실 뜨거운 감자이다. 단순히 경제논리로만 재단할 수 없는 농업과 농민에 대한 특별한 정서, 그리고 절박한 처지에 몰린 농민들의 정치적 저항을 염두에 둔 때문인지 모두들 조심스럽게 의견을 개진했다. 그러나 구술자들은 "농업이니까" "보호해야 할 산업이니까" 지원해야 한다는 논리는 더이상 가능하지 않다고 냉정하게 지적했다. '산업으로서의 농업'의 현실적인 여건은 경제적인 관점에서 냉철하게 바라보아야 한다는 것이다. 그러나 우리 국민들이 농업과 농촌에 부여하는, 경제논리만으로 가름할 수 없는 특별한 문화적 의의, 그리고 고령 농민들에 대한 사회적 배려, 농촌의 미래상에 대해서는 장기적이고 새로운 관점에서 접근할 필요가 있다고 본다.

차라리 이 돈으로 농경지 같은 것을 일부 국유화시켜서, 논을 다 살 수 있는 돈이 되더라고요. 120조 정도 되면. 10개년 계획으로요. 그 정도까지는 아니더라도, 예를 들어 귀농하려는 젊은이들이 숫자는 적지만 분명히 있는데 그 친구들도 돈 문제로 귀농 못하는 사람이 많이 있어요. 그러니까 그런 친구들에게 20년 장기임대를 해준다거나 해서 환경농업을 하게 하거나 하면 충분히 생산력 있다고 보고요. 그쪽으로는 돈이 훨씬 덜 들죠. 기계산업이나 이런 게 필요한 게 아니기 때문에 환경농업 부분은 그게 살길이라고 봐요. (정창수, 4면)

정창수 보좌관은 산업정책과 복지정책의 분리를 전제로, 산업으로서 농업의 미래를 위해서는 지금까지 고착된 틀을 뛰어넘는 획기적인 발상이 필요하다고 본다. 예를 들어 10개년 계획 같은 장기계획을 세워 농경지를 국유화하고, 귀농할 의사가 있는 젊은층에 장기임대하여 환경농업을 육성하는 것도 대안이 될 수 있다. 지금처럼 성과도 없이 밑 빠진 독에 물 붓듯이 예산을 투입하는 것보다는 그런 방안이 새로운 농업경쟁력을 창출할 것이라는 생각이다.

이와 비슷한 맥락에서 '산업으로서의 농업'을 넘어 '지역공동체로서의 농촌'을 바라보아야 한다는 관점도 있다.

지금 농업정책은 정부에서 포기한 것 같아요. 예를 들어서 지금 농촌에 젊은이들이 없는데, 그 사람들 10~20년 후면 다 죽을 것 아닙니까? 결국 저절로 구조조정이 될 텐데 농촌을 정말 그렇게 놔둘 거냐는 거죠. 이 문제는 심각하게 고민해야 될 것 같아요. 그럼 농촌을 정말 포기하고 갈 만한 거냐고 봤을 때는, 저는 그럴 건 아니라고 생각하거든요. 그렇다면 지금의 귀농이라든가 이주여성 문제라든가, 지금 농촌이 다섯 가구 중에 한 가구가 이주여성들이 차지하고 있다고 하거든요. 그러면 10년 후면 이 사람들이 농촌사회의 주류가 될 거란 말이죠. 이런 사람들이 농촌사회에서 제대로 정착하고 살 수 있게 하는 정책적 노력들이 경주되어야 할 것입니다. (오관영, 4면)

'함께하는 시민행동'의 오관영 사무처장은 정부가 사실상 산업으로서의 농업은 포기했으며, 농업은 '자연사' 과정만을 남겨두고 있다고 본다. 농민들의 다수를 점하고 있는 고령층이 사라지면 농업은 "저절로 구조조정"이 될 것이다. 그렇다면 그 과정이 끝나기를 기다리면 되는 것일까? 물론 그렇지 않다. 10~20년 뒤의 농촌은 70년대의 농촌과도 다르고 지금의 농촌과도 다를 것이다. 지금도 농촌은 다섯 가구 중에 한 가구가 다문화가정이고, 일부 지역에서는 귀농한 이들이나 젊은층을 중심으로 농업과 농촌의 새로운 길 찾기가 시도되고 있다. 이러한 새로운 흐름을 주목하고, 이 흐름을 지원하는 정책이 나와야 한다고 본다. 농업예산의 패러다임을 바꾸어야 한다는 것이다.

현재 정부의 농업·농촌 부문 재원배분 계획을 보면, 양곡 관리·농산물 수급과 농업생산기반 분야는 지속적으로 감소하는 반면 농가소득·경영안정, 농업체질 강화, 그리고 농촌개발·복지증진 분야는 증가하는 추세이다. 그중에서도 특히 농촌개발·복지증진 쪽은 연평균 4.1%씩 증가하도록 짜여 있다. 이는 정부가 농산어촌에 대한 재정투자 방향을 현실적으로 조정해가고 있음을 보여준다. 재정투자의 무게중심이 농어가 소득·복지 증진, 농어민들의 삶의 질 향상으로 옮겨가고 있는 것이다.

사실 재정운용의 가장 큰 원리는 두가지입니다. 하나는 국가책임의 경계를 명확히 하는 것이고, 또하나는 적절한 사업규정을 잘 관리하는 것입니다. 그런데 농업 분야에 있어서는 국가책임의 경계가 다른 분야에 비해서 훨씬 모호하니까 이 부분에 대해서는 경계가 그어져야만 하지요. 그리고 농업부문에 대한 지원이 필요하다고 하면, 국가책임의 경계라면, 책임을 져야 합니다. 그런 원칙을 준수하는 게 좋겠죠. (옥동석, 3면)

옥동석 교수의 지적대로 농업 분야라고 해서 재정운용의 큰 원리를 벗어나 운용될 수는 없다. 농업예산의 패러다임을 바꾸기 위해서라도 이제 농업 분야에서 과연 국가책임의 경계가 어디인지를 규범적으로 논의해보아야 한다. 그래서 '복지로 해결해야 할 문제'가 있다면 국가가 책임지고, '산업으로 해결해야 할 문제'에 대해서는 구조조정을 통해 경쟁력을 높일 길을 찾아야 한다. 후자도 꼭 비관적으로 볼 것은 아니다. 최근 축산업에서는 생산자 이력 추적장치를 도입해 축산물의 부가가치를 높였다. 이는 농축산업에 IT를 결합하면 농축산업이 1.5차 융합산업으로 나아갈 수 있다는 것을 보여준다. 또 피망, 오이, 가지, 배, 파프리카, 백합 등의 품목은 까다롭기로 이름난 일본시장에서 경쟁하여 놀라운 성과를 올리고 있다.[6]

그 밖에도 농촌을 문화·관광 산업과 연계시키는 창의적인 시도들도 곳곳에서 이루어지고 있다. 경쟁력이 없는 산업 분야가 정부의 지원으로 살아나는 경우는 드물다. 시장에서 살아남는 힘은 정부 지원이 아니라 자생력에서 나온다.

4. 연구개발

R&D는 성장잠재력이나 성장동력 확충을 이야기할 때 가장 중요하게 등장하는 세출항목이다. R&D예산은 최근 10년간 급격히 증가해왔고,

IT 분야 등에서 실제로 중요한 성과를 거두기도 했다. 정부와 민간을 모두 포함하면 GDP 대비 R&D지출 비율은 거의 선진국 수준이고, 연구원 1인당 지원 예산도 미국이나 일본에 뒤지지 않는 편이다. 한 기업연구소에서는 "우리나라가 세계 7대 R&D 국가에 속한다"는 평가를 내놓기도 했다.

저는 늘릴 필요가 있다고 생각해요. 그것도 방향 자체는 점검이 필요하죠. 예를 들어서 (…) IT쪽에는 진짜 눈먼 돈이 많았잖아요. 그런데 어쨌거나 IT 특성상, (…) 2~3조 썼다고 하는데 그 정도 써서 '다음'이라든가 '네이버'라든가 몇몇 살아남은 데서 몇천억짜리, 또는 몇조짜리 자산가치를 만들어낸 거잖아요. 그 성과는 인정할 필요가 있다는 거죠. 물론 그 과정 속에서 낭비되는 부분도 있었고 정말 눈먼 돈처럼 갖다가 사기치는 사람들도 많이 있었지만. (오관영, 3면)

〈표 15〉 정부 R&D투자 추이 (1999~2006)

	1999	2000	2001	2002	2003	2004	2005	2006
총R&D투자	37,067	41,974	57,339	61,417	65,154	70,827	77,996	80,096
(증가율)	(11.6)	(13.2)	(36.6)	(7.1)	(6.1)	(8.7)	(10.1)	(14.2)
예산	32,740	37,495	44,853	51,583	55,768	60,995	67,368	72,283
일반회계	31,005	36,042	42,689	48,501	52,678	57,418	56,612	60,440
(증가율)	(14.9)	(16.1)	(18.4)	(13.6)	(8.6)	(9.0)	(1.4)	(6.8)
특별회계	1,685	1,453	2,164	3,081	3,090	3,577	10,756	11,843
(증가율)	(28.3)	(13.8)	(48.9)	(42.4)	(0.3)	(15.8)	(200.7)	(10.1)
기금	4,327	4,479	12,486	9,834	9,386	9,832	10,628	16,813
(증가율)	(12.4)	(3.5)	(178.8)	(21.2)	(4.6)	(4.8)	(8.1)	(58.2)

* 2006년 수치는 투자계획임.
* 자료: 과학기술부 데이터베이스.

오관영 사무처장은 그간 급격하게 R&D투자가 증가하는 과정에서 낭비적 지출이 분명히 있었지만, 궁극적으로 투자대비 효과를 비교해본다면 R&D부문 성과는 인정해야 한다는 견해를 밝히고 있다. 그만큼 R&D가 중요하다고 보는 것이다. 한국경제의 미래를 위해 R&D를 꾸준히 늘려야 한다는 데에는 이견이 없었다. 그렇다고 해서 '낭비'나 '사기'를 으레 있는 일로 치부할 수는 없다. R&D투자의 효율성에도 몇가지 중대한 문제가 있다.

어디에나 있는 눈먼 돈

우선 R&D에도 다른 모든 분야처럼 관리 부실로 새나가는 '눈먼 돈'이 있고, 말단 집행 현장에서 이런저런 불합리와 비리가 일어난다.

중소기업이나 이런 데 지금 R&D투자 많이 하잖아요? 거의 눈먼 돈처럼, 지원해놓으면 사라지는. 그 돈으로 부동산투자 하고 그런 거잖아요. 대출 잘해주니까, 벤처라고만 명찰을 달면 쉽게 대출받을 수 있거든요. 그래서 공장부지 확보하고 이런 식으로. 그거 해서 아마 돈 많이 벌었을 거예요. 그래서 R&D든 뭐든 정부가 각종 명목으로 벤처, 중소기업 이런 데 지원해주는 것 보면 받는 가는데 엉뚱한 데 쓰이고 있는 거죠. (…) 옛날 벤처 지원할 때나 똑같아요. '성장동력상' 명칭만 자꾸 바뀌고 간판만 바뀌고 있는 것이지. 그래서 제 생각에는, 민간 개별 기업 차원에서 할 수 없는 것들 있잖아요? 그거만 하고 나머지는 기업들이 알아서 하라는 거죠. (…) 근데 개별 기업 차원에서 어려운 부분들이 있거든요. 규모의 경제가 필요한 R&D 같은 경우는 정부가 해야 되겠지만 일반 중소기업한테 자꾸 돈을 대주는 것은 의미가 없어 보여요. (손일석, 2면)

손일석 기자는 직업상 R&D 정책자금이 실제 집행 현장에서 어떻게 쓰이는지를 보고 듣는 경우가 많다. 그는 IT산업을 적극 지원했던 국민의 정부 때 '벤처 명찰'만 달면 쉽게 정책자금을 대출받을 수 있었던 분위기를 틈타 중소기업들이 그 돈으로 부동산투자를 했던 일을 거론하며, R&D 정책자금도 엉뚱한 데 쓰이는 경우가 많다고 비판한다. '벤처기업상'에서 '성장동력상'으로 명칭만 바뀌었을 뿐, 똑같은 일들이 되풀이되고 있다는 것이다. 그래서 그는 민간기업 차원에서는 하기 힘든 기초과학이나 원천기술 분야는 정부가 하더라도 나머지는 기업들이 알아서 하게 내버려두어야 한다고 생각한다. 이에 덧붙여 그는 이런저런 명분으로 R&D지출을 확대하는 것이 부처이기주의로 말미암는 경우도 있다고 지적했다. 부처의 권한이 예산의 크기에 따라 달라지므로, 관련 부처들간의 경쟁 때문에 R&D예산이 늘어나는 일이 벌어지기도 한다는 것이다.

문제는, R&D 예산의 구체적 집행 부분으로 갔을 때 문제가 너무 많다는 겁니다. 이 집행 문제를 해결하지 않으면 공을 들인만큼 효과가 제대로 나타날 수 없죠. 그러니까 사업을 선정하는 문제부터 시작해서, 프로젝트들을 보면 거의 도제식으로 소수의 학자가 다 챙기고 나머지는 거의 저임금에 시달리는 이런 구조들이 해소되지 않으면 실제로 많은 예산이 투입되고도 이공계 소외라는 얘기가 계속 나오고 괄목할 만한 성과도 안 나오는 그런 악순환이 반복될 수 있다고 생각합니다. (정창수, 3면)

정창수 보좌관은 예산의 집행 과정에서 벌어지는 문제 가운데, 사업 선정이나 연구비 배분에서 불공정한 요소가 투자효율성을 저해하는 문제를 지적한다. 대학이나 연구소가 진행하는 연구프로젝트의 경우, 연구팀을 선정할 때 이런저런 정실이 개입되기도 하고, 또 연구비가 참여 연구원들에게 공정하게 배분되는 것이 아니라 프로젝트를 "따온" 사람에게 돌아가 연구원들의 사기를 저하시킴으로써 제대로 된 성과를 내지 못한다는 것이다. 그래서 그는 선정과 집행 과정에서 불거지는 이런 문제들을 해결하기 위해서는 평가 및 관리체계가 더 다듬어져야 한다고 본다.

그런데 기술 관련 국책연구소에서 일하고 있는 안상혁 박사는 그와는 다른 견해를 밝혔다.

R&D는 다른 어떤 부문보다 용도에 대한 통제가 굉장히 심합니다. 사업비 집행에 대한 항목별 통제가 많습니다. 그래서 다른 분야보다 그런 문제가 크지 않고, 다만 일부 사례들이 강조되다보니까 그런 것 같아요. 자세히 보시면 알겠지만 사업계획이 굉장히 디테일하게 나누어져 있기 때문에 크게 문제가 될 것이 별로 없습니다. 더구나 최근에는 거의 사업적으로 관리를 하다보니까. (안상혁, 3면)

안상혁 박사는 국가가 진행하는 연구를 하는 사람으로서 연구비 분야의 낭비가 "밖에서 보는 것처럼" 그렇게 허술하지 않다고 평가한다. 물론 일부 문제가 된 사례들이 있지만, 사업계획이 아주 세부적으로 나뉘어 있고 항목별로 통제를 많이 하며, 더욱이 최근에는 연구의 사업성을 따지기 때문에 자금을 낭비하기 어렵다는 얘기다. 오히려 성과 평가 등 거시적인 통제가 아니라 자금지출을 미세하게 감독하는 방법으로 통제하는 바람에 연구개발의 효율성을 떨어뜨리는 현상이 일어나고 있다고 우려했다.

낭비를 둘러싼 이런 평가의 차이는 안상혁 박사가 속한 영역이 손일석 기자나 정창수 보좌관과는 다르기 때문이라고 볼 수 있다. 기자나 의원보좌관이 자주 접하는 영역은 대학이나 기업처럼 연구개발 정책자금을 지원받는 곳이고, 안상혁 박사가 속한 연구소는 그야말로 국가가 아니면 진행하기 힘든 전략적 연구를 진행하는 곳이다. 그래서인지 안상혁 박사는 R&D 분야의 투자효율성과 관련해서도 몇가지 근본적인 과제들을 지적했다.

연구개발은 경제적 가치로 평가되어야 한다

안상혁 박사는 정부가 할 연구개발과 기업이 할 연구개발을 잘 구분하여 재정투자의 부담을 효과적으로 조절할 것, 경제적 가치를 극대화할 수 있도록 기획부터 실용화까지 일관된 관리체계를 갖출 것, 그리고 연구개발의 성과가 생산성 향상으로 연결될 수 있도록 정부와 기업, 연구기관들이 적절한 협업체계를 갖출 것 등을 주요한 과제로 들고 있다.

> 분야별로 편차가 심한 것은 사실입니다 .지금 R&D가 앞서가고 있는 분야가 있고요, 후발적으로 시작되는 분야들도 있습니다. 국가 성장동력이라고 생각했던 분야들에서 R&D가 상당히 앞서가고 있습니다. 아시는 대로 자동차 같은 분야들은 기업이 앞장서 있죠. 기업이 앞장서야 될 부분과 국가가 앞장서야 될 부분을 구별하는 것도 예산 차원에서 하나의 전략이라고 생각합니다. 예를 들면 실용화 기술이라든가 바로 산업화되기 쉬운 기술 같은 건 기업에서 관심이 있고 투자를 합니다. 그렇지만 미래지향적인 기술이라든가 장기적인 기술 같은 경우에는 상당히 어렵습니다. 그래서 정부가 할 일과 기업이 할 일들을 조금 명확하게 한다면 정부의 부담도 줄이고 기업도 아주 효율적으로 투자를 할 수 있는 여력이 있습니다. (안상혁, 4면)

안상혁 박사는 연구개발의 규모보다는 영역별로 균형있게 배분하는 문제가 더 중요하다고 생각한다. 국가 성장동력으로 평가된 기술 분야는 상당히 앞서가고 있으나 뒤늦게 출발한 분야도 있다. 그리고 그런 분야에는 당장 상업화될 수는 없어도 앞날을 내다볼 때 꼭 필요한 연구, 장기적인 투자가 필요한 연구도 포함되어 있다. 국가가 해야 할 것이 바로 그런 연구들이다. 그렇다면 멀리 내다보고 투자할 수 있는 재정적 여력을 확보해야 하는데, 영역별로 기술발전 단계에 따라 정부가 할 연구와 기업에 맡겨도 되는 연구를 잘 구분해 자원을 집중함으로써 그러한 여력을 확보할 수 있다고 주장한다.

> 기획에서 실용화까지 일관적인 관리가 미흡합니다. 규모 같은 것은 커졌지만 이걸 일관적으로 관리하는 체계는 미비하다는 거죠. 예를 들면 기획처나 과기부에서 기획을 하고, 실제로 탑 다운(top-down)으로 와서 R&D를 집행하고, 기업까지 그것이 파급되는 일관적인 체계에 대해서는 개선할 여지가 있지 않은가 생각이 듭니다. (…) 국가 산하에 있는 과기부 같은 경우에는 기획기능이 확실히 강합니다. 기획기능이 강하기 때문에 실제로 그것이 산업에 어떤 영향을 미치는지에 대해서는 그렇게 많은 고민이 없는 것 같습니다. 중요한 것 중 하나가 R&D는 결국은 '밸류 포 머니'(value for money)라는 점입니다. 돈을 부었으면 가치에 대한 검증이, 사실은 기획단계부터 '밸류 포 머니'에 대한 것이 있어야 됩니다. 그래서 R&D는 기술에 대한 가치평가, 또는 산업에 대한 영향력 평가가 기획단계부터 치밀하게 나와야 될 것으로 생각됩니다.(…) R&D를 경제적인 가치로 환산하는 노력, 이것이 과연 생산성 향상에 어떻게 연결될지에 대한 접점이 좀 약합니다. 예를 들면 기업, 연구기관, 기획하는 분들 이 셋을 어떻게 분야별로 연결시킬지. (안상혁, 1면)

안상혁 박사가 말하는 '일관된 관리체계'는 연구기획에서 집행, 실용화에 이르기까지 일관된 기준에 따라 관리가 이루어지는 체계를 말하며,

그 기준은 한마디로 '밸류 포 머니', 즉 연구의 경제적 가치이다. 그런데 기획예산처나 과학기술부, 또 연구개발 예산의 효율성을 높이기 위해 참여정부 때 신설된 국가과학위원회 같은 연구기획 관련 부처는 '기획'에 중점을 둘 뿐, 그것이 궁극적으로 어느 정도의 경제적인 가치를 실현할 수 있는가에 대해선 치밀하게 따지지 않는 듯하다. 기술개발을 위한 투자는 그 기술이 실용화되고 산업화되어 경제적 가치를 확보할 때 의미가 있는 것인데, 그 가치를 단계별로 분석하고 점검하고 평가하는 체계가 구축되어 있지 못하다는 지적이다. 그렇게 되면 연구가 자칫 일회성으로 흐를 수도 있고, 투입된 비용에 비해 별다른 성과도 낳지 못할 수도 있다. 또 연구진의 개인적 취향에 따라 연구과제가 결정되거나 시류에 따라 인기에 영합하는 연구를 진행할 개연성이 생긴다는 것이다.

안상혁 박사가 지적한 문제점을 잘 드러내주는 것으로 우리나라 연구단지의 분위기를 들 수 있다. 외국의 연구단지에 가보면 컨테이너 화물차가 단지 안을 돌아다니는 모습을 쉽게 볼 수 있다. 연구개발한 기술이 바로 상용화되어 비즈니스 모델에 적용되기 때문이다. 그러나 우리나라의 연구 단지는 조용하다. 연구 자체에만 몰두할 뿐 어떻게 상용화되고, 상품화될 것인지에 대해선 고민이 부족하기 때문이다.

기획단계에서부터 "연구개발을 경제적 가치로 환산하려는 노력"을 강화해야 하겠지만, 안상혁 박사는 그것으로는 충분치 않다는 점을 지적하고 있다. 국제적 동향과 미래 전망을 염두에 두고 전략적 방향을 고민하는 연구기획, 전략에 따라 연구를 진행하는 기관, 그리고 그 성과를 상용화하고 산업화하는 기업이 "접점"에서 협력해야만 연구개발투자의 가치가 극대화될 수 있다는 것이다. 정부, 연구기관, 기업들이 협력하여 연구개발의 거버넌스체제를 구축해야 한다는 뜻이다.

한편 안상혁 박사는 "단년도 예산에 점증주의 예산인" 우리나라의 특성, 즉 한해 단위로 예산을 편성하고 매년 조금씩 규모를 확대해 가는 탓에 연구개발에 장기적인 관점이 부족하다는 것도 문제라고 지적했다. 영국은 철도 분야에서 2035년까지 계획된 장기 연구개발 계획이 있다고 한다.

소규모 개방형 경제인 우리의 경제구조로 보아 연구개발 관련 지출은 확대될 수밖에 없다. 새로운 원천기술을 개발하여 상품화하더라도 중국 등 후발국가가 값싼 임금으로 이러한 제품을 양산하게 되면, 우리는 또 다른 첨단기술을 개발해 앞서나갈 수밖에 없기 때문이다. 정부예산 기준으로 우리나라의 연구개발비는 이제 10조원이 넘는다. 제대로 된 성과 관리체계를 마련하는 일이 다급한 싯점인 것이다.

우선 연구개발을 총괄하는 정부부처가 단순히 예산의 계수만 조정할 것이 아니라 장기적인 관점에서 기술개발 전략을 수립하는 역할을 강화해야 한다. 예산을 부처별로 나눠먹기식으로 배분할 것이 아니라 국가적 전략이 필요한 것이다. "연구개발 책임자가 행정부 주사 역할을 하고 있다"는 자조의 목소리가 나오지 않도록 관리체계를 재검토해야 한다. 그리고 과학기술뿐 아니라 인문사회 분야를 포함하여 55개에 달하는 국책 연구기관의 기능을 재구조화할 필요도 있다. R&D투자를 통해 선도기술을 개발하는 것이 우리 경제의 살길이긴 하지만 성과를 극대화하기 위한 제도적 장치를 마련하는 데도 관심을 가져야 한다.

중소기업에 대한 R&D투자의 전략적 배분도 빠뜨릴 수 없다. 최근 중소기업에 대한 연구개발비 규모가 많이 확대되었지만, 성장잠재력 확충을 위한 영역을 집중 지원할 필요가 있다. 무엇보다 개발된 기술이 상품화될 수 있도록 지원하는 체계를 마련해야 한다. 연구비의 경우 집행하는 쪽에서는 간섭이 심하다고 하고, 주는 입장에서는 성과가 미비하다고 하는 비대칭을 극복하기 위한 제도적 장치의 개발이 필요하다.

5. 중소기업 지원

중소기업은 농업과 더불어 정부가 꾸준히 지원해온 분야이고, '사회적 약자'라는 인식이 있어 국민들도 지원정책에 비교적 관대한 편이었다. 그러나 최근에는 비판적인 의견이 만만치 않다. 우선, 그동안의 재정투자가 중소기업의 경쟁력을 높이는 데 기여했는가 하는 의문이 있다. 또 지금껏 지원해온만큼 이제는 지원에 의존하는 타성을 극복해야 할 시점이라는 견해도 있다. 자생력을 갖추기 위한 기업의 노력이 선행되고 그에 맞추어 지원책을 조절해야 한다는 것이다.

예전에 비해 비판적인 견해가 강해지긴 했지만, 중소기업 지원정책 자체를 반대하는 사람은 별로 없다. 특히 요즘엔 일자리와 관련하여 중소기업의 역할이 새롭게 부각되고 있다.

> 내부에서 일자리를 만들어내는 것은 중소기업 아니겠어요? 중소기업 내지는 사회복지 영역, 흔히 얘기하는 사회적 일자리라든가 이런 부분들일 거란 말이죠. (…) 저는 한편으로 꼭 우리나라뿐 아니라 중국으로 나가더라도 그쪽에서 하면 되는 거니까 그런 측면에서의 지원들은 필요하지 않나 생각이 들어요. (…) 그런데 중소기업에 정말 지원을 하나요? 대표적인 정책들이? 별로 없잖아요. 중소기업이 제일 어려워하는 게 돈 문제일 테고, 자본 지원일 텐데 대단히 어렵죠. 아직도 일반 시중은행에서 담보 없으면 안 주는 건데, 우리는 기술이나 신용에 의해서 평가되지 않는 게 현실이죠. 그다음에 어려워하는 게 인력 문제잖아요. 그래서 안산이나 부천 같은 경우, 지난번에 이주노동자 단속할 때 중소기업에서 건의문 냈잖아요. "문 닫으라는 소리냐?"고. (오관영, 4면)

오관영 사무처장은 중소기업의 고용창출 효과를 강조하며 중소기업 지원정책이 여전히 필요하다고 말한다. 그런데 말로는 지원책을 편다고 하는데, 실질적으로 중소기업에 도움이 되는 정책은 그리 많지 않다고 비판한다. 제일 어려운 "돈 문제"는 기술이나 신용이 아니라 담보에 의해 평가받는 게 현실이다. 담보력이 있는 중소기업이라면 굳이 정부지원을 받을 필요가 없고, 정작 지원이 절실한 기업은 담보가 없어 지원을 받지 못하는 역설이 발생하는 것이다. 또 돈만큼이나 절실한 게 일할 사람인데, 많은 중소기업이 이주노동자가 없으면 공장 문을 닫아야 할 형편에 놓여 있다. 이런 현실을 지적하며 오관영 사무처장은 중소기업에 다니는 노동자에게는 임대아파트 입주를 지원하는 식으로 지원 방식을 다양하게 고민할 필요가 있다고 주장했다.

융자 방식을 이자보전 방식으로 전환해야 한다
지원은 필요하나 그 내용이나 방식이 근본적으로 바꾸어야 한다는 것이 구술자들의 주된 의견이었다.

사실 농업에 비하면 중소기업에 지원하는 액수가 그렇게 많다고 보지는 않기 때문에 지금은 액수를 줄이거나 그럴 문제는 아니에요. 왜 융자가 안되는지, 중소기업을 어떻게 살릴 것인가에 대한 그랜드 플랜(grand plan)이 있는 상태에서 진행이 되어야 된다고 생각합니다. 과거 방식으로 융자요청 오면 주고 그런 방식이 아니라 산업구조 속에서 그 기업들이 생존할 수 있는 방향으로 가야 된다고 생각합니다. (…) 정부가 하는 사업들이, 예산으로 하는 게 지원, 투자, 출자, 융자잖아요. 근데 융자사업이 요즘 보면 절반 정도밖에 집행이 안됩니다. 그 이유가 중소기업이 없어졌기 때문이라고 보거든요. 또 조건이 까다롭다거나 여러가지가 있겠지만 사실은 고용문제를 해결하기 위해서는 중소기업이 살아야 되는데 그런 면에서 집행관리체계가 문제가 있다고 보여요. (정창수, 5면)

정창수 보좌관은 중소기업 지원책이 효과를 보려면 좀더 큰 범주에서 정책설계를 해야 한다고 본다. 즉 중소기업이 고용문제 해결에 중요한 역할을 할 수 있는 만큼 이주노동자 정책이나 개성공단의 활성화와도 연계시켜 큰 틀의 정책변화를 논의해야 하고, 그런 정책전환만이 "융자요청 오면 주고" 하는 식의 대증요법을 넘어 "산업구조 속에서 그 기업들이 생존할 수 있는" 길을 열 것이라는 주장이다.

정창수 보좌관이 언급한 것처럼 '보조, 융자, 출자'라는 정책자금의 전통적인 활용 방식은 재검토가 시급하다. 보조금 방식은 도덕적 해이를 초래한다는 지적을 받아온 지 오래이다. 지원을 받을 때만 자격을 유지하면, 보조금을 받고 난 연후에 책임을 물을 장치가 없기 때문이다. 최근 복지 분야나 교육 분야에서 바우처(voucher) 제도[7]를 도입하려는 것도 소비자에게는 선택권을 확대하고 공급자에게는 경쟁을 유도하여 지원금제도의 문제를 극복하려는 시도라 볼 수 있다.

융자사업은 효율성을 전면 재검토할 필요가 있다. 현재 융자사업은 특별회계와 각종 기금 등에서 개별적으로 진행되고 있다. 국가가 몇조원에 달하는 원금을 보유하고 이를 기업 등에 저리로 융자한 다음 원금과 이자를 회수하는 방식이다. 그러나 전체적으로 효율성을 검증하기가 쉽지 않다. 무엇보다 민간 금융시장이 발달되어 있는 지금 상황에서 정부가 융자기능을 수행하는 것이 적절하지 않다. 또 대상 기업을 선정하여 저리로 융자하고 나중에 상환을 받는 과정에서 집행이 제대로 되지 않는 경우가 있다.

융자사업은 지금처럼 정부가 직접 수행하는 것보다는 민간 금융기관이 맡고 정부가 그 이자의 일정 비율을 보전하는 방식으로 전환하고, 일반회계의 보조금 지급 방식을 통해 집행할 필요가 있다. 이럴 경우 재정의 건전성 회복에도 도움이 된다. 일반회계에서 전입규모를 축소함으로써 통합재정수지의 투명성과 예측성을 개선할 수 있기 때문이다. 그리고 재원의 효율적 활용도 가능하다. 융자사업의 원금을 채무상환 등 국가적으로 더욱 시급하고 중요한 부문에 투입할 수 있는 것이다. 그리고 어떤 부문에서는 조성자금의 융자 집행률이 낮아서 여유자금이 발생하는 반면, 다른 부문에서는 재원 부족으로 융자수요를 채우지 못하는 현상을 방지할 수도 있다. 특히 이럴 경우 융자금을 관리하는 조직을 대폭 구조조정하는 계기를 마련할 수도 있을 것이다.

성장잠재력이 있는 기업에 대한 선별 지원 필요

중소기업 지원에서도 이제는 선택과 집중이 필요하다는 의견도 많다. '중소기업이니까' 무조건 지원할 게 아니라 경쟁력 있는 기업을 선별해 지원해야 한다는 것이다.

> 제가 보기에는 중소기업을 살릴 수 있는 방법은 불가능해요. 바로 옆에 중국이 있는 이상 절대 불가능하거든요. 그러니까 높은 기술력을 갖춘 중소기업을 지원한다든가, R&D나 뭐 그런 쪽을 지원한다면 가능하겠지만, 일반 중소기업을 지원한다는 것은 그냥 돈을 쏟아붓고 버리는 거예요. 앞으로도 그럴 것입니다. 힘들어요. 중소기업 지원할 때도 반드시 기술을 바탕으로 한 지원 이런 게 있어야 하지요. (박민상, 4면)

박민상 박사는 우리나라 "일반 중소기업"의 미래에 대해 매우 비관적이다. 가격경쟁력에서 중국과 도저히 맞설 수 없다는 것이다. 이런 냉엄한 현실을 무시하고 당위적인 차원에서 지원을 한다면 그것은 "그냥 돈을 쏟아붓고 버리는" 것이나 다름없다고 본다. 한계기업을 지원으로 살리는 것은 지금 우리의 국가경쟁력 수준에 적합하지 않은 정책이라고 한다. 그래서 중소기업 중에서도 기술력이나 연구개발 능력이 있는 기업을 평가해 지원해야 한다고 생각한다.

박민상 박사만큼은 아니어도 정책자금의 효율성과 효과에 대해서는 '사회적 약자'의 권익을 옹호하는 시민단체 활동가들도 비판적이다.

> 저는 중소기업을 '지원한다, 보조한다'는 말보다는, 중소기업이 탄탄하게 뿌리내릴 수 있도록 대기업만큼 중소기업의 중요성을 인식하고, 중소기업이 살 수 있도록 인프라를 갖추는 건 필요하다고 봐요. 다만 퍼주기식 정책자금을 무조건 지원한다는 건 반대한다는 거죠. 예를 들어서 저번에 벤처 마켓 붐이 한창 일어났을 때 사업만 되면 돈을 퍼붓고, 하여간 게임기 만드는 벤처에도 돈을 막 퍼붓는데. 실제로 집행 과정에 대한 감시가 없으니까 이런 일이 벌어졌지요. 중소기업을 키우려면, 그들이 자연적으로 커나갈 수 있도록 국가가 할 수 있는 정책들은 필요하다고 봅니다. (박정식, 3면)

경실련의 박정식 국장은 중소기업도 대기업만큼이나 우리 경제에서 중요한 역할을 한다고 보고, 중소기업이 살아남을 수 있도록 국가가 해야 할 일들이 있다고 생각한다. 그러나 벤처기업 붐 때와 같이 "게임기 만드는 벤처"에도 자금을 지원하는 방식의 퍼주기는 더이상 안된다고 비판한다.

6. 인적 자원 개발

재정 비중에서 전통적으로 1, 2위를 차지했던 것이 국방과 건설이라면, 복지와 교육은 가장 빠르게 증가하고 있는 분야이다. 정부가 발표한 '함께하는 희망한국 VISION 2030'에 따르면, 앞으로 고등교육을 포함하여 직업훈련, 평생교육 등에 대한 투자를 통해 인적 자원을 개발하는 것이 우리 경제에 필수적이다. 복지와 마찬가지로 교육에도 사회투자의 관점이 도입되어, 육아 및 보육에 대한 투자가 '성장지원형 복지'로 개념화되고, 여성인력의 공급 확대와 연계되어 설계되고 집행된다. 따라서 인적 자원에 대한 투자는 지속적으로 증가할 전망이다.

인적 자원에 대한 투자는 성과관리가 쉽지 않다

앞으로도 교육과 복지에 대한 투자들이 불가피할 거예요. 그건 우리 사회에 있어서, 지난번 정부에서 '2030' 얘기를 했지만, 결국은 고령화사회로 가는 데 대한 대책들은 필요하다고 생각해요. (…) 그다음에 투자로 보면 물적 투자보다는 인적인 부분에 대한 투자들, 그러니까 복지나 이런 부분들도 대부분 그런 거죠. 인적인 투자들이 대부분 사후적 수혜로서 복지 부분과 미래 대비잖아요. 교육이라는 것이, 지식기반경제로 넘어가면서 교육에 대한 투자는 늘어나는 게 맞다고 생각이 돼요.(…) 그런데 그쪽은 성과관리도 쉽지가 않고, 전달체계에 대한 점검도 그렇죠. 이런 씨스템들을 갖춰가면서 늘릴 필요가 있다고 보는데, 지금 상당히 미비한 상태에서 즉흥적으로 수요가 확산되니까 이런 부분들에 대한 점검이 빨리 되지 않으면 나중에 부담일 수 있겠다 싶은 생각이 들더라고요. (오관영, 2면)

<표 16> 교육 분야 내 주요 세부 분야 중장기 재정투자 계획　(단위: 백만원, %)

분야	2006	2007	2008	2009	2010	증가율
고등교육	33,666	35,308	37,140	39,340	41,655	5.5
유아 및 초 · 중등 교육	249,424	268,783	294,958	319,162	345,143	8.5
평생 · 직업 교육	3,052	3,071	3,201	3,375	3,741	5.2
교육일반	1,507	1,728	1,804	1,911	2,026	7.7

* 자료: 대한민국정부 「국가재정운용계획」, 2006.

오관영 사무처장은 '2030'이 제시하는 사회투자 관점에 기본적으로 동의하면서 교육에 대한 투자 확대가 불가피하며, 또 지식기반경제로의 전환에 비추어서도 바람직하다고 평가한다. 그런데 우려스러운 점은 인적 자원에 대한 투자는 물적 자원과 달리 전달체계 점검이라든가 성과관리가 쉽지 않다는 것이다. 예를 들어 도로나 다리를 건설할 때는 예비타당성 조사도 하고 가시적으로 성과를 볼 수 있는데, 인적 자원은 그렇지가 못하다. 즉 성과관리체계가 허술할 경우, 낭비적 지출이 일어나거나 복지재정처럼 경직성 지출이 늘어날 위험성이 높다는 것이다.

이와 관련하여 국가재정운용계획을 살펴보면 고등교육보다는 유아 및 초중등교육에 대한 지원이 강화되고, 특히 고등교육의 경우 재원의 약 3분의 2가 BK21이나 NURI사업처럼 대학 연구역량 강화를 위한 지원에 몰려 있음을 알 수 있다. 이 사업의 효과를 두고 평가가 분분하고 논쟁도 많은 편이다. 성과에 대한 확신 없이 재원을 확대하는 것은 탈선한 기차가 속도를 내도록 하는 것이나 마찬가지인만큼, 오관영 사무처장의 우려를 흘려들어서는 안될 것이다. 또한 직업훈련의 보조금 지급에서 자주 등장하는 예산낭비 사례처럼, 인적 개발 분야의 성과를 평가하고 통제하는 장치도 더욱 정교하게 개발해야 할 것이다.

인적 개발을 위한 투자의 '생산성'을 두고는 다소 극단적인 견해도 있다.

> 정부가 최고급인력의 양성에 대해 고민할 필요가 있습니다. 보통 우리는 인력개발하면 중학교, 고등학교, 책걸상 이렇게 생각하는데, 그런 게 아니라 진짜 부가가치 창출하는 데는 어디냐? 최고급인력이거든요. 프로들, 빌 게이츠 같은 사람, 아니면 고급 연구인력들, 이런 것에다 포커스를 맞출 수밖에 없지 않을까. 왜냐면 그 아래로 내려가면 돈의 규모가 너무 커요. 학급당 학생수 1명 줄이는 데 1조씩 하고 이러기 때문에요. 그 1조면 차라리 좋은 사람들 유학을 보내는 데 쓰면 훨씬 성장에 도움이 되지 않을까요. (박민상, 4면)

"부가가치 창출"을 기준으로 생각하면 학급당 학생수 한명을 줄이고, 낡은 책걸상을 바꾸는 데 드는 돈을 차라리 "프로들, 빌 게이츠 같은 사람, 고급 연구인력들"을 기르는 데 쓰는 게 낫다는 박민상 박사의 견해는 교육의 보편적 역할과 가치를 경제적 효과로만 판단하는 위험한 발상일 수 있다. 다만 그러한 논리가 내포하고 있는 위험성을 경계하면서, 또한 박민상 박사가 재정전문가로서 투자의 효율성을 가장 중시한다는 점을 감안한다면, 이는 교육 관련 투자의 비효율성을 우려하는 지적으로 받아들일 수 있을 것이다.

우수한 인적 자원의 비교우위는 우리사회의 발전과정에서 매우 중요한 요인이었다. 후진국의 경제발전 모형을 분석한 기 쏘르망(Guy Sorman)은 『신국부론』(la Nouvelle Richesse des nations)에서 우수한 인적 자원을 한국 경제의 가장 중요한 성장동력으로 꼽았다. IT 개발 등 앞으로 우리 경제의 성장잠재력도 결국은 여기에 있다. 이를 지원하는 국가의 역할은 아무리 강조해도 지나치지 않지만 인적 투자를 시혜적 복지로 접근해서는 곤란하다.

7. 방위비

우리나라에서 국방비는 오랫동안 단순한 예산의 한 과목이 아니라 성역에 가까웠다. 분단과 남북대치라는 특수한 상황과 이를 정치적 정당성의 근거로 삼아온 군사독재정권 때문에 국방비에 대해서는 공적인 논의가 원천적으로 불가능했다.

과거 우리나라의 방위비 추이를 보면, 지속적으로 증가하는 가운데 GDP 대비 비중의 변화가 매우 심했음을 알 수 있다. 방위비는 1963년에서 1975년까지는 4% 수준을 유지한다. 그러나 자주국방을 구호로 율곡사업이 시작된 1976년부터 급상승하기 시작하여 1982년에는 6%에 이른다. 한국의 방위비 추이에서 결정적인 변화는 1979년 카터 대통령이 한국을 방문하면서 주한미군 철수 무기한 연기에 대한 댓가로 GNP 대비 국방비 비중을 6%로 연동시킨 데 기인한다.[8] 지속적으로 증가하는 와중에도 한미관계나 정치적 고려에 따라 증가폭이 크게 출렁거렸다고 볼 수 있다.

그러나 우리사회가 민주화되면서 금기의 영역이었던 방위비에도 변

⟨표 17⟩ 방위비 분담금 내역(단위: 억원)

연도	인건비	군사 건설	연합방위 증강	군수지원	총액
2002	2792	1398(+2640만달러)	604(+540만달러)	574(+5880만달러)	5368(+5880만달러)
2003	3015	1627(+3040만달러)	667(+590만달러)	603(+2840만달러)	5910(+6470만달러)
2004	3241	1944+(3400만달러)	765(+850만달러)	651(+2980만달러)	6601(+7230만달러)
2005	2874	2494	430	1006	6804
2006	2829	2646	394	935	6804
2007	3280	2646	394	935	7265

* 자료: 국방부 대미정책과 '방위비 분담 관련 참고자료'(2007년은 외교부 발표 토대로 한 추정치).
* 2002~2004년 분담금의 12%는 달러로 지급.

화가 일어나기 시작했다. 또한 80년대 후반의 급속한 경제성장으로 종전의 GNP 대비 몇 %로 결정하는 방식에 따라 가파르게 증가한 것도 방위비의 비중 조정에 영향을 미쳤다. 이제 방위비는 전면 조정 대상이 되고 있다. 더군다나 참여정부 들어 국방개혁이 시작되고 전시작전권 환수 계획이 구체화되면서 방위비 수준과 구성에 대한 국민적 논의의 장이 형성되었다.[9]

현재 국방계획은 일정한 로드맵에 따라 장기적인 관점에서 진행되고 있다. 이러한 과정에서 미군 주둔에 따른 분담금을 재조정하는 문제가 시민사회의 뜨거운 쟁점으로 떠오르고 있다. 자국 군인이 대신 국방을 책임지고 있으니 일정한 부담금을 지급하라는 미국의 입장과 이제는 민족적 자존심을 지키면서 협상을 하자는 입장 사이에서 규모와 활용방안을 두고 논쟁이 이어지고 있다. 특히 2007년 한국의 방위비 증가율이 높았는데, 분담금을 받은 미군이 여유자금을 활용하여 이자수입을 올린 사실을 두고 시민사회의 비판이 높았다.

방위비는 여전히 논의하기 어렵다

방위비와 관련해서는 구술자들이 대체로 언급하기를 어려워하거나 꺼렸다. 그 이유는 '성역'의 그림자가 아직 지워지지 않은 탓도 있겠지만, 국가안보와 연관되므로 구체적인 내용을 파악하기 힘들고, 국방·외교의 전략방침과 깊이 얽혀 있기 때문으로 보인다. 시민단체 활동가들은 '규모를 줄이고 구조를 조정해야 한다'는 원칙적인 수준에서 분명한 의견을 개진했다.

> 건설 다음으로 손대야 할 부분이 교육, 아니면 국방이라고 봅니다. 국방이 우선인지 잘 모르겠는데 아무튼 그다음 중요한 게 국방, 교육이라고 보거든요.

교육은 거의 사각지대인 것 같아요. (…) 국방도 거의 국민들로부터 사각지대였기 때문에 두 부문이 다 개혁이 되어야 한다고 생각합니다. (…) 교육은 규범적으로 늘리고, 국방은 규범적으로 좀 낮춰야 할 필요가 있다고 봅니다. 총액으로. (박정식, 3면)

박정식 국장이 방위비를 "규범적으로" 좀 낮춰야 한다는 수준에서 의견을 밝힐 수밖에 없는 것은 지금도 방위비는 논의하기 조심스럽고 까다롭다는 사정과 연관이 있을 것이다. 다만 구체적 내역을 따져 말하긴 어려워도 냉전이 끝나고 한반도 평화체제가 정착될 가능성이 높아지는 만큼 지금까지처럼 관성적으로 증가시켜서는 안되며 재정 비중을 낮춰가야 한다는 취지로 이해할 수 있다.

우리나라뿐 아니라 방위비는 일반적으로 규모가 크고 민감한 영역이라 고전적인 담론들이 형성되어 있다. 이를테면 안보를 위해서는 평화시에도 증가가 불가피하다는 '안보의 딜레마' 개념도 있고, 방위비 증가가 방위산업을 활성화하고 이것이 경제성장을 촉진시킨다는 이론이 있는가 하면, 방위비 증가가 사회복지를 희생시킨다는 비판적인 이론도 있다. 박정식 국장의 언급과 관련해서 또하나 고려해야 할 문제점은 방위비는 그 자체보다는 다른 재정지출 가능성을 제약한다는 것이다. 미국에서 자주 거론되는 "총이냐, 빵이냐?"라는 논쟁도 그런 맥락에 놓여 있다.

그런데 박정식 국장의 규범적 주장과는 달리 국방비는 계속 증가할 전망이다. 국가재정운용계획을 보면 2010년까지 정부의 평균 지출 증가율은 6.4%인데 국방비 증가율은 9.0%로서 2.6% 높게 책정되어 있다. 그중에서도 특히 전력투자 증가율(17.7%)이 가장 높은데, 이는 인력 위주에서 기술집약적인 전투력 중심으로 방위체계를 개혁하려는 계획에 따른 것이다.

<표 18> 「2006~2010년 국가재정운용계획」의 국방 분야 재원배분 계획

	2006	2007	2008	2009	2010	합계	연평균 증가율
정부지출 규모	224.1	238.5	253.8	269.9	287.0	1,273.3	6.4
(증가율)		(6.4)	(6.4)	(6.3)	(6.3)		
방위비	22.5	24.7	26.9	29.2	31.8	135.1	9.0
(증가율)		(9.7)	(8.9)	(8.8)	(8.8)		
병력운용	8.9	9.4	9.9	10.5	11.2	49.9	5.8
(증가율)		(4.9)	(6.0)	(6.1)	(6.2)		
전력유지	7.4	7.7	8.1	8.6	8.3	40.1	2.8
(증가율)		(3.7)	(5.4)	(5.1)	(-2.9)		
사병 내무반 개선	0.7	0.5	0.5	0.5	0.6	2.8	-1.3
전력투자	5.8	6.8	8.1	9.5	11.1	41.3	17.7
(증가율)		(17.8)	(18.5)	(17.8)	(16.6)		
병무행정	0.13	0.14	0.15	0.16	0.17	0.75	5.7
(증가율)		(7.7)	(5.0)	(5.4)	(4.9)		

* 국방부의 「2007~2011 국방 중기계획」 상. 국방비 수치와 다소 차이가 있음.
* 자료: 대한민국정부 「2006~2010년 국가재정운용계획 개요」, 2006.10.

여러 논의를 종합해볼 때, 국방비 지출과 관련해서는 몇가지 중대한 고려사항이 있다. 이는 우선 통일비용과 맞물려서 검토되어야 할 것이다. 그리고 장기 예측이 무의미할 정도로 급격히 변화할 가능성이 높은 주변정세와 여건에 맞추어 신축적으로 집행할 수밖에 없을 것으로 보인다. 또한 전력투자의 경우에는 경제성장에 미치는 효과도 고려할 필요가 있다. 국방 관련 연구개발도 다른 연구기관과 공유한다든지, 경제발전에 미치는 영향을 보아가며 진행할 필요가 있다. 외국의 값비싼 무기를 구입하는 방식으로 국방비를 늘릴 게 아니라 우리 경제의 성장과 관련한 판단이 필요한 싯점이다.

우리시대 해방 찾기

4장

재정관리 씨스템은
진화하고 있는가

1. '3+1 재정개혁'과 국가재정법 제정

그간 시민사회는 정부의 재정관리 방식과 능력에 관해 지속적으로 문제를 제기해왔다. 그러한 노력에 힘입어 참여정부 들어 재정관리에 관한 근본적이고도 획기적인 제도개혁이 이루어졌다. 우선 디지털 예산회계 씨스템을 기반으로 재정운용계획과 예산편성, 성과관리를 긴밀히 연계시킨다는 취지로 이른바 '3+1 재정개혁'(〈그림 3〉 참조)이 시도되었다. 5년 단위의 '국가재정운용계획'을 수립하여 중장기적 관점에서 예산운용의 방향을 설정하도록 한다. 또한 '총액배분 자율편성 제도'를 도입하여 기획예산처는 부처별 총액만 결정하고 사업별 편성은 사업 내용을 가장 잘 파악하고 있는 각 부처가 자율적으로 결정할 수 있도록 한다. 그리고 재정사업의 성과를 평가하는 제도를 구축하여 그 결과가 국가재정운용계획이나 예산편성에 반영될 수 있도록 하자는 게 '3+1 재정개혁'의 핵심 내용이다. 그리고 이러한 변화를 지원하기 위해 예산과목을 개편하고, 회계와 예산을 연계할 수 있도록 한 것이 디지털 예산회계씨스템이다.

2006년 국가재정법을 제정한 것도 큰 변화로 꼽을 수 있다. 우리나라는 1961년 예산회계법을 제정한 이후 45년간 재정운용의 기본 틀을 바꾸지 않았다. 그러나 예산규모가 커지면서, 예산사업의 수가 많지 않아 품목 단위로 예산을 운영하던 과거에 제정된 법으로는 도저히 대처할 수 없는 상황이 되었다. 더군다나 기금이 확대되자 정부는 1991년에 '기금관리기본법'을 따로 제정하였고, 이 때문에 재정 관련 법률체계가 둘로 나뉘어 운용되는 문제를 안고 있었다. 이에 '3+1 재정개혁'을 뒷받침하고, 예산과 기금을 통합관리하기 위한 법적 근거를 마련하기 위해, 예산회계법과 기금관리기본법을 통합해 국가재정법을 제정한 것이다.

〈그림 3〉 참여정부의 재정개혁 과제: 3+1

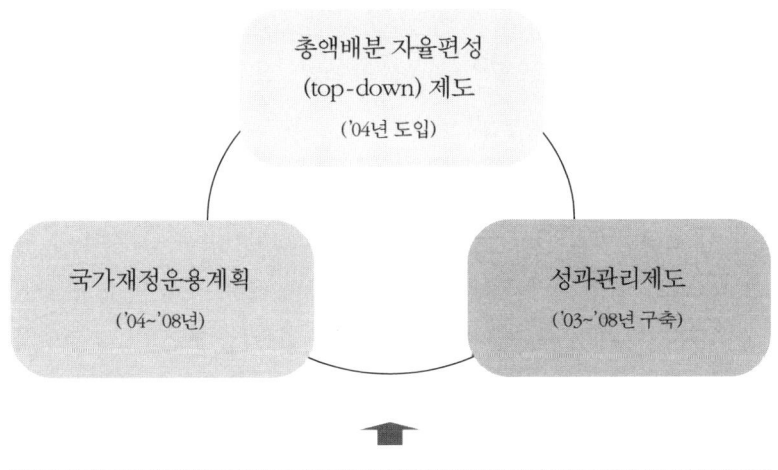

* 자료: 기획예산처, 2004.

재정개혁의 본질은 '예산권력'의 분산

참여정부의 재정개혁은 방향과 큰 틀에서 매우 긍정적인 평가를 받고 있다.

> 참여정부에서 재정개혁을 하면서 재정 관련된 정부 전체의 의사결정, 파워 시프트(power shift)는 분명히 일어나고 있다고 생각해요. 그동안 60년 가까이, 대한민국 정부 수립 이후에 국가 경제기획원이나 단일 싱크탱크를 중심으로 쭉 끌고 왔던, 그래서 최종적인 재정 관련 의사결정이 기획예산처 중심으로 이루어졌다면 지금은 분명히 각 부처가 자율성을 가지고 자기 분야에 대한 의사결정을 할 수 있도록 상당부분의 파워 시프트가 이루어지고 있다고 생각이 들고요. (…) 전반적으로는 기획예산처가 각 파트를 다 이해하고, 그 파트에 대한 재정투자의 우선순위를 정하기에는 너무 사회가 크고 발전했다고 생각이 들고요. 그러니까 적당한 시점에 참여정부가 재정 관련된 정부부처 내부에서의 의사결정구조를 바꾼 것은 굉장히 잘했다고 봐요. (윤원호, 5면)

행정고시 출신의 엘리트 관료인 윤원호 과장은 소속 부처의 재정팀장으로서 재정개혁 현장에서 일어나는 변화를 2년 가까이 구체적으로 경험하고 있다. 그리고 그 경험에 근거해 재정개혁의 의의를 "파워 시프트", 즉 예산결정과 관련된 권력 이동으로 요약하고 있다. 60년 가까이 경제기획원 같은 "단일 싱크탱크"들이 예산결정권을 쥐고 있었는데, 여러 개혁조치들이 그러한 권력을 분산시키고 있다는 것이다. 단일권력이 모든 부처의 사업에 일일이 결정권을 행사하기에는 우리사회가 그동안 대단히 복잡해지고 전문화되고 발전한만큼 적절한 시기에 적절한 조치가 취해졌다는 평가이다.

이 같은 평가에는 다른 구술자들도 대체로 동의했다. 다만 정창수 보좌관이나 시민단체 활동가들은 납세자 소송제도[1]가 도입되지 않은 것에 아쉬움을 나타냈다. 납세자 소송은 특정 개인에 대한 이해관계가 없다고 하더라도 공익상 문제가 있는 예산사업에 대해 소송을 제기하여 담당 공무원의 책임을 묻는 제도로서, 공직사회에 대한 시민사회의 통제 장치라고 볼 수 있다. 설혹 1년에 한건밖에 없다고 하더라도 납세자 소송제도가 있다는 것만으로도 공무원들에게는 상당한 부담을 줄 수 있는데, 이 제도의 도입이 미루어진 것은 재정개혁이 내부통제장치 개발에 중점을 두어 '국민의 참여에 의한 외부통제'로까지는 나아가지 못했음을 보여준다.

제도가 너무 앞서간다

사실 국가재정법은 규정 자체만 보면 매우 획기적이고 세련된 내용을 담고 있다. 세계화를 주창한 김영삼정부, 그리고 외환위기를 경험한 김대중정부 이후 우리사회는 매우 빠른 속도로 개방되었고, 이런 흐름 속에서 외국의 각종 제도가 도입되었다. 국가재정법도 선진국의 여러 행정적 장치를 끌어와 쓰고 있으므로 이제는 더이상 도입할 게 거의 없는 상황이라고까지 할 수 있다.

그런데 이렇게 도입된 제도가 실제 행정과 정치에서 제대로 안착할지는 장담하기 어렵다.

방향성은 맞는데, 4개의 씨스템이 돌아가는 것은 맞는데 조금 급하게 돌아가고 있는 것 같아요. 디지털 회계씨스템도, 전산화하는 것도 조금씩 펑크 나고 있어요. 그러면서도 끌고 가는데. 우리가 시범 부처 나눈 게 11월말인가 12월 초거든요. 그리고 나서 다 했어요. 이게 한번 하면 1년 정도는 텀(term)을 줘서, 움직여봐가지고 보완을 해서 완벽하게 실행해야 되는데, 일하면서 저것까지 하다보니까 사실 시간적인 여유가 빽기거든요. 맨 처음에는 탑〔top-down〕 들어왔죠. 그 다음에는 파트(PART)² 들어왔죠. 거의 동시에 들어왔지만. 그 다음에 디지털〔디지털 예산회계씨스템을 말함〕 들어왔잖아요. 프로그램〔프로그램 예산과목체계를 말함〕하고 디지털하고. 그렇기 때문에 상당히 어렵습니다. (김병기, 4면)

해양수산부의 김병기 사무관은 씨스템 자체는 훌륭하나 쫓기듯이 한꺼번에 여러 제도를 도입하는 바람에 실무부처 입장에서는 어려움이 많다고 토로한다. 다양한 제도가 맞물려서 진화해야 하고, 특히 한 제도가 정착된 후에 다른 제도를 활성화하는 등의 신중한 배려가 필요한데, 한꺼번에 여러 제도를 도입하고 시행하면서 일선에서는 혼선이나 시행착오, 때로는 "펑크"가 발생하고 있다는 것이다. 예를 들어 기획예산처가 총액을 결정하면 개별 부처가 구체적인 사업을 결정하는 총액배분 자율편성제(top-down)가 제대로 시행되기 위해서는 그 전에 의사결정의 근거가 되는 재정사업 성과관리체계(PART)가 도입되어야 한다. 그런데 이 두가지 제도가 거의 동시에 도입되어 담당자로서 일은 엄청나게 많아졌으나 과연 그 취지를 제대로 살리고 있는지는 의문이라는 것이다. 이러다보니 "서류상 업무만 많아졌다"는 불평이 나오고 있는 실정이다.

제도가 기존 현실이나 운용주체의 준비 정도를 충분히 고려하지 않고 동시다발적으로 성급하게 시행되고 있어서 당연히 다음과 같은 문제의식을 낳는다.

말하자면 모양만, 구조만 갖춰놓은 것이지 실제적인 쏘프트웨어나 이런 게 바뀌었다고 할 수 있을지에 대해서 부정적이라는 것이죠. (이강원, 5면)

제도적 차원에서는 지금 우리가 첨단을 달리잖아요. 하지만 '국가재정 운용에 실제적인 도움이 되느냐'라고 할 때 그런 것 같지 않아요. 그 제도를 운용하는 주체들이 문제가 있다고 보는데요, (…) 결국에는 그 정책을 운용하는 주체의 능력을 어떻게 높여주느냐 이 문제가 점점 중요해지는데, 그 부분을 못 쫓아가고 있는 것 같아요. 제도가 좀 빨리 가는 거 아닌가 생각이 들고.

(오관영, 5면)

제도가 그것을 운용하는 주체의 능력을 자동적으로 높여주는 것이 아닌만큼 새로운 제도를 성공적으로 안착시키기 위해서는 "실제적인 쏘프트웨어", 즉 운용주체들의 의식이나 행태가 바뀌지 않으면 안된다. 예를 들어 '복식부기'라는 매우 정교한 장치를 정부부문에 도입하였으나, 이 것이 예산과정을 바꾸고 재정의 성과를 높이는 현실적인 장치로 작동하려면 운용주체들이 이를 적절히 활용해야 한다. 물론 제도가 도입된 지 얼마 되지 않았기 때문에 성급하게 평가할 일은 아니겠으나, 시민단체의 이강원 국장과 오관영 사무처장은 어쨌든 지금으로서는 운용주체의 능력이 제도를 "못 쫓아가고" 있다고, 달리 말해 "제도가 좀 빨리 가는" 것 같다고 평가한다.

일선에서 관련 업무를 하고 있는 구술자들은 더 구체적으로 이 문제를 지적했다.

성과관리라는 게 결국에는 체제상으로는 예산과 완전히 분리돼서 운영되고 있어요. 예산편성할 때 성과계획서도 같이 연계가 되어서 작성이 되고, 예산집행이 끝나고 난 다음에 성과보고서가 따라서 작성이 되어야 되는데 그게 유리되어서 각자 놀고 있기 때문에 효과를 제대로 발휘하기 어렵다는 생각이 들어요. (…) 실제로 지금 예산처에서 성과관리하는 수준이 각 부처로 하여 금 자체 평가를 하라고 해서 그걸 가지고 책자로 바꿔주는 수준이지요. (송철호, 8면)

감사원의 송철호 사무관은 다양한 개혁장치가 도입되고 있지만 이러한 장치들이 상호연계되어 운용되지 못하는 한계를 지적하고 있다. 그는 감사원 업무의 특성상 각각의 제도가 전체적으로 서로 어떻게 긴밀히 연관되어 있는가를 파악할 수 있는 위치에 있다. 그런 관점에서 볼 때, 도입된 제도들이 "유리되어서 각자 놀고 있다"는 것이다. 예를 들어 재정사업의 성과관리체계를 도입했다는데, 이것이 의미가 있으려면 예산집행 후에 성과를 엄밀히 평가하고 그 결과를 다음번 예산편성에 반영할 수 있어야 한다. 그런데 그 둘이 "사실상 완전히 분리돼서 운영되고" 있다는 것이다. 또 각 부처가 기획예산처에 성과보고서를 올리더라도 제대로 검토되지 않는다. 기획예산처는 예산권을 가지고 있는만큼, 각 부처가 낸 성과보고서를 검토하기보다는 예산사업 조정권에 더 관심을 기울이게 된다는 것이다. 그렇게 되면 성과보고서를 제출하는 일은 그저 요식 절차가 되고 만다. 국가재정법은 계획과 예산, 그리고 성과를 연계하라고 요구하고 있으나, 이는 법조문일 뿐 아직은 실제로 작동되지 못하고 있다는 뜻이다.

국가재정법의 제정 의의를 재정분권으로 평가하면서 긍정적 입장을 보이던 정보통신부의 윤원호 과장도 "권한은 빨리 오지 않고 의무가 먼저 다가온다"며 같은 문제를 지적했다.

너무 짧은 시간에 너무 많은 효과를 기대하고 추진하고 있지 않나 그런 생각이 들거든요? (…) 기획예산처가 예산상의 통제수단을 가지고 각 부처를 2~3

년 만에 바꾸려고 하는 굉장히 의욕적인 노력을 해온 것인데, 그러다보니까 너무나 방대한 문서만 요구하고, 제도적으로 거의 물과 기름을 섞는 정도의 이질적인 재정 관련 제도를 이식을 하는데, 공무원들의 인식 변화나 필요성에 대한 공감대 형성 이런 것들이 충분치가 않는 상황에서 끌고 나가는 것 같아요. (윤원호, 5면)

재정개혁의 일환으로 도입된 여러 제도들은 "거의 물과 기름을 섞는 정도"로 기존 제도와는 다른 것인데, 그것을 이끌고 나가야 할 공무원들이 변화의 필요성을 충분히 공감하지 못한 상태인데도 기획예산처가 단시일 내에 바꾸려고 상명하복(上命下服)식으로 개별 부처와 공무원들을 몰아붙이고 있다는 비판이다.

일반적으로 제도변화의 속도에 비해 의식이나 행태의 변화는 느리게 마련이다. 이러한 속도 차이를 조절하려면 변화도 관리하지 않으면 안된다. 즉 변화관리(change management)가 필요하다. 제도의 변화에 걸맞게 조직도 변화시켜야 하고, 인식의 확산을 위한 교육도 필요하다. 무조건 일을 시키는 것이 아니라 업무량과 일이 처리되는 절차와 과정도 개선해야 한다. 제도개혁을 위해서는 이처럼 절차의 변경, 업무량의 조절, 인센티브 설계를 통한 유인체계 도입 등을 종합적으로 고려해야 하나, 참여정부의 재정개혁은 너무 급박하게 진행되어 소화불량 상태를 보였다고 판단된다. 사회구조가 복잡해지고 다양한 이해관계가 얽힐수록 새로운 제도를 도입할 때 신중해야 한다. 모든 새것들은 기존의 것들과 마찰을 일으키기 때문이다. 재정개혁의 방향성은 제대로 설정된 만큼 앞으로는 지속적으로 변화를 관리하고 의식과 행태를 상호조절하면서 제도를 안착시켜야 할 것으로 보인다.

2. 총액배분 자율편성

기획예산처는 각 부처에 한도액(ceiling)만 설정하여 통보하고, 구체적인 사업은 개별 부처에서 결정하도록 한다는 것이 총액배분 자율편성, 이른바 탑 다운 방식 예산편성의 핵심이다.

이 제도가 나온 데는 다음과 같은 배경이 작용했다. 우선 우리의 재정 규모가 너무 커져서 기획예산처가 개별 사업을 일일이 검토하고 통제하기가 어려워졌다는 것이다. 단적으로, 프로그램 단위로 보면 8000개가 넘는 재정사업을 중앙예산기구인 예산실이 하나하나 구체적으로 파악하고 심의하는 것은 상식적으로 생각해도 비효율적일 수밖에 없다. 성과지표에 의한 통제는 필요하지만, 구체적인 사업에 대한 심의와 통제는 사업의 성격을 가장 정확히 알고 있는 개별 부처에 맡기는 것이 재정 효율성을 높일 수 있는 방법이다.

두번째, 재정에서 국가적 우선순위를 정하고 그에 따라 장기적인 계획을 수립하는 기능이 예산과정에서 매우 중요하게 되었다. 즉 우리사회의 발전 정도나 재정규모로 볼 때 미시적인 사업의 관점이 아니라 거시적인 재원배분의 관점으로 예산을 바라보아야 한다는 것이다. 그런 맥락에서 볼 때, 총액배분 자율편성은 거시적 재원배분에 매우 적합한 예산편성 방식이다. 장기적인 재정운용 방향에 따라 예산의 우선순위를 위에서 조정할 수 있는 것이다. 예를 들어 복지 관련 예산을 대폭 늘리고자 한다면, 그 예산의 전체 비중을 미리 높여서 내려보낼 수 있다. 예전처럼 복지 분야의 개별 사업을 조정하는 방식으로는 예산을 대폭 늘리는 일이 불가능하다. 참여정부에서 복지예산이 대폭 늘어날 수 있었던 것이 총액배분 자율편성 덕분이라고 평가되는 것도 그와 같은 이유에서이다.

총액배분 자율편성 방식은 개별 부처에 예산편성의 일부 권한을 넘기는 것이어서 개별 부처의 사업이나 업무추진 방식에도 적지않은 변화를 불러올 수 있다. 이 제도를 선도적으로 도입한 해양수산부의 김병기 사무관은 그 긍정적인 효과를 이렇게 설명했다.

> 예산처에서는 재정에 대한 논리만 가지고 〔예산편성을〕 했는데, 우리는 대통령 업무보고 한다든지 외부에 업무 설명하는 것과 비교해보면 정책과 예산이 매칭이 되거든요. 그러니까 정책과 거기에 수반되는 돈이 따라가는 식이죠. (…) 재원은 한정되어 있으니 이걸 어떻게 효율적으로 쓸 것인가. 어딘가를 덜어서 희망하는 쪽으로 가야 하잖아요. 그러다보니까 저희들이 항상 정책하고 재정하고 연관을 짓고 있다는 거죠. (김병기, 3면)

과거에는 개별 부처가 기획예산처에 가져가는 예산안에 거품이 많았다. 깎일 것을 미리 계산하여 사업 금액도 부풀리고, 불필요한 사업도 끼워넣기 때문이었다. 그러면 기획예산처에서 대폭 삭감하는 악순환이 반복되었다. 그런데 자율편성을 할 수 있게 되면서 "정책과 거기에 수반되는 돈"을 부처가 직접 결정할 수 있게 되었고, 이에 따라 부처가 추진해온 정책을 더욱 강력하게 밀고 나갈 수 있게 되었다고 김병기 사무관은 말한다. 게다가 한도액이 정해져 있는 만큼 자율결정 과정에서 실·국별로, 과별로 꼭 필요한 사업에 대한 토론을 해서 사업을 조정하게 되는데, 서로 잘 아는 부처 내에서라 토론이 매우 활발해진다고 한다. 또 "항상 정책하고 재정"을 연관지어 생각할 수밖에 없으므로 불필요한 사업이나 부풀리기도 억제된다. 권한이 생기면서 토론이 활발해지고 사업을 추진하는 동력이 발생하며, 재정 효율성이 높아진다는 평가이다.

'총액배분' 권력과 '자율편성' 권력의 힘겨루기

그러나 새로운 제도이니만큼 총액을 배분하는 권한을 가진 기획예산처와 더 많은 예산을 따내고 싶어하는 개별 부처 사이에는 긴장과 갈등이 있게 마련이다. 총액배분 자율편성의 방향에 대해서는 둘다 긍정적으로 평가하면서도 현재 나타나는 이런저런 문제와 그 원인에 대해서는 '총액배분'을 하는 쪽과 '자율편성'을 하는 쪽이 서로의 고충을 내세우며 상대방을 비판하고 있는 실정이다.

나쁜 점은 [총액이] 너무 적기 때문이에요. 예산처 입장에서 보면 큰 그림을 그릴 때는 10~11개 분야가 있지 않습니까? 국방, 복지, 노동, 산업 이런 게 분야별로 쭉 나누어져 있잖아요. 거기에 거의 휩쓸려간다는 거죠. (…) 10~11개 분야의 덩어리 안에서 항상 놀아야 된다는 얘기입니다. 그래서 지출한도의 돈을 줄일 때 부처의 새로운 정책변화 이런 것은 고려를 하지 않고 있죠. 토론회도 하고 설명회도 하지만 여기에서 큰 역할이 안 나와요. 예산처에서 주관적으로 해서 오는 부분이 있다는 얘기입니다. 핵심은, 탑 다운 단점은 지출한도를 줄 때 얼마나 정확히 주었느냐 하는 것이거든요. 그것만 정확하다면 중기[예산계획]와 탑 다운은 좋죠. 그러니까 예산처에서는 한도를 줬다고 하는데 부처는 아니라고 하는 알력이 있는 거죠. 또 하나는 [서로] 못 믿는다는 거죠. 부처는 열심히 해서, 그림을 가지고 열심히 짜냈다고 보는데 예산처 입장에서 보면 이런 게 안 가져오고 다른 분야 갔으니까. 사정(查正)을 하는 기능은 아직 남아 있다는 얘기입니다. 재작년보다는 많이 줄었는데 작년에도 사실 많이 [삭감]했거든요? (…) 부처에 있는 예산 담당 직원들이 힘들죠. 엄청 힘들어졌습니다. 제가 옛날에도 있어봤는데 몇배 이상이 힘듭니다. 왜냐하면 옛날 제도면 1월에서 보통 3월말까지 부처에서 조금 쉬었어요. 그런데 쉬는 시간이 없습니다. 딱 한달, 3월 정도에 한달 쉬는데 나머지는 1년 중에 항상. 예산처는 보니까 시간이 더 많아졌더라고요. 정책개발할 수 있는 시간이 많아졌죠. (김병기, 3면)

해양수산부 재정 담당자인 김병기 사무관이 느끼는 불만은 크게 두가지로 요약된다. 총액이 "너무 적다"는 것과 부처가 짜놓은 예산안을 "못 믿고" 예산처가 아직도 "사정을 하는 기능"을 하면서 부처에서 자율편성한 안을 간섭하고 삭감한다는 것이다.

전자의 문제는 개별 부처는 '거시적 재원배분'의 관점보다는 자기 부처가 더 많은 예산을 따내는 데 관심을 쏟을 수밖에 없으므로, 총액배분 자율편성 제도에 따르는 항시적이고 자연스러운 불만으로 볼 수도 있다. 과도기여서 발생하는 문제가 아니라 제도가 정착된 후에도 늘 있을 수밖에 없는, 총액을 결정하는 권한과 그 한도 안에서 사업안을 짜는 권한을 분산시켜놓은 제도 자체의 상시적 긴장인 것이다. 다만, 총액배분의 결정기준이나 기획예산처의 심의기준을 더 명확히 하고, 장관을 포함하여 개별 부처 공무원들이 공감할 수 있도록 설득하는 과정을 강화할 필요는 있다.

그러나 후자의 문제는 탑 다운 제도를 안착시키기 위해서 앞으로 고민하고 연구해야 할 쟁점들을 안고 있다. 김병기 사무관도 말하고 있듯이, 개별 부처에서 가장 많이 나오는 비판은 심의를 사실상 두 번 받게 된다는 것이다. 총액배분을 하기 전에 그 근거자료로 사업안을 제출해야 하고, 총액배분 한도액이 내려온 다음 거기에 맞추어 예산안을 내면 그대로 인정해주는 것이 아니라 그때 또 심의를 해서 깎는다는 것이다. 요컨대 자율편성 권한이 보장되지 않는다는 말이다. 이러다보니 "공연한 행정낭비"라는 극단적 비판까지 나오고 있는 형편이다.

또 하나, 김병기 사무관은 부처 예산 담당자들이 "옛날보다 몇배는 더 힘들어졌다"고 고충을 토로하고 있다. 이는 명목상 자율편성 권한은 주었으나 그 권한을 제대로 쓸 수 있게 하는 부처의 예산관리능력에는 소홀하다는 것으로 볼 수 있다. 부처별로 예산안을 짜려면 어떤 사업이 우선순위인지, 그 사업에 대한 여론은 어떤지, 성과는 어떻게 평가되고 있는지 등을 고민해야 하고 그러자면 시간과 인력이 필요하게 마련이다. 그러나 담당자들은 자율편성으로 인하여 부처의 일은 늘어나는데 인력을 확충하거나 전문성을 높이기 위한 배려는 없다고 느낀다. 그 대신 예산처는 "정책을 개발할 수 있는" 여유를 가지게 되었다. 김병기 사무관은 이런 어려움을 "예산편성하는 데만도 시간이 모자라 정책방향 분석하고, 의견을 수렴하는 데 시간을 내기가 너무 힘들다"는 말로 요약했다.

이에 대해 기획예산처에 근무하는 정영규 과장은 이렇게 말한다.

> 기획예산처는 어차피 국회에서 예산심의를 받아야 하고 여러가지 사회적인 통제를 받아야 되는 예산이기 때문에, 그런 당위성이나 타당성에 대해서는 제대로 반영되었는지 리뷰하는 기능이 있을 수밖에 없는데, (⋯) 리뷰를 해야죠. 왜냐하면 부처는 각자 편성하는 것이지 전체적으로, 전체 모습 아래 〔하는 것이 아니라〕 이기적이라고 하면 이상하지만, 근시안적인 사업을 먼저 잡아놓고 국가적으로 꼭 필요한 사업은 빼려고 하는 경우가 있어요. 어차피 국가적으로 필요한 사업은 다른 부처에서 하거나, 국회에서 들어가거나 하기 때문에. (정영규, 3면)

정영규 과장은 정부예산안에 대해 총체적인 책임을 지는 것은 결국 기획예산처이고, 개별 부처는 자기 부처의 이익만 생각하고 예산을 짜는 한계가 있으므로 총괄적으로 심의할 수밖에 없다고 생각한다. 총괄조정 기능이 기획예산처의 가장 중요한 업무인데, 개별 부처가 제출한 안을 단순 합계하여 국회에 가져갈 수는 없다는 것이다.

그러면서 개별 부처가 겉으로는 한도액을 맞추면서도 사실은 더 많은 예산을 쓸 수 있는 '꼼수'를 부린다며 그 예로 반드시 넣어야 할 사업을 고의적으로 빼버리는 사례를 들고 있다. 꼭 필요한 사업인데, '우리가 안 넣으면 다른 부처에서 하거나, 국회에서 심의할 때 넣겠지'하는 심산으로 그 사업 대신 다른 사업을 넣어온다는 것이다. 또 법정경비나 필요경비 같은 경직성 경비를 일부러 누락시킨 다음 국회 심의 과정에서 집어넣는 경우도 흔하다고 한다. 그래서 부처별로 한도액을 맞추어 국회에 가져가더라도 법정경비나 필요경비를 인정하고, 정치적 배려에 의한 배정 등이 이루어지면 한도액 설정이 무의미해진다. 현실이 그렇기에 한도액을 맞춘 예산안을 가져오더라도 심의를 할 수밖에 없다는 것이 기획예산처의 입장이다.

제도는 디테일을 다듬으며 계속 만들어가는 것

탑 다운의 경우도 한사람에게 가서 물어봤더니, 아니라고 (해요). "비슷하게 갔다가 다시 돌아왔다" 뭐 이렇게 말하거든요? 그게 시사하는 게 뭐냐면 기본은 제도지만 둘째는 운영이거든요. 예를 들어 탑 다운처럼, 부서가 투명하지 않다든지 문제가 있으면 고양이한테 생선을 맡기는 꼴이 되잖아요. 그러기 때문에 그런 방향으로 안 가게끔 만드는 장치를, 디테일을 계속 만들어가야 하는 거죠. 어느 나라도 아직 완벽한 성과관리라든가 국가재정, 쉽게 말하면 중기재정계획을 완성한 나라는 없어요. 계속 이렇게 수정해가는 것이기 때문에. 우리도 마찬가지로 계속 수정해가야죠. 이걸 만들었다고 끝낸다, 그러면 더 악화될 수도 있거든요. 솔직히 우리한테도 이렇게 '네 맘대로 해라' 이러면, 먹고 쓰는 데만 쓸 수도 있겠죠. 세부적인 지침, 이런 것들은 계속 만

들어가야겠죠. (박민상, 7면)

재정 관련 국책연구소에 있는 박민상 박사는 탑 다운 제도와 관련한 과도기적 혼란, 즉 "비슷하게 갔다가 다시 돌아왔다"고 하는 혼란을 '불가피한 과정'으로 본다. 자율편성의 취지는 옳지만 부서가 투명하지 않으면 고양이한테 생선 맡기는 격이 될 수도 있으므로 발생할 수 있는 여러 문제점들을 염두에 두고 "세부적인 지침"을 하나씩 보완하면서 제도를 완성해가는 수밖에 없다는 것이다.

탑 다운 제도의 성패는 총액을 배분하는 권력과 구체적 사업을 자율적으로 편성하는 권력이 서로를 얼마나 신뢰하느냐에 달려 있다고 볼 수 있다.

개별 부처의 사업결정과정을 더욱 투명하게 하고, 전문성을 제고하여 부처 예산안을 믿을 수 있도록 해야 한다. 그리고 개별 부처가 사업을 심의하고 관리할 수 있는 능력을 강화하기 위해서는 성과관리체계가 더 다듬어지고 정밀해져야 할 것으로 보인다.

기획예산처도 예산심의와 관련하여 과거처럼 세부 사업별로 검토하는 과정을 대폭 조정할 필요가 있다. 무엇보다 기획예산처 내부적으로 예산심의의 기준을 마련해야 한다. 우선 총액배분의 과정에서 구체적이고 명료한 국가적 의제를 형성하고, 합의된 재원배분 기준을 정립해야 하며, 이와 함께 사업심의의 기준을 제시해야 한다. 예를 들어 신규사업은 반드시 재검토한다든지, 법정경비나 필수경비의 누락 여부를 철저히 확인한다든지 하는 분명한 기준과 범위를 설정할 필요가 있다. 그래야 개별 부처가 변화된 제도를 따라갈 수 있다.

총액배분 자율편성의 절차적 장치는 다음에 다룰 국가재정운용계획과 맞물려 재정운용의 틀을 미시적인 사업의 관점에서 거시적인 재원배분의 관점으로 조정하는 매우 중요한 장치이다. 경험과 시행착오를 통해 배우고 수정하고 보완하고 세부를 다듬어가는 길 이외에 제도를 정착시키는 다른 방법은 없다.

3. 국가재정운용계획

국가재정운용계획은 단년도 위주의 예산관리를 극복하고 중장기적 관점에서 예산을 운용하기 위한 제도이다. 재정이 지향할 비전과 우선순위를 관리하면서 미시적인 사업을 통제하자는 데 그 의의가 있다. 따라서 국가재정운용계획은 당해 연도 한도액을 결정하는 총액배분 자율결정 제도와 연계될 수밖에 없다. 또한 중장기적 관점에서 재정의 비전과 우선순위를 수립하는 과정인만큼, 전문가와 관련자, 일반 국민의 의견을 수렴하는 절차를 중요하게 여긴다.

이런 맥락에서 많은 구술자들이 국가재정운용계획의 도입에 대해서 원론적으로 찬성 입장을 보였다. 무엇보다 "큰 틀에서 국가재정의 흐름 내지는 방향성을 논의할 수 있다"는 것이다. 또 개별 부처 입장에서는 당면한 개별 사업을 넘어 중장기적 관점에서 재정을 바라볼 수 있게 하여 재정운용의 책임성을 강화하는 효과가 있다고 한다.

요구하는 부처에서도 "이것만 일단, 무조건 발만 담그고 보자"는 식이었는데 중장기적으로 보게 되고, (…) 국가재정을 생각하게 하도록 합니다. 옛날에 보면 요구하는 데 거품이 많았잖아요? 그래서 어떨 때는 딱 필요한 것만 내놓는 부처는 오히려 손해를 보았고요. 점진적으로 그런 효과가 있지 않겠나 생각하는 거죠. (정영규, 4면)

단년도 예산을 짤 때는 '일단은 따놓고 보자'는 식으로 사업에 목을 매는 바람에 '거품', 즉 낭비요소가 발생했다. 그러다보니 정직하고 알뜰하게 대처하는 부처가 오히려 손해를 보는 역설이 일어나기도 했다. 그러나 적어도 5년 정도는 앞을 내다보고 계획을 짤 수 있게 되면서 개별 부처도 국가 전체의 재정운용 방향을 생각하게 되고, 장기적인 관점에서 사업을 추진해나가는 자세를 가질 수 있게 된다는 것이다.

문제는 구속력이다

그러나 국가재정운용계획의 가장 큰 한계는 구속력의 문제이다.

국가재정운용계획에 대해서는 다 아시다시피 매년 총량지표가 너무 자주 바뀐다는 것. 수지나 수입지출 같은 것들, 부채나 이런 전망치들이 계속 바뀌어왔어요. 그래서 수지는 계속 적자가 늘어나는 식으로 전망이 바뀌어갔고. 예를 들어 당초 2008년에 균형 한다고 하더니 현재 개혁으로는 2008년에 적자가 있는 식으로. 국가채무에 대한 전망도 계속 늘어나는 방향으로, 전년도보다 올해 전망치가 좀더 수정이 되어가고 있죠. (…) 다른 나라에서는 흔히 기준선, 베이스라인(base line)에 대한 전망이 있고 그걸 매년 바꿔가는 체제인데 우리나라는 베이스라인 개념조차 없는 것 같아요. 그러니까 전년도 했던 걸 기반으로 해서 올해 좀 수정하는 식으로 바꾸어야 되는데 우리나라는 매년, 언뜻 보기에는 매년 사업계획을 새로 짜는 게 아닌가 싶어요. 연속성, 사실 국가적인 의미 중에 하나가 '연속성을 보장한다'인데 그런 것은 아직 부족한 것 같아요. (양원석, 4면)

양원석 박사는 말이 중장기계획이지 "매년 사업계획을 새로 짜는 게 아닌가" 싶을 정도로 연속성이 모자란다고 지적한다. 전년도 계획이 다음 연도의 기초자료가 되고, 그에 근거하여 조금씩 계획을 수정해가야 하는데 아무런 구속력 없이 다시 원점에서 계획이 작성된다는 것이다. 바로 1년 뒤를 알 수 없을 정도로 총량지표가 자주 바뀌고, 그러다보니 해마다 원점에서 계획을 세워야 하는 행정낭비도 발생한다. '재정운용의 연속성을 보장한다'는 제도의 기본 취지가 제대로 실현되지 못하는 것이다.

연동계획(rolling plan)인 만큼 수정 보완은 불가피하지만, 구속력이 없으면 수사(修辭)에 그칠 위험이 있다. 중기재정계획을 시행하는 다른 나라의 경우 계획에 따른 구체적인 사업을 제시하고 있으며, 여기에는 구속력이 동반된다. 또 연동계획은 경제성장률 등이 변화될 때 반영하여 조정하는 정도이다.

예를 들어서 중기재정계획을 5년 단위로 세웠다, 그러면 특별한 변수가 없는한 이거는 무조건 지켜야 되는 것이라는 인식을 각 부처 장관들, 기획예산처 장관, 대통령 이하가 다 그런 운영자들의 마음자세를 갖는다면 이것도 굉장히 바람직한 제도죠. 예산의 예측성이라든지 일관성 측면에서 내가 볼 때는 괜찮은 제도예요. 근데 그게 제대로 작동을 하지 못하고 있어요. 그런 면에서 정치권도 책임이 있습니다. 왜냐하면 중기재정계획을 예결위에 보고를 하거든요. 보고를 하고, 그다음에 우리가 깊이 관여해가지고 그걸 가져다가 예를 들어서 A라는 방향인데 B라는 방향으로 틀어놓고, 이런 것은 못하죠. 그런데 정치권과 협의를 어느정도 한단 말이지요. 예결위에 보고를 하고. 그런데 정치인들은 단년도 그해 예산서, 옛날의 틀을 못 벗어나는 거예요. 정치권도 그런 측면에서는 이 제도를 정착시키려고 하는 의지가 별로 없어 보입니다. (신동철, 3면)

국회의 신동철 전문위원은 국가재정운용계획의 구속력과 관련해 더 본질적인 문제를 제기하고 있다. 신동철 위원은 인용된 발언에 앞서 장관이 바뀌거나 대통령의 의중에 따라 계획이 흔들릴 수 있다는 점을 지적하기도 했는데, 그보다 더 근본적인 것은 의원내각제가 아닌 대통령제에서 행정부가 입안한 중장기 재정계획을 국회가 과연 얼마나 인정할 수 있겠느냐의 문제이다. 신동철 위원이 바라는 대로 대통령 이하 각 부처 장관들이 특별한 변수가 없는 한 무조건 지켜야 한다는 자세를 갖추고 있다 하더라도, 국회가 예산심의 과정에서 틀어버리면 별 도리가 없기 때문이다. 여론을 수렴하고 어려운 과정과 절차를 거쳐 아무리 좋은 안을 마련하더라도 국회가 동의해주지 않으면 현실적으로 의미가 없어진다. 그런 점에서 국가재정운용계획이 정착되려면 국회와의 긴밀한 협조가 필수적이다(그래서 이 제도가 대통령제보다는 의원내각제에 적합하다는 지적도 있다).

그런데 신동철 위원이 보기에 국회의원들은 아직도 단년도 예산의 틀을 벗어나지 못하고 있다. 신동철 위원 같은 전문가들이 예산안을 검토하기는 하지만, "A라는 방향을 B라는 방향으로 트는" 수준의 역할은 전문가 몫이 아니라 국회의원, 즉 정치인의 몫이다. 국회의원들이 이 제도의 취지를 이해하고 협조해주지 않으면 국가재정운용계획은 지표로서의 의미가 축소될 수밖에 없는 것이다.

평가하고 분석하고 기획하라

재정개혁 차원에서 도입된 다른 제도들과 마찬가지로 국가재정운용계획도 앞으로 경험이 축적되면서 우리 실정에 맞는 방식으로 진화해갈 것이다. 이와 관련하여 박민상 박사는 다음과 같은 제안을 했다.

기획예산처는 이름 그대로 기획이 앞서야 합니다. 기획, 분석, 평가가 앞서야 하는 거죠. (…) 100만원짜리 넣어라 빼라 이런 거 하기에는 공무원에게 돈 너무 많이 주는 거지요. 그런 일 하기에는. 그보다는 더 큰 관점에서 우리 미래를 위해서 어느 쪽으로 우선순위를 바꿔야 하고, 왜 그쪽으로 바꿔야 하는지, 그리고 그쪽에 가는 예산 중에서 무엇이 지금 낭비되고 있는지 아닌지를 분석할 수 있는 틀, 살펴볼 수 있는 틀, 평가하고 이런 쪽으로 힘을 기울여야 발전이라는 게 있는 거잖아요. (박민상, 7면)

박민상 박사는 국가재정운용계획이 정착되려면 예산기획 기능을 강화해야 한다고 강조한다. 국가재정운용계획의 근본 취지는 "큰 관점에서 우리 미래를 위해서 어느 쪽으로 우선순위를 바꿔야 하고, 왜 그쪽으로 바꿔야 하는지"를 고민하자는 데 있다. 따라서 재정운용계획을 수립하는 담당부처는 "100만원짜리 넣어라 빼라" 지시하는 사업조정권에 연연하지 말고, 정말 고민해야 할 것을 고민해야 한다. 박민상 박사의 이런 주장은 제도개혁 와중에서 나타나는 문제점들, 특히 국가재정운용계획과 그에 연계된 총액배분 자율편성 제도를 둘러싸고 기획예산처와 개별부처 사이에서 빚어지고 있는 갈등양상에 대한 우려이기도 하다. 즉 기획예산처가 정말 고민해야 할 사안은 고민하지 않고, 사업조정권을 활용해 개별 부처를 통제하는 데 안주한다면 재정개혁이 차질을 빚을 수도 있다는 경고이다.

이와 관련해 국가재정계획이 어느 정도까지 구체적으로 작성되어야 하는지 기준을 정할 필요가 있다. 또 그 기준은 예산편성과 반드시 연계되어야 한다. 앞으로 국가재정운용계획은 재정운용의 기본 방향을 설정하는 지침, 그리고 당해 연도의 한도액을 결정하는 기준으로서의 역할을 더 분명히 확보해나가야 할 것이다.

4. 재정사업 성과관리체계

　재정사업 성과관리체계(PART: Program Assessment Rating System)는 예산이 투입된 사업이 목표한 성과를 제대로 달성했는지 평가하여 그 결과를 다음해 예산 증감에 반영하는 제도이다. 사업을 진행한 각 부처가 정해진 16개 항목의 성과지표에 의거 자율적으로 평가하여, 기획예산처의 성과관리본부에 제출하게 되어 있다. 그러면 기획예산처는 그것을 근거로 다음해 예산을 늘리거나 줄인다. 이는 사업부서에서 확실하고 구체적인 목표 없이 '전년 대비 몇 퍼센트 증가' 같은 외형적이고 양적인 기준에만 의존하여 사업을 시행하는 관행을 벗어나 내실있게 사업성과를 관리하도록 하려는 장치이다. 취지대로라면 개별 공무원의 주관적 판단으로 말미암은 편차를 줄이고 예산사업의 증감을 계량적으로 판단할 수 있는 근거를 확보할 수 있으며, 예산사업을 점검할 수 있는 체크리스트로서의 역할도 기대할 수 있다.

　모든 활동에는 평가가 뒤따르고, 또 그래야 한다. 시행착오로부터 배울 수 있고 발전할 수 있기 때문이다. 파트(PART) 이전에 재정사업에 대한 평가나 성과관리체계가 없었던 것은 아니다. 오히려 평가나 성과관리체계가 너무 많고, 자주 바뀐 게 문제라고 할 수 있을 정도이다. 김대중 정부 이후 신자유주의적 행정개혁 장치가 도입되면서 성과주의 예산, 성과관리체계, 균형성과표(BSC: Balanced Score Card) 등 시행착오에 가까운 변화들이 있었다. 파트가 이전의 평가체계와 구분되는 점은 우선 그 결과를 다음해 예산과 연계시킨다는 것이다. 그러다보니 예산배정에서 불이익을 받지 않으려면 사업부서의 책임감이나 목표의식이 높아질 수밖에 없다. 또하나, 파트는 탑 다운과 조응하는 체계를 갖추고 있다. 즉 개별부처가 총액 한도 내에서 사업을 자율편성한만큼 평가도 같은 방식으로 진행되게 한 것이다.

평가의 객관성을 어떻게 확보할 것인가

옛날에는 그냥 일 시작하면 인수인계 받아서 하면 되는 것이었는데, 이제는 목표를 세워야 되고 그 목표를 조금은 염두에 둬서 하게 되니까. 물론 그 자체가, 성과관리가 근본적으로 한계가 있잖아요. 목표를 조금 낮게 설정한다든지 달성하기 쉬운 과제를 선택한다든지 이런 근본적인 부작용은 있겠지만 옛날과는 달라졌다는 거죠. 뭔가를 목표에 두고 해야 되고, 그게 예산사업이랑 연계가 되는 부분이 많으니까요. (원종관, 3면)

기획예산처의 원종관 사무관은 파트가 업무수행 방식에 긍정적인 변화를 가져오고 있다고 평가한다. 물론 획기적이라고 할 만한 수준은 아니다. "목표를 조금 낮게 설정한다든지 쉬운 과제를 선택한다든지" 하는, 성과관리에서 흔히 나타나게 마련인 "부작용"은 있지만 옛날보다는 훨씬 나아졌다는 것이다.

그러나 그런 긍정적인 변화에도 불구하고 탑 다운에서 나타나는 문제점과 거의 비슷한 문제가 파트에서도 나타나고 있다. 즉 기획예산처 성과관리본부에서 개별 부처가 제출한 평가서를 다시 심의하기 때문에 개별 부처에서는 그 점을 미리 감안하여 평가를 부풀리는 양상이 나타나고 있다는 것이다. 이는 예산실에서 예산을 일일이 삭감하던 시절, 개별 부처가 그것을 미리 감안하여 예산 부풀리기를 했던 것과 비슷한 현상이다. 사례를 살펴보면 A부처 자체 평가로는 93.3점으로 평가된 사업이 기획예산처의 재검토 결과 35.0으로 조정되었다. 또 부처 내부평가 점수는 대체로 90점을 상회하는데, 기획예산처의 검토 결과는 40~60점대에 분포하고 있다.

　이런 문제가 나타나는 데는 두가지 원인이 있다. 하나는 개별 부처가 '자율적으로' 평가한다는 체제의 문제이다. 활동의 주체가 자기의 활동을 평가하니 아무래도 객관성에 한계가 있을 수밖에 없다. 이처럼 '자율평가'의 결과를 믿을 수 없다보니 기획예산처의 성과관리본부가 원점에서 다시 평가를 하게 되는데, 이는 중복 비용을 발생시키는 낭비이다. 또 하나, 파트에 따른 평가 결과는 기획예산처에서 예산을 증감하는 근거자료가 될 뿐만 아니라 국무조정실에서 진행하는 정부업무 평가의 예산항목 자료가 되어 부처 평가에도 적지않은 영향을 미친다(국무총리실 산하의 국무조정실은 부처별로 정부업무 평가를 실시하는데, 그중의 '예산' 항목 평가를 파트 평가로 대체하고 있다). 요컨대 평가 결과가 개별 부처에 상당한 영향을 미치는데, 평가의 객관성을 담보하는 장치는 허술하다보니 왜곡이 발생하는 것이다. 개별 부처에서 파트 작업을 하면서 외부 전문가를 포함시키지만 부처에서 선정한 외부 전문가가 얼마나 객관적으로 엄정한 평가를 할 수 있을지는 여전히 의문이다.

성과지표부터 내실화해야 한다

　국책연구소의 양원석 박사는 파트와 관련해 객관성과는 또다른 중요한 문제를 제기했다.

　일전에 재경부에서 성과지표라고 해서, 국무조정실에 요구해서 성과지표를 만들었다고 보여줬는데, 보니까 대충 한 것 같더라고요. 정성을 들여서 만들었다는 느낌이 안 들어요. 거기서 보고 싶은 것은 사실, 부처 공무원들의 고민 같은 것이에요. 자기네들이 하는 일이 궁극적으로 무엇을 얻고자 하는 것이고, 그거를 과연 얻었는지 못 얻었는지를 나중에 알기 위해서는 어떤 지표를 사용해야 하고 그 과정에서 굉장히 많은 고민을 했어야 할 것 같은데 성과지표 만들어온 것 보니까 너무 대충대충 만든 것 같아요. 그러니까 진실한 의미에서 성과관리가 제대로 되기 위해서는 개별 공무원, 담당자들이 자기네들의 미션에 대해서 다시 검토를 하고 그래야 되는데 그게 참 잘 안되고 있다는 느낌이 들어요. (…) 부처장, 장관 이런 고위층 차원에서부터 많은 논의를 거쳐서 만들어야 하는데 그런 고민들이 없는 것 같고. 파트는 잘은 모르지만 바로 예산에 연결되니까 성과가 있긴 있는 것 같은데, 그렇게 성과지표도 제대로 안된 상황에서 얼마나 잘될지 모르겠어요. (양원석, 5면)

양원석 박사는 성과관리가 제대로 되려면 우선 지표가 현실적이어야 한다는 점을 지적하고 있다. 제3자가 성과지표를 보더라도, 그 속에서 "부처 공무원들의 고민"을 읽을 수 있는 정도가 되어야 하고, 그런 지표가 나오려면 담당자들뿐 아니라 장관까지 함께 참여하는 진지한 논의가 필요할 것 같은데, 지금의 지표를 보면 충분한 논의도 없이 문서작업으로 대충대충 만들어진 것 같다는 얘기다. 해당기관의 비전과 목표를 반영한 성과지표가 사전에 제시되고, 이를 근거로 집행되고 그 결과가 평가되어야 하는데 말하자면 첫단추가 잘못 끼워지는 셈이다. 그러다보니 국무조정실의 정부업무 평가, 기획예산처의 재정사업 평가, 그 밖에 각종 혁신 평가 등 이런저런 평가는 많은데 "모두가 비슷하고 어느 것 하나 제대로 되는 것은 없다" "일하는 시간보다 평가받는 시간이 더 많다"는 비판도 나오는 실정이다.

사기업은 사업의 평가 기준이 상대적으로 단순하다. 이윤의 극대화가 궁극적인 목표이기 때문이다. 그러나 정부는 다양한 목표를 추구해야 한다. 더 큰 문제는 이러한 목표들이 상충한다는 점이다. 예컨대 민주적인 의사결정을 중시하면 능률성이 저하되는 딜레마가 있다. 그런 점을 고려하면, 결과적으로 일정한 점수 이상이 나오면 예산을 올려주고 이하면 삭감하는 단선적인 평가 반영 방식도 문제라고 볼 수 있다. 예컨대 아주 중요한 연구사업인데 인력과 예산을 충분히 지원하지 못해 성과가 낮게 나올 수도 있다. 이럴 경우 평가 점수만을 기준으로 다음해에 예산을 삭감할 것이 아니라 오히려 증액시켜야 할 것이다. 성과의 평가는 단순히 점수를 매기는 과정이 아니라 성과가 낮은 이유를 분석하는 과정이 되어야 한다.

재정사업 자율 평가가 정착되려면 평가지표를 "자기네들이 하는 일이 궁극적으로 무엇을 얻고자 하는 것이고, 그것을 과연 얻었는지 안 얻었는지를" 알 수 있도록 내실있게 만들어야 한다. 행정관리용 지표와 사업성과 지표를 구분하는 방안도 필요하다. 예컨대 '사업 진행 과정에서 모니터링을 제대로 했는가'와 '설정한 목표를 달성했는가'는 지표의 의미가 다르니 그 활용도 달라야 한다. 평가를 위한 평가가 아니라 실제 예산사업의 관리 효율성을 제고하고, 사업 집행 과정에서 사업성과를 관리하는 체계로 정착되어야 한다. 양원석 박사도 강조하듯이, 이를 위해서는 무엇보다 개별 부처 예산 담당자들이 깊이 고민해야 한다.

국회가 정부의 성과관리를 관리해야 한다

한편 국회 예산정책처의 박기택 국장은 행정부를 견제하는 국회 본연의 역할에 입각하여 파트에 관한 견해를 밝혔다.

저희 나름대로 입장을 정리했는데, 파트는 행정부가 자체적으로 재정사업의 효과 내지는 성과를 평가하는 것이고, 우리는 이제 GPRA적 정신으로 가야 한다는 것으로 저희 사업평가국도 입장을 정리해서, 정부업무평가기본법에 따른 성과계획서의 제출, 그다음에 결과보고서의 제출, 국가재정법에 따라서도 또 성과계획서를 제출하게 되어 있는 모든 과정에서 국회가 정부의 성과관리를 관리하고 상위평가하는 쪽으로 해보려고 합니다. (…) 그게 되면 과거 투입 위주의 예산에 비해서는 성과 내지 결과에 대한 사회적 논의가 일어날 것이기 때문에 그런 면에서 분명히 효과가 있을 것이라고 생각합니다. 이제 하반기에는 부처·청별로 평가할 것입니다. 그래서 순위도 매길 것이고요. 그래서 어디가 제대로 구체적으로 했다는 걸 보여주고, 사례도 제시하는 역할을 해보려 합니다. (박기택, 4면)

박기택 국장은 파트가 결국 행정부의 자체평가서인만큼 국회 예산정책처는 "GPRA적 정신으로" 가겠다고, 다시 말해 "정부의 성과관리를 관리하고 상위평가"하는 방향으로 가겠다고 말한다.

1993년 클린턴정부 출범기에 미의회는 과정이나 절차가 아니라 결과와 성과 중심으로 행정부를 평가하는 법률을 제정했다. 그것이 바로 GPRA(Government Performance and Results Act)이다. 미국은 감사원[3]이 의회에 소속되어 있는데, GPRA는 감사원이 감사 방향을 합법성 감사에서 정책과 성과 감사로 전환하는 계기가 되었다. 뒤이어 들어선 부시 행정부는 GPRA라는 큰 틀 속에서 재정사업을 평가하는 체계를 도입했고, 우리가 시행하는 파트도 그것을 본뜬 제도이다. 미 의회가 성과와 결과의 관점에서 행정부를 통제하기 위해 도입한 제도가 GPRA라면, 파트는 부시행정부의 성과관리체계라고 할 수 있다(이는 부시정부 이후에는 파트가 폐기될 수도 있다는 말이다).

따라서 "국회예산처는 GPRA적 정신으로 가겠다"는 박기택 국장의 말은 권력분립의 원칙으로 볼 때 행정부가 벌인 사업을 최종 평가하는 권한은 국회에 있으며, 국회는 정부의 평가체계인 파트와는 구분되는 별도의 상위평가모형을 개발할 의무가 있다는 뜻이다. 즉 정부의 성과관리를 관리하는 방향으로 역할을 강화하겠다는 것이다. GPRA는 물론이고, 감사원(Government Accountability Office)이 위험이 내포된 사업을 별도로 평가하여 고위험사업에 대한 보고서를 발간하는 미 의회의 행정부 평가체계를 생각하면, 국회의 역할을 강화하겠다는 박기택 국장의 견해를 다른 누구보다 국회의원들이 경청했으면 하는 바람이다.

5. 프로그램 예산과목체계의 도입

종래 우리 예산안의 분류체계는 장, 관, 항, 세항, 목의 순서로 구성되었다. 새로 도입된 프로그램 예산과목체계는 이것을 분야, 부문, 프로그램, 단위 사업, 목 순서로 바꾼 것이다.

이 체계의 도입에 직접 참여한 박민상 박사는 이러한 변화의 의미를 다음과 같이 요약했다.

〈표 19〉 예산과목체계의 변화

종전			개선 후		
기능별	장	26개	기능별	분야	16개
	관	76개		부문	68개
조직 · 사업별	항	718개	Program-Activity별	프로그램	1043개
	세항	2411개		단위사업	3594개
	세세항	8038개			
경비 성질별	목	49개	경비 성질별	목	23개
	세목	102개		세목	90개

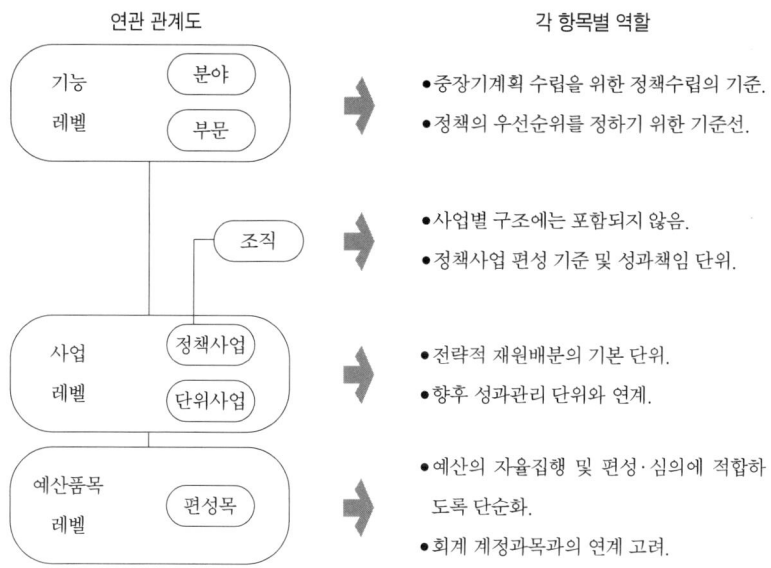

〈그림 4〉 프로그램 예산과목체계의 특징

연관 관계도 · · · 각 항목별 역할

기능 레벨 — 분야 / 부문
- 중장기계획 수립을 위한 정책수립의 기준.
- 정책의 우선순위를 정하기 위한 기준선.

조직
- 사업별 구조에는 포함되지 않음.
- 정책사업 편성 기준 및 성과책임 단위.

사업 레벨 — 정책사업 / 단위사업
- 전략적 재원배분의 기본 단위.
- 향후 성과관리 단위와 연계.

예산품목 레벨 — 편성목
- 예산의 자율집행 및 편성·심의에 적합하도록 단순화.
- 회계 계정과목과의 연계 고려.

목(目)별로 하니까 어디에 쓰는지를 모르겠다, 국가 미션대로 한번 해보자. 국가 미션이라는 게 국방·교육·복지·의료 이런 기능이 있다면, 어디에 썼는지 우리가 알고 싶다, 큰 그림에서. 이래서 나온 거니까 그 목적에만 맞는다면, 그것만 잘 준수해준다면 문제는 없겠죠. (박민상, 11면)

국가의 주요 기능을 기준 삼아 크게 분야를 나누고, 단위사업별로 예산서를 작성하는 프로그램 예산체계는 박민상 박사가 말하듯이 "어디에 썼는지"를 쉽게 알 수 있게 해준다. 예산서를 통해 거시적 추이를 이해할 수 있다는 뜻이다.

이처럼, 예산의 분류체계를 바꾸게 된 가장 중요한 목적은 예산의 가

<표 20> 프로그램 과목에서 예산서의 체계 변화

	장·관·항·세항·세세항	목	예산액	산출 기초	
현 행	3332 도로관리		22,779,000		
	220 자체사업		5,766,000		
		401 시설비 및 부대비	5,766,000		
			5,766,000	01 시설비	
				A구간	1,586,000
				－시설비	1,586,000
				B구간	2,890,000
				－설계용역	80,000
				－토지매입	2,810,000
				C구간	995,000
				－토지매입	995,000
			271,000	02 감리비	
				A구간	271,000
			24,000	03 부대비	
				A구간	9,000
				B구간	10,000
				C구간	5,000

	조직	정책사업	단위사업	편성목	예산액	전년도(기정)	비교 증감
개 편 후	도로과						
		일반도로건설			22,779,000	21,179,000	1,600,000
			ABC도로		5,766,000	5,166,000	600,000
				시설비 및 부대비	5,766,000	5,166,000	600,000

독성(可讀性)을 높이기 위해서다. 예전처럼 품목별 예산체계로 작성된 예산서는 아무리 봐도 사업을 파악하거나 이해할 수 없었다. 그러나 프로그램 예산과목체계로 작성한 예산서를 보면 이제 어느 분야에 돈이 얼마나 쓰이는지, 어떤 단위사업이 있고 그 사업에 돈이 얼마나 들어가는지를 쉽게 파악할 수 있다. 또한 지금까지 우리가 살펴온 재정개혁과 관련한 여러 새로운 시도들도 예산과목체계에 나타나게 된다. 즉 분야와 부문에서는 중장기계획이 반영된 우선순위가 나타나며, 프로그램과 단위사업에서는 구체적인 사업이 나타난다. 그리고 그것이 성과지표와 연

계된다.

재정민주주의의 관점에서 보면, 시민이 예산서를 통해 정부의 활동을 이해하고 정치적 책임을 물을 수 있는 제도적 장치를 개발하는 것이 대단히 중요하다. 그런 의미에서 어렵고 복잡한 예산서를 국민이 쉽게 이해할 수 있는 프로그램 예산서는 재정민주화에 크게 기여하는 장치이다. 또한 자금을 집행하는 회계 담당관에게 편리한 예산서가 아니라 실제로 사업을 수행하는 공무원에게 도움이 되는 예산체계라고 할 수 있다.

또하나 중요한 특징은 프로그램 단위로 예산을 편성할 때는 사업단위가 개별 부처에서 결정되고, 수정·보완되어야 한다는 점이다. 특히 장기적으로는 사업 단위별로 원가계산과 성과관리가 되어야 한다.

그러나 과목체계의 변경이 실제로 목표한 변화를 낳고 있는지에 대해서는 확인하기 어려웠다. 도입된 지 얼마 되지도 않았거니와 예산과목체계 자체가 예산구조에 대한 전문 지식을 필요로 하는 것이어서 구술자들이 크게 관심을 가지지 않았기 때문이다.

우리시대 희망찾기

5장

누가 우리의 세금을 지킬 것인가

시민이 나라살림에 참여해야 한다

국가의 재정은 규모나 용처, 고려해야 할 변수가 한 가계의 살림살이와는 감히 견줄 수 없을 만큼 크고 복잡하다. 그러나 나라든 가정이든 살림살이를 알뜰하게 꾸려가는 근본 원리는 서로 다르지 않다. 가정에서 신혼기, 육아기, 자녀 성장기, 노후 준비기 같은 가족의 생애주기에 맞추어 지출과 저축 계획을 세우듯, 한 나라도 성장과 발전의 단계에 따라 지출의 우선순위를 조정한다. 알뜰한 주부가 과소비나 충동구매, 무계획적인 소비를 안하듯이 나라살림에 관여하는 여러 공복들도 예산낭비를 항상 경계하고 점검해야 한다. 가계의 수입이 똑같더라도 살림을 어떻게 하느냐에 따라 어떤 집은 넉넉하고 어떤 집은 빚을 지듯이, 국민의 공복들이 얼마나 알뜰하고 책임있게 나라살림을 건사하느냐에 따라 재정의 건전성과 효율성도 달라질 수밖에 없다.

국민은 나라살림, 즉 국가재정의 유일한 부양자이다. 다만 나라살림은 크고 복잡하기에 그 살림살이를 공복에게 위임한다. 이제 마지막으로 국민의 위임을 받아 나라살림에 관여하고 있는 공복들, 즉 국회, 감사원, 기획예산처,[1] 전문연구기관 등의 살림살이 능력을 점검하고, 나아가 나라살림의 부양자인 국민들이 이들 공복들을 제대로 부리고 있는지를 살펴보고자 한다.

1. 국회

국회는 정부가 예산안을 제출하면 먼저 16개 상임위원회에서 예비심사를 하고, 예비심사가 끝난 뒤에는 예산결산특별위원회에서(이하 예결위) 종합심사를 하여 예산안을 의결한다. 재정민주주의 관점에서 보면, 이러한 절차는 국민의 대표인 의회가 집행자인 정부에 재정동의권을 부여하는 과정이라고 정의할 수 있다.

그런데 알다시피 우리나라에서 국회는 오랫동안 행정부의 '시녀'라거나 '들러리' '거수기'라는 조롱을 들어야 했다. 권위주의체제 아래서, 강력한 권한을 가진 대통령이 이끄는 행정부가 사실상 국회를 지배했기 때문이다. 국회가 헌법에 규정된 본연의 권한을 되찾기 시작한 것은 1987년의 민주화 이후였다. 민주주의가 진전되면서 조금씩 제자리를 찾아가던 국회는 특히 정치개혁에 대한 열망이 분출했던 17대 국회에서 국민들의 큰 기대를 받았다. 초선의원들이 대거 진출하여 의정문화를 바꿔보자는 분위기를 진작시켰고, 진보정당인 민주노동당이 의회에 진입했다. 국회의원들의 전문성을 강화해야 한다는 목소리도 어느 때보다 높았다. 그러면 이러한 변화가 국회의 가장 중요한 역할 가운데 하나라고 할 수 있는 예산안 심의에 긍정적인 영향을 주었을까?

안하는 게 아니라 못한다

국회 한 상임위원회에서 일하고 있는 신동철 전문위원은 국회의 권한
이 강화되면서 예산심의권도 강화되었다고 평가했다.

> 지금은 옛날하고 달라가지고 국회의 힘이 굉장히 세졌어요. 작년에 예산안
> 심사를 할 때도 의원들이 야당 여당을 가리지 않고 예결위 소속 또는 전문위
> 원실에서 나온 자료에 상당히 의존했고, 또 신뢰를 보내고 있어요. 그런 차원
> 에서 보면 국회 입장에서 예산정책처도 생겼죠. 예산정책처는 연수로는 얼
> 마 안되지만 어느정도 자리를 잡아가면서, 국회는 국회 나름대로 상임위와
> 예결위에서 옛날에 비해 훨씬 전문성을 가진 인력들이 예산을 감시하고 있고
> 요. 그 다음에 의원실의 보좌관, 비서관 들도 훨씬 뛰어난 인력들이 예산이라
> 든지 정부 실정에 대해서 통제를 하고 있기 때문에 예산편성권을 안 가져와
> 도 충분히 통제 측면에서는 잘해나갈 수 있지요. (신동철, 7면)

신동철 전문위원은 의원들의 관심이 예전에 비해 높아졌고, 예산정책
처가 생기면서 예산 관련 자료들도 풍부해지고, 의원실의 보좌관이나 비
서관도 예전에 비해 전문성이 높아졌다는 점을 들어 국회의 예산심의능
력이 높아졌다고 본다. 그러나 그와 다른 평가도 있다.

> 민주화과정에서 국회의 역할이 계속 커온 것은 사실인데, 실제 예산심의시에
> 국회가 얼마나 정책의 우선순위를 조정하고 큰 예산 항목을 조정한지에 대해
> 서는 다소 부정적인 시각이에요. 국회의원들께서 정치 현안에 몰입되어 있

어요. 지역구사업, 일부 헛바람 문제 같은 거죠. 그 외에 거시적 시각에서 국가의 장래를 길게 내다보고 자원 배분·조정하는 역할을 아직까지 못하고 있는 상황이에요. (이재명, 2면)

이재명 전문위원도 국회 상임위원회에 소속되어 있다. 그런데 그는 국회의 권한이 커지고 예산심의가 더 합리적으로 변했으나 강화되었다고는 생각하지 않는다. "정치 현안" "지역구사업" 등에 매몰되어 국회의원의 가장 중요한 본분이랄 수 있는 법률제정이나 예산심의, 국정감사 등에서는 특별히 나아졌다고 볼 수 없다는 것이다. 특히 예산과 관련해서는 국회가 "국가의 장래를 길게 내다보고 자원배분 조정 역할"을 하는 게 매우 중요한데 아직 제대로 못하고 있다고 평가한다. 그나마 국정감사라도 제대로 하면 현장심의라는 의미가 있을 텐데 기관장 불러다놓고 여야간에 정치적 설전을 주고받거나, 예산과 아무 상관없는 사안으로 자기 홍보성 발언을 하느라 그조차도 제대로 안되는 경우가 많다.

신동철 전문위원은 과거와 비교해서 상대적으로 나아진 점에 주목한 반면, 이재명 전문위원은 마땅히 해야 할 규범적 역할을 기준으로 삼다 보니 평가가 서로 다른 것으로 생각된다. 정창수 보좌관은 여기서 더 나아가 "(예산) 통제를 안하는 게 아니라 못하는 것"이라고까지 비판했다.

통제 안하는 게 아니라 못하는 것 같아요. 그러니까 너무 거대해진 재정과 관료체계를 건드리지 못하고 사소한 것 가지고 싸우고 있죠. 그리고 관료들은 어떻게 보면 보다 본질적인 문제에 접근하지 않게 하기 위해서 예산을 활용하는 것도 제가 봤습니다. 예를 들면 '예결위원 주요 관심사업', 그런 식으로 해서 비공식 문건을 만들어서 주는 거죠. 당신 지역구에는 이러이러한 사업〔이 있다〕. 몇조 정도 여유있게 예산을 짜놓은 다음에 그 돈을 주는 형식으로.

대신 전체적인 문제에 대해서는 넘어가자. 그러다보니까 재정 수정률이 1% 남짓밖에 되지 않는 게 바로 그런 거예요. (…) 현재 관료의 파워가 아직도 세요. 그래서 자기네들이 여태까지 해오던 방식을 국회에 잘 넘겨주려고 하지 않아요. 각 상임위에서 대개 3% 범위 내에 일부 조정하는 방식이고, 예결위에 가서도 대폭 예산을 조정하지 못하고 있는 현실이잖아요. (정창수, 6면)

정창수 보좌관은 그동안 지켜본 경험에 따르면 행정부의 '선수'들인 관료를 상대하기엔 국회의원들이 역부족이라고 평가한다. 관료들은 훨씬 많은 정보를 가지고 있을 뿐 아니라 "본질적인 문제에 접근하지 않도록" 하기 위해 의원들을 '요리'하는 방법까지 꿰고 있다. 예결위에 소속된 의원들의 지역구사업을 따로 파악해 특별히 챙겨줌으로써 "전체적인 문제에 대해서는 넘어"가도록 한다. 그러다보니 재정 수정비율, 다시 말해 정부가 짜온 예산안에 손을 대는 비율이 1%대를 넘지 못한다.[2] 말이 심의이지 행정부 관료들이 짜온 안을 추인하는 수준을 넘지 못한다는 비판이다. 물론 수정비율이 그 자체로 의회의 심의능력과 비례하는 것은 아니다. 그러나 행정부 안을 의회가 그대로 통과시키는 의원내각제과 달리, 철저히 심의해야 하는 대통령제 아래서는 수정비율이 심의능력과 상당한 연관이 있다고 할 수 있다. 우리와 같은 대통령제인 미국은 의회에서의 수정비율이 우리보다 훨씬 높다. 정부는 말 그대로 초안을 제출할 뿐 실질적으로 편성하는 것은 의회이므로 그만큼 꼼꼼하게 심의하고 수정비율도 높은 것이다.

관료의 벽을 뚫지 못하는 점에서는 입법전문위원을 비롯한 국회 소속 공무원들도 마찬가지이다.

예산편성, 너무 큰 문제이죠. 미국은 행정부에서 예산편성을 해오지만 실질적인 예산심의확정권, 편성권까지도 의회에 있어요. 모든 권한이. 우리는 헌법체제가 그렇게 안되어 있기 때문에 지금 편성권을 인정해줄 수밖에 없는데, 그걸 '미국처럼 하자'고 한다면 (…) 헌법이 1948년에 만들어지고 계속 응용해온 것인데 그렇게 큰 것을 흔들어버리는 건 조금 어렵지 않을까요…….
(신동철, 7면)

신동철 전문위원은 예산편성권까지도 의회가 실질적으로 가지고 있는 미국을 예로 들며 앞으로 우리 국회도 그런 수준까지 나아가야 하지 않겠느냐는 물음에 "그런 큰 것을 흔들기는 어렵다"고 대답했다.[3] 국회의 권한 강화를 긍정적으로 평가하고 앞으로 더 나아질 것이라고 낙관하는 신동철 전문위원도 그런 수준까지는 꿈꾸지 않고 있다는 뜻이다. 예산편성, 계획수립 등의 일차적 권한을 행정부에 두고 있는 현재의 틀 안에서 상대적인 개선을 꾀할 뿐, 그 틀 자체를 깨뜨리는 전면적인 변화까지는 엄두를 내지 못하는 것이다. 무엇보다도 현재 국회 내의 예산 관련 공무원 인력은 규모나 전문성 면에서 행정부 소속 관료와 상대가 안된다. 또한, 국회의원들이 "거대해진 재정과 관료체계를 건드리지 못하고 사소한 것 가지고 싸우고" 있는 마당에, 아무리 전문인력이라고는 하나 국회 내의 공무원들이 그 일을 대신할 수는 없는 노릇이다.

예산심의 법정기한을 현실화하자

헌법 제54조 ②항은 "정부는 회계연도마다 예산안을 편성하여 회계연도 개시 90일 전까지 국회에 제출하고, 국회는 회계연도 개시 30일 전까지 이를 의결하여야 한다"고 규정하고 있다. 즉 늦어도 매년 12월 2일에는 예산을 국회에서 통과시켜야 한다. 그래야 행정부가 미리 준비하여 새로운 회계연도인 1월 1일이 되었을 때 바로 집행할 수 있게 된다. 그러나 우리 국회의 실정은 어떠한가? 12월 2일은 예산을 통과시키는 날이 아니라 예산 투쟁 선포일에 가깝다.

사실 야당 입장에서 보면 예산은 정기국회에서 전술적으로 가장 좋은 협상 수단이다. 반드시 통과시켜야 하는 여당과 행정부로서는 시간을 끌

〈표 21〉 1980~90년대 예산안 처리 상황

연도	주요 사건	처리 결과
1981	민한당, 국민당: 교육세 반대 VS 민정당: 국회법 개정 반대	표결 통과
1982	쟁점없음	만장일치 통과
1983	쟁점없음	표결 통과
1984	지방자치, 노동관계법, 언론기본법 처리로 12일간 공전	표결 통과
1985	고대 앞 사건으로 신민당 의원 구속(920일간 공전), 국무총리 출석문제로 쟁점, 김영록 국회부의장 선출 파동(9일간 공전), 조감법 등 예산 부수법안 단독 처리	여당 단독 처리
1986	유성환 의원 국시발언 파동으로 구속(5일간 공전)	여당 단독 처리
1987	대통령 중심 직선제 개헌안: 단축 국회	여야합의
1988	농어가 부채탕감에 대한 입장 차이로 야당 분열	표결 통과
1989	5공청산과 연계 투쟁	법정기한 경과
1990	3당통합 반발, 지자제 실시안으로 투쟁 (국군조직법 등 날치기 파동)	졸속, 날림 처리
1991	선거를 앞둔 부실 국회	날치기 처리
1992	지자제 논쟁(917일간 공전), 14대 대통령 선거로 단축	표결 통과
1993	안기부법 개정, 추곡수매가로 논쟁	계수조정 없이 날치기 처리
1994	성수대교 붕괴로 공전(3일), 12·12공방으로 공전(20일)	날치기 처리
1995	전두환, 노태우 대통령의 비자금 사건 공방	날치기 처리
1996	OECD 가입 비준안 처리 논쟁	날치기 처리
1997	금융개혁법 처리 문제	날치기 처리
1998	총풍수사 처리 문제	날치기 처리
1999	'언론 장악 문건' 폭로전	날치기 처리

* 자료: 이원희『새 열린 행정학』, 고시연구사 2007, 581면.

수가 없기 때문이다. 그래서 예산안이 예산 그 자체의 논리로 심의되거나 의결되지 못하고, 정치투쟁의 볼모가 되어 '심의 거부' 당하거나, '날치기 처리' 되기 일쑤였다. 〈표 21〉은 1980년대와 1990년대 정치투쟁의 와중에서 예산이 어떻게 표류했던가를 한눈에 보여준다.

17대 국회에서는 젊은 국회의원들을 중심으로 법정기한을 지켜보자는 목소리가 나왔지만, 오히려 예전에 비해 지연일수가 더 늘어났다. 예결위가 상설화된 2001년 이후에도, 예결위가 매년 별도로 구성되던 시기에 비해 상황은 전혀 나아지지 않았고 오히려 더 나빠졌다(〈그림 5〉 참조).

대화와 타협, 절충에 서투른 정치인들의 수준이 물론 문제이고 예산안을 정치투쟁과 연계시키는 의원들의 오랜 관행도 고쳐야 한다. 그러나 이 모든 책임을 국회의원들에게 돌리는 것도 공정한 처사는 아니다.

우선 우리나라의 경우 심의기간이 비현실적으로 짧다. 국회에서 예산안을 심의할 수 있는 기간은 60일에 불과하다. 미국의 240일에 견주면 4분의 1에 지나지 않는다. 이는 권위주의 시절의 유산이다. 제3공화국에서 국회의 권한을 축소하기 위해 심의기간을 대폭 축소했던 것이다. 앞으로 개헌이 논의될 때 국회의 예산심의 일정을 늘리는 문제를 반드시 포함시켜야 한다. 아울러 회계연도 개시 30일 전까지 예산심의를 마치도록 해놓은 것도 행정부 중심의 일정이다. 다음 연도 집행을 위해 준비기간이 필요하다고는 해도 30일은 너무 길다. 이 시간을 가능한 한 줄여서 국회 심의기간을 늘리는 노력이 요구된다.

제도에 결함이 있기는 하나 그렇다고 의원들이 책임을 면할 수 있는 것은 아니다. 현재의 여건에서라도 법정기한은 지켜야 한다. 국회에서 헌법을 지키지 않는 것은 전체적으로 법적 의무감을 해이하게 할 우려가 있기 때문이다. 비현실적인 법이라고 하더라도 현재의 법규범을 준수하는 노력을 해야 한다. 민주주의혁명을 통해 예산의 통제와 이를 위한 절

* 기획예산처 및 국회 예산결산위원회 자료를 재구성.

차가 정립되었다는 사실을 상기하면, 예산과정은 한 나라의 민주주의 수준을 판단하는 주요한 기준 가운데 하나이다. 국회는 예산심의 과정에서 민주적 절차를 가장 모범적으로 준수해야 한다.

한편, 국회의 예산확정 지연과 관련해 빠트릴 수 없는 중요한 문제가 있다. 국회의 예산확정이 늦어지면 지방자치단체도 그 피해를 고스란히 떠안게 된다. 광역·기초 자치단체는 중앙정부의 보조금을 재원으로 예산을 책정해야 하므로 중앙정부의 예산확정이 늦어지면 지방자치단체도 곤란해진다. 이런 문제를 방지하기 위해 중앙정부, 광역자치단체, 기초자치단체가 회계연도를 달리하는 것도 생각해볼 만하다. 예컨대 중앙정부가 1월 1일부터 회계연도를 시작하면, 광역자치단체는 2월 1일, 기초자치단체는 3월 1일부터로 잡아, 중앙정부에서 자치단체까지 연쇄적으로 이어지게 되어 있는 예산운용의 불투명성을 줄일 수 있다.

예산은 본질적으로 정치적이다

많은 국민들이 "국회의원들은 정쟁에 몰입하느라 예산안을 제대로 심의 안한다"는 불신을 가지고 있다. 사실이 그러하고 올바른 비판이다. 그러나 그것이 예산은 정치와는 아무 상관없는, 국회의원들이 마음만 바로 먹으면 여야 구분 없이 '과학적으로' '객관적으로' 합의할 수 있는 사안이라는 얘기는 아니다.

> 예산하고 조세는 본질이 정치적인 거예요. 다른 사람들은 굉장히 과학적인 거라고 말하지만 많은 경우는 사실상 정치적인 거예요. 그래서 국민이 어떻게 생각하느냐가 굉장히 중요해요. 그래서 단순히 "이게 더 효율이 있습니다"라고 말할 수는 없는 거예요. 지금도 금리라든가 다른 건 다 다른 데서 정해도 예산하고 조세 같은 거는 국회를 통해서 의결해서 가거든요. 그거는 뭐냐? 뭔가 국민적인 합의나 공감대, 적어도 대리기관의 승인을 받아야 하는 프로쎄스 자체가 정치적이다. 그걸 인정하지 않고서는 참 안 맞다고 생각해요. (박민상, 9면)

국책연구소의 재정전문가인 박민상 박사는 재정과 관련한 합리적인 제안들이 국회에서 정치적 논란을 거치며 유실되거나, 성과 평가를 열심히 해도 정치적 계산이나 배려 때문에 그 의미가 희석되는 일들을 겪으면서 좌절감을 느낀다고 한다. 그러나 그는 예산을 둘러싼 그러한 '정치성'을 불가피한 것으로 인정하고 있다. 금리는 금융통화위원회에서 결정할 수 있지만 예산과 조세정책은 반드시 국회의 의결을 거치게 되어 있다. 이는 조세와 예산이 국민들로부터 직접 세금을 거두어들이고 그것을 쓰는 일인만큼 국민적인 합의나 공감대가 중요하고, 따라서 국민들이 선출한 대의기관을 통해 승인을 받아야 할 영역의 문제, 다시 말해 '정치적인' 영역에 속하는 일이기 때문이다.

국회의원들이 지역구 예산을 따내는 데 온갖 정성을 기울이는 것도 마찬가지 이유에서 무조건 나무라기는 힘들다. 그런 현상은 어느 나라에서건 일어난다. 미국도 예외가 아니어서 의원들이 자기 지역구를 챙기기 위해 예산을 부풀리는 것이 늘 문제가 된다. 이런 행태를 미국에서는 '구유통 정치'(pork barrel politics)라고 하는데, 미국의 예산감시 시민단체인 CAGW는 지역구나 특정 집단의 이익을 위해 예산권을 남용한 사례를 모은 책자를 매년 발간하고 있다.

그러나 예산의 정치적 성격을 인정한다는 것은 첨예하게 대립하는 다른 정치적 사안을 거래하기 위해 예산안 심의를 거부한다든가, 심의기한을 해마다 아무렇지도 않게 넘긴다든가, 예산안을 제대로 분석하지도 않고 당론에 따라 손만 든다든가, 장기적으로 재원배분이 어떤 방향으로 이루어져야 할지는 별로 고민하지 않고 지역구 예산 따내기에만 급급하다든가, 재원 확보에 대한 고민도 없이 표 얻기에 유리한 졸속 입법을 하는 것과는 아무런 연관이 없다. 정치는 근본적으로 다양한 의견과 이해관계를 수렴하는 과정이다. 따라서 국회의원은 예산안 심의과정에서도 자신을 선출해준 국민들의 의견과 이해관계에 입각해 치열한 논쟁을 벌이고 다양한 쟁점을 논의해야 한다. 중장기 재정운용 전략이 올바른지, 분야별 재원배분은 적정한지, 각 사업에서 낭비의 개연성은 없는지를 예산안에서 읽어낼 줄 알아야 하고, 정해진 절차에 따라 합리적인 결론을 내릴 수 있어야 한다. 우리나라에 '지역구 예산 챙기기'가 있듯이 미국에도 구유통 정치가 있다. 그러나 미국에는 정부예산안을 꼼꼼히 심의하는 유능한 의원들이 많은데, 우리나라에는 그런 의원들이 많지 않다. 문제는 예산의 정치적 성격이 아니라 그 정치성을 어떤 수준에서 발현하느냐인 것이다.

우리나라 국회는 본회의가 아니라 예결위에서 예산을 조정한다. 예결위의 결정이 예산심의의 마지막 의사결정 단계이며, 따라서 막강한 권한을 가지고 있다. 권한이 막강한만큼 그동안 제도적 설계를 어떻게 할 것인지를 꾸준히 논의해왔다. 그러나 행정부의 노력에 비해 제도 형성을 위한 국회의 노력은 상대적으로 미흡했을 뿐 아니라 정치 논리에 좌우되어왔다.

우리나라 예산심의제도에서 예산조정 기능은 제헌국회[4] 때부터 제2대 국회의 제14회 임시회의까지는 별도 기구 없이 상임위원회인 재정경제위원회가 담당했다. 제2대 국회 회기중에 이루어진 국회법 개정[5] 때 예산결산위원회가 상임위원회로 신설되어 제5대 국회까지 예산안과 결산을 종합 심사했다. 그러다 국가재건최고회의가 통치하던 1963년의 국회법 개정[6] 때 정부가 예산안과 결산을 제출할 때 한시적으로 구성·운영하는 특별위원회로 변했고, 이때부터 제15대 국회까지는 임기 1년의 위원 50명으로 이루어진 비상설특별위원회 형태를 유지해왔다.

그러나 수박 겉핥기식의 형식적이고 파행적인 예산심의 행태에 대한 우려가 커지면서 1990년대 후반 들어 국회 예산심의의 효율성과 전문성에 대한 문제제기와 비판이 잇따르자 제도 개선을 모색하게 된다. 그 결과 지금처럼 연중 운영되는 상설특별위원회로 전환하였다. 그러나 소속 위원의 수와 임기는 비상설이었을 때와 동일하게 유지되었다.

이러한 제도 변화의 취지를 살리자면 각 상임위원회나 예결특위에서 예산에 관심을 가지고 1년 내내 적극적으로 이를 분석해야 하는데 현실은 그러하지 못하다.

예산 예비심사도 사실상 각 상임위원회 조사관들이 일관성있게, 행정부에서 예산편성이 될 때부터 관심을 가지고 쭉 사업을 추적해오면서 자료를 수집하고 해야 하는데 그렇게 못하고 있는 거예요. 임시국회 열리면 회의진행 도와줘야지, 법률안 들어오면 검토의견 [내야지], 그러다보니까 예산은 9월이나

<표 22> 예산결산위원회의 연혁

기간	제도	특징	심사구조	인원	임기
1948.5~	재정경제위원회	상임위원회	이원적	40	2
1953.1~	예산결산위원회	상임위원회	이원적	36	2
1963.11~	예결위	비상설 특별위원회	이원적	36~45[7]	1
1981.4~	예산결산특별위원회	비상설 특별위원회	일원적	50	1
1984.9~	예산결산특별위원회	비상설 특별위원회	이원적	50	1
2000.5~	예산결산특별위원회	상설 특별위원회	이원적	50	1

* 자료: 예결위(http://budget.na.go.kr), 『재무행정론』(강신택 2001, 271면)을 재구성.

가서 자기 소관 부처로부터 예비설명 받고 그때부터 검토보고서 작성하고 이렇거든요. 그러니까 조금 문제가 있는 것 같아요. 사전에 예산편성 단계부터 쭉 이 사업에 관심을 갖고 추적해 들어가야 되는데. (…) 옛날에 OOO 수석전문위원이 봄부터 계속 담당 조사관한테 임무를 부여했어요. 임무를 부여하고 파일 모아놓고 축적해가지고 나중에 정기국회에 가서 그것을 기반으로 검토보고서 써야 했죠. 그런 것이 참 좋기는 한데, 그분의 독특한 조직관리 방식이 끝나고 나니까 후배들도 잘 활용하지 않더라고요. (이재명, 3면)

이재명 전문위원에 따르면 예결특위가 상설기구로 바뀐 뒤에도 상임위에서나 예결특위에서나 심의 수준이 질적으로 크게 달라지지는 않았다. 심의를 꼼꼼하고 밀도있게 하려면 "예산편성 단계부터" 자료를 모으고, "추적"하듯 꾸준히, 끈질기게 조사를 해야 하는데, 지금도 "9월이나 가서 자기 소관 부처로부터 예비설명 받고 그때부터 검토보고서 작성"을 시작한다는 것이다. 행정부는 2월부터 본격적으로 가동되는데 국회는 9월부터 일을 시작하는 셈이다. 이재명 전문위원은 국회 내의 전문인력인 전문위원들이나 입법조사관들의 경험을 근거로 일이 그렇게 되어버리는 까닭을 설명하면서, 회의진행이나 법률안 검토 등 업무가 워낙 많아서 예산에 관심을 집중하기가 힘들다고 지적한다. 그러다보면 어느새 성큼 9월이 다가온다는 이야기다.

물론 그런 문제에 경각심을 가진 '특별한' 개인들의 노력으로 좋은 성과가 나올 때도 있다. 그러나 개별적인 노력에 의한 것인만큼 그 성과는 제도화되지 못하고 유실되어버린다. 국회의 경우 관행이나 개인적 역량으로 업무를 수행하는 경우가 많고, 제도화 수준도 아직 낮은 편이다.

예산심의의 전문성을 높이려면 예결위를 상설특별위원회가 아니라 상임위원회로 전환하여 연중 회의를 개최하고, 나아가 국회의원이 여기에만 소속되어 예산에 집중적인 관심을 기울이도록 하자는 방안도 나오고 있다. 그러나 이 방안의 가장 큰 걸림돌은 상임위 간의 '권력게임'이다. 다시 말해, '예산에 칼질을 할 수 있는' 예결위가 상임위원회가 되면 예결위의 힘은 더 막강해지고 그만큼 다른 상임위는 권한이 약해질 것이므로 의원들이든 국회 공무원들이든 상임위화를 꺼리는 형편이다.

> 상임위에 근무하는 전문위원이라든지 조사관 들은 예결위 상임위화가 별로 달갑지 않지요. (…) 우리 예결위에 소속된 직원들은 상임위화를 좋아하기는 하는데, 그렇지만 상임위원회 있는 전문위원이나 조사관 들은 그걸 상임위 만들어버리면 안 그래도 다소 상임위 예비심사 권한이 더 축소될 경향이 (있다고 생각한다). (이재명, 4면)

다른 모든 조직과 마찬가지로 국회 안에도 '내부권력'을 둘러싼 다툼이 있게 마련이고, 또 그것이 합리적인 선택을 제약하고 있음을 알 수 있다. 그러나 이는 예결위를 상임위원회로 하자는 제안의 취지를 제대로 이해하지 못하고 있거나, 알더라도 이해관계 때문에 합리적인 결론에 눈감기 때문이라고밖에 볼 수 없다. 이러한 제안은 예결위가 개별 사업이 아니라 거시적인 재원배분이나 예산의 제도적 기반을 구축하는 역할에 충실하게 하려는 기능배분을 전제로 한 얘기다. 다시 말해, 개별 사업은 해당 상임위원회에서 심의하되, 예결위는 국가재정운용계획, 예산 증가율, 국가채무 등 거시지표를 관리하는 역할을 강화하자는 것이다. 이를테면 지금은 계수조정까지 예결위에서 다 하지만, 앞으로는 그런 일은 개별 사업을 심의하는 상임위에 맡기고 예결위는 총 재정규모를 고려하여 특정한 사업에 특정한 규모의 예산을 배정하는 역할을 주로 할 수 있다. 따라서 예결위가 상임위가 된다고 해서 소속 의원이나 공무원이 좋아할 일도 아니고, 다른 상임위 소속 의원이나 공무원이 견제할 일도 아니다.

이러한 제도개선은 사실 행정부에 탑 다운 방식이 도입된 것과도 맞물려 있다. 기획예산처가 세부 사업을 일일이 심의하지 않고 총액만 배분하게 된만큼, 이러한 변화에 맞추어 국회도 예산과정에서 거시적 기능을 강화해야 하기 때문이다. 전반적으로 국회의 의사결정과정과 관련하여 제도화 수준을 높일 필요성이 제기된다.

* 국회입법 지원기관

국회의원 스스로 흔히들 강조하듯이 국회의원은 한 사람 한 사람이 헌법적 기관이다. 국회의 예산심의 전문성 강화를 위해서는 무엇보다 먼저 국회의원의 전문성이 강화되어야 할 것이다. 그러나 아무리 능력이 뛰어나다 해도 국회의원 혼자서 모든 예산서를 다 읽고 분석하기는 불가능하다. 국회의원의 의사결정을 지원하는 기관이 제도화되어 있는 것도 그런 까닭이다.

일단 전문성은 의원하고 보좌관들이 크겠죠, 사실은. (…) 의원들이 예산을 이용하는 것 때문에 반발이 많기는 하지만 보좌관을 어떻게 좀 해야 할 것 같아요. 지금은 조금 약한 것 같고, 전문성 이런 거는. (손일석, 6면)

'국회의원을 지원하는 전문인력' 하면 손일석 기자뿐 아니라 누구나 가장 먼저 보좌관과 비서관을 떠올린다. '가방 모찌'라는 속어가 말해주듯 과거에는 보좌관이나 비서관이 국회의원 수발을 드는 역할에 머무른 적도 있었다. 그러나 최근에는 의회발전연구회에서 연수를 받은 젊은 석·박사 출신들이 보좌관으로 진출하여 전문직종이 되었다. 과거에 비하면 매우 전문화되었다고 할 수 있다. 그러나 국회의원들이 어떤 기준으로 보좌관을 선택할 것인가는 전적으로 국회의원 개인의 결정에 달려 있다. 그러다보니 친분관계에 의해 결정되는 경우도 많고, 우수한 인력을 가려내는 제도적 장치가 없는 한계가 있다. 그리고 이런 한계는 국회가 정치적 활동을 하는 기관이기 때문에 어쩔 수 없는 측면도 있다.

그런 점에서 국회의원의 의사결정을 제도적이고 공식적으로 지원하는 국회 내 입법 지원기관이 특별히 중요한데, 국회 예산정책처나 각 상임위원회의 전문위원실이 그런 역할을 맡고 있다. 국회의 전문 지원기관은 국회의 의사결정에 얼마나 도움이 되고 있을까.

"거의 아무도 안 보는 짜깁기 수준의 자료"

거의 아무도 안 봐요. 왜냐면 거의 짜깁기 수준이니까. 제가 써도 그 정도는 쓰겠다는 생각이 드는데. 상임위나 예결위 하는 사람들이 거의 관심이 없고 잘 안 보는 이유는 공부를 안해서 그런 것일 수도 있지만, 예산정책처가 정기적으로 내는 보고서 말고 사람들의 필요에 의한 정보가공이라든가 이런 걸 해줘야 하는데 그게 굉장히 느려요. 한달 걸려야 결과가 나오거나, 각각의 의원이나 상임위랑 밀착하는 게 없으니까. 사람들이 〔예산정책처가〕 왜 필요한 지에 대해서 감을 못 잡고 있는 것 같아요. (정창수, 10면)

정창수 보좌관은 국회입법 보좌기관의 활동 전반에 매우 비판적이다. 그중에서도 특히 예산정책처에서 내는 자료에 대해선 "거의 짜깁기 수준"이라며 신랄하게 비판했다. 의원이든 보좌진이든 상임위 조사관이든 거의 아무도 안 보는데, 분석의 수준이나 시의성, 현장성에서 수요자들의 요구를 충족하지 못하기 때문이라고 분석한다. 우선 관련 기관들이 보고 싶어 하는 것은 1차자료들이 아니라 그것을 '분석하고 가공한 의미있는 정보'인데, 그런 고급정보가 부족하다. 또 국회의원이나 시민의 입장에서 보면 현안에 대해 신속하게 자료가 나와야 하는데, 결과물이 너무 늦다. 상황이 다 끝난 다음에 나오는 그런 자료는 분석이 아니라 기록물에 가깝다. 그리고 의원들이나 상임위와 밀착해서 필요한 정보가 무엇인지, 어떤 사안이 문제가 되고 있는지를 정확히 파악해야 하는데, 그런 노력이 없다보니 현실감있는 자료를 제공하지 못한다. 정창수 보좌관은 시민운동을 한 경험이 있어서인지 지원기관들이 현장에 밀착하지 못하고 있는 현실을 매우 답답해했다. 요컨대, 예산정책처가 생산해내는 자료들은 수요자들의 필요에 부응치 못하고 있다는 말이다.

외부의 평가도 이와 다르지 않아서 국회 전문기관에서 내는 연구서는 행정부 발간 연구서에 비해 참조할 만한 자료가 부족하다는 것이 일반적인 평가이다. 우리나라의 전문연구기관은 한국개발연구원, 조세연구원처럼 행정부 중심으로 발전해왔다. 이로 인해 국회는 정치적 선택만 강조되고 전문 연구기관을 육성하려는 의지가 부족했다. 무엇보다 행정부 소속의 국책연구기관에 비해 국회 내 전문기관에 대해서는 지원이 대단히 미흡한 것이 현실이다.

국회 예산정책처의 안내표지판에는 '나라살림 지킴이, 나라정책 길잡이'라고 적혀 있다. 그리고 지향하는 가치로 적시성, 대응성, 능동성, 전문성, 중립성, 신뢰성, 수월성을 표방하고 있는데, 그런 모든 것들이 다 부족한 현실을 역설적으로 반영하고 있다고 할 수 있다.

상호 업무협조가 안된다

지금 국회 내 조직간에 유기적 연계가 잘 안되고 있어요. 예컨대 각 상임위원회 수석전문위원이 예산정책처의 예컨대 통일예산 담당 예산분석관을 불러 가지고 주기적으로 만나서 서로 공동 관심사, 금년에는 무엇이 현안이 될 것인가에 대해 정보교환, 토론하는 문화가 형성되어 있어야 하는데 그게 없어요. 각자 해버리고. 그리고 또 우리 예결위원회 전문위원실 조사관들도 있는데 각자가 따로 노는 거지요. (…) 열심히 하면 우리야 분석보고서 쓰는데, 똑같은 부처를 대상으로 하는데 우리보다 솔직히 먼저 나오거든요. 좋은 것 다 써버리면 우리는 쓸 게 없잖아. 그러니까 상호 경쟁관계 비슷하게 형성되고. 저쪽에서 먼저 좋은 것 다 써버리면 우리는 쓸 게 없고. 또 우리하고 예결위도 비슷한 상태이고요. (이재명, 3면)

상임위 전문위원실에 있는 이재명 전문위원도 예산정책처나 국회도서관이 내는 자료는 거의 안 본다고 한다. 그러면서 개별 국회의원의 전문성을 보좌하기 위한 제도적 장치인 국회입법 보좌기관의 큰 문제 가운데 하나를 지적했다. 기관들간에 "유기적인 연계"가 잘 되지 않고 있다는 것이다. 예를 들어 외교통일위원회의 전문위원이 예산정책처의 통일예산 담당 분석관과 주기적으로 만나서 현안이나 예상되는 문제점을 두고 일상적으로 상의하고 토론하면 좋은데, 상임위, 예결위, 예산정책처의 지원기관들이 각자 다 따로 업무를 수행하고 있다. 협조는커녕 심지어 "저쪽에서 먼저 좋은 것 써버리면 우리는 쓸 게 없는" 경쟁관계가 형성된다. 국회의원들은 같은 자료가 중복되어 나오는 것을 싫어하기 때문이다. 그렇다고 하나의 쟁점에 대해 다른 의견을 낼 수도 없다.

행정학에서는 가외성(redundancy)이라고 하여 정보의 중복을 통해 신뢰성을 높일 수 있다는 이론이 있다. 그러나 이들 기관은 같은 국회조직 내에 있으면서도 분업관계를 전혀 형성하고 있지 못하다. 국회 내 기관들 간에 소통구조를 만들어서 필요한 자료를 서로 공유하든지 발간자료에 대해 역할분담을 해야 하나 그런 공식적인 채널도 없다. 이럴 경우 국회의 입법보좌기관이 확대될수록 기능 중복만 심화되고, 비용은 늘어나지만 실질적으로 국회의 의사결정을 합리화하는 데는 보탬이 되지 않는 결과를 낳을 수 있다. 입법 지원기관의 제도화 수준을 높이기 위한 노력이 필요하다. 상임위원회 소속의 전문위원실, 예산정책처, 예산결산특별위원회, 국회도서관이 국회 차원에서 주요 정책을 어떻게 쟁점화할 것인지 논의해야 하고, 그러한 과정에서 적절한 역할 재배분이 있어야 한다.

관료제와 당파성을 넘어야 한다

제가 오기 전과 비교해서 지금 뼛속 깊이 느끼고 있는 것은 '국회기구도 관료제다'라는 것입니다. (…) 관료제는 자리를 확보해서 자기증식하는 게 본능이기 때문에 부끄러움이 없는 것 같아요. 그러면서 관료제가 할 수 있는 국회보좌 기능은 지금으로서는 충분히 전개되었다고 보고, 이제 앞으로의 이슈가 정부의 재정에 대한 문제, 객관적인 분석입니다. (…) 특히 중립성의 예를 들면, 우리가 재정예산사업에 대한 분석을 객관적이고 중립적인 입장에서 대상을 선정해서 했고, 당연히 방법론은 객관적이고 중립적인데 결과는 정치적으로는 굉장히 편파적이고 주관적으로 나올 수 있는 것입니다. 최근에 한탄강댐 타당성에 대해서 조사·분석하면서 '여러가지를 고려해서 타당성 조사를 다시 해야 한다'든가 '심층적인 추가적인 검토가 필요하다'고 분석보고서를 끝맺었는데도, 강원도 지역에서는 국회 예산정책처에서 타당성에 의문을 제기했다고 나왔고, 파주지역 의원들은 혼내주겠다고 나오기도 합니다. 그러니까 결과적으로는 중립적이지 못했던 거죠. 그런 면에서 국회조직이 의원들을 보좌하는 데는 어려움이 많습니다. (…) 국회 관료제는 객관성과 중립성 문제를 굉장히 소극적으로 대응했기 때문에, 다른 말로 하면 문제가 되는 경우에 의견을 표명하지 않거나 사실 자체를 외면하는 게 소극적 대응이라고 한다면 이제는 그래서는 안되는 것이라고 생각합니다. (박기택, 6면)

개방형 공무원으로 국회예산정책처에 있는 박기택 국장은 예산정책처와 입법조사처를 신설하고, 또 외부 전문가들을 영입해서 객관적이고 전문적인 의견을 낼 수 있도록 한 조처 등을 국회 보좌기관의 질적인 발전을 위한 "씨앗은 뿌려진 것"으로 긍정적으로 평가했다. 그러나 "자리를 확보해서 자기증식하는 데" 골몰하는 관료제의 병폐에 보좌기능이 갇히지 않도록 하는 것과 보좌기관들이 내는 자료의 객관성과 중립성을 인정받는 것이 앞으로의 중대 과제라고 설명한다.

전자와 관련해서 국회의 경력직 공무원이 개방형 공무원에게 곱지 않은 시선을 보내는 게 사실이다. 경력직에 비해 나이는 젊은데 높은 직급으로 와서 지시하는 것이 불만이고, 자신의 경력관리에만 관심을 두고 조직발전에는 별로 기여하지 못한다고 생각한다. 이에 대해서는 이재명 전문위원이 상당히 솔직하게 직업 공무원들의 심경을 전해주었다.

거기〔예산정책처〕나가 있는 우리 국회 직원들도 자꾸 들어오려고 해요. 박사들 권한이 점점 커지고, 또 떠나고 있지요. 최근에 또 교수 하다가 들어온 사람(이 있다). (…) 그분들이 실무경험 쌓고 돌아가면 또 더 인정받고 하니까 그런 케이스로 온 것 같은데, (…) 와서 열심히 하긴 하죠. 밑에 조사관들이 "많이 괴롭힌다"고, 그런 이야기 들었는데. 전문위원실 조사관들 거기 간 지 한 1년 됐나? 그러더니 다시 컴백하고 싶다고, 도와달라고 해요. (…) 그 말은 재미가 없다는 거죠. 위원회 근무할 때보다 여러가지 보람이 없는 거지요. 그러니까 조직이 앞으로 성장해가려면, 조직은 사기로 승부하잖아요. 예산정책처에서 어떻게 승진을 시켜줄지. 또 위에 우리 관료들이 다 있는데 박사들하고 관계도 매끄럽지 않고요. (이재명, 5면)

요즘은 대학에서도 전공과 관련한 실무경험을 중시하기 때문에 경력관리를 위해 한번쯤 국회에 근무하려고 하는 교수들이 많다. 그런 개방형 공무원들은 비교적 일을 열심히 하여 밑에 있는 조사관들에게 "많이 괴롭힌다"는 원성을 듣기도 한다. 그런데 그런 "박사들의 권한"이 커지면서 직업 공무원들은 사기가 떨어진다. 장차 자신들이 승진해 올라갈 자리를 박사들이 차지하고 있는 것처럼 느껴지고, 고위직 관료들은 그들을 '굴러온 돌'처럼 여겨 관계가 매끄럽지 않다. 경력관리라는 목표를 달성하고 나면 어차피 떠날 사람이라고 생각하는 것이다. 그래서 상임위 전문위원실에 있다가 예산정책처로 옮겨간 조사관들은 전문위원들에게 다시 상임위로 돌아갈 수 있도록 "도와달라"는 부탁을 하게 된다. 개방형 공무원이 바라보는 직업 공무원, 그리고 직업 공무원이 바라보는 개방형 공무원 사이에는 '존재'가 다른 데서 오는 어쩔 수 없는 관점의 차이와 갈등이 포함되어 있다. 이런 문제는 '누가 옳은가'가 아니라 '국민이 바라는 것은 무엇인가'의 관점에서 판단해야 하는 것이고, 그렇게 볼 때 직업 공무원들의 관료주의와 매너리즘도, 자칫 기관의 요구와 발전보다는 개인적인 경력관리에 더 신경을 쓸 개연성이 있는 개방형 공무원제의 허점도 국민들은 바라지 않을 것이다. 국회입법 보좌기관의 수준과 역량을 높이기 위해서는 인사관리도 검토해보아야 한다.

한편, 원칙적으로 국회입법 보좌기관은 중립적이고 객관적인 자료를 생산하고 의원들은 이를 바탕으로 정치적 논의를 전개할 수 있어야 한다. 그러나 박기택 국장이 토로하고 있듯이, 국회가 정치의 장인만큼 입법 보좌기관들도 정치의 자장에서 자유로울 수는 없다. 실제로 예산정책처는 출발 당시부터 정쟁에 휘말렸고, 초대 처장은 정치적 편파성이 문제가 되어 중도하차했다.[8] 이처럼 기관의 수장이나 고위직 관료가 정치색을 드러내 문제가 되는 경우도 있지만, 어떤 사업에 대해 나름대로 객관적이고 중립적인 조사 결과를 내놓더라도 해당 지역구나 이해관계자들에게 정치적 공격을 받는 일도 적지 않다. 박기택 국장은 그러한 예로 한탄강댐 사업을 예로 들고 있다. 한마디로, 국회의 보좌조직들이 조직 자체나 내놓는 자료에 대해서나 객관성과 중립성에서 신뢰를 얻고 있지 못하다는 말이다. 그래서 박기택 국장은 "객관성에 대한 불신이 조직의 미래를 위협할 수 있다"고 우려하면서, 지금까지처럼 문제가 되는 사안에 대해서는 "의견을 표명하지 않는" 소극적인 방식으로는 헤쳐나갈 수 없다고 생각한다.

사실 국회 내의 지원조직이 정치적 논쟁에 휘말리기 시작하면 업무 자세가 소극적이고 보수적인 경향을 띨 수밖에 없다. 여야가 대립하는 민감한 사안에 굳이 의견을 제시했다가 비난받는 일은 피하려 할 것이기 때문이다. 국회는 정치적인 공간이다. 따라서 국회의 어떠한 의사결정도 정치적 진공 상태에서 이루어질 수는 없다. 그러나 국민을 대신하여 나라의 살림살이를 계획하고 정부의 돈 씀씀이를 감시하고 견제하는 일은 복잡한 수치와 통계, 방대한 자료를 뒤지고 분석하는 '비정치적' 노고를 통해서만 가능하다. 국회가 정치적 판단을 올바로 하기 위해서는 객관적이며 전문적인 자료가 생산되어야 한다. 그리고 이를 위해서는 국회 지원조직을 발전시켜야 한다.[9] 권위주의적 근대화 결과 우리나라 국회의 지원조직은 행정부 연구소들에 비해 역사도 짧고 전문성도 떨어진다. 이제 겨우 걸음마 단계라고 할 수 있다. 국회 지원조직의 역량은 단순히 지원조직만의 문제가 아니라 국회, 정당, 나아가서는 우리사회 전체가 더 합리적이고 성숙해지는 것과 비례할 것이다.

2. 감사원

감사원은 전문성과 객관성에서 비교적 국민의 신뢰를 받고 있는 기관이다. 그러나 그동안 감사원의 위상과 기능을 조정해야 한다는 문제제기가 끊이지 않았다. 우리나라의 감사원은 대통령 직속기구인데, 이는 행정부를 감시하는 본연의 역할과 상충하므로 소속을 국회로 바꾸어야 한다는 것, 그리고 합법성 여부가 아니라 정책과 성과에 주안점을 두어 감사를 해야 한다는 것이 그 요지이다.

> 만약에 헌법이 개정되어서 논의가 된다고 하면, 감사원이 해왔던 기능들 중에 "어떤 부분은 분리가 되어서 남고, 어떤 부분만 간다"라는 식은 반대할 여지가 많은 것 같아요. (송철호, 10면)

감사원의 위상과 기능을 조정해야 한다는 시민사회의 의견에 대해서는 감사원의 송철호 사무관과 신경혜 사무관도 대체로 공감하였다. 다만, 인용문에 드러나듯 감사원 기능 가운데 회계검사와 직무감찰을 구분하여 전자만 국회로 이관하자는 주장에는 반대한다는 뜻을 비쳤다. 조직이 축소되지 않을까 하는 우려로 판단된다. 그러나 회계검사나 성과관리는 국회에서 담당한다고 하더라도 현재와 같은 직무감찰 기능을 국회로 완전히 넘기기에는 무리가 있다. 각 부처의 감사관실을 강화하고 이들을 연계하는 감사위원회 정도의 기능은 행정부 내에도 필요하다.

그러나 감사원이 국회로 이관될 경우 자칫 정쟁에 휘말릴 수 있음을 경계하는 목소리도 있다.

> 장기적으로는 국회로 오는 게 맞는데, 한시적으로 독립기관으로 있은 다음에 가야 된다고 생각합니다. 일단 정당과 정치기능이 회복이 돼야 하고요. 지금은 정치적으로 악용당할 위험성이 많아서 그나마 했던 감사원의 기능들을 못 할 것 같습니다. 그렇다고 마냥 정부에 두는 것보다는 제3의 독립기관으로, 예를 들면 헌법재판소나 이런 것처럼요. (정창수, 10면)

정창수 보좌관은 우리나라 정당정치가 워낙 대결적이고, 국회에서 소모적인 정쟁이 심하기 때문에 감사원이 국회로 갈 경우 정치적 독립성이 훼손될 공산이 크다고 생각한다. 그런 위험을 피하려면 정당정치가 발전하는 수준을 고려하여 위상을 조절해야 하며, 필요하다면 과도기적으로 헌법재판소처럼 독립적인 제3의 기관으로 둘 수도 있다고 판단한다.

그러나 이는 직무감찰 기능을 중시하는 입장에서 나온 견해라고 볼 수 있다. 회계검사와 성과관리를 중시하는 현대적인 의미의 감사원 역할을 고려한다면 적합하지 않다. 다만 직무감찰을 고려한다면 국회로 이관하기보다는 각 부처의 감사관실을 전문직 개방형으로 전환하고, 이들 기관을 총괄하면서 중요한 감사의 결과를 심의하는 감사위원회로 가는 방

향이 바람직하다.[10]

그럼에도 감사원의 정치적 독립을 유지하기 위한 방안은 모색되어야 한다. 송철호 사무관은 정치적으로 민감하다고 생각되는 사안에 대해서는 아예 감사거부권을 부여하는 것이 필요하다는 의견을 내놓았다.

> 미국 감사원 같은 경우는 확고한 원칙으로 정했다고 해요. 정치적으로 민감한 사안에 대해서는 감사요청이 있어도 감사를 거부하는 것으로요. 파당적이거나 그런 경우는 어느 한쪽을 감사한다는 것만으로도 다른 쪽의 손을 들어주는 형국이 되기 때문에 그런 원칙을 확고하게 세워서 한다고 하더라고요. (송철호, 10면)

감사원은 이제 과거와 같은 합법성 감사를 넘어서서 성과감사로 나아가야 하며, 사정기관이나 최고통치권자의 통치수단이 아니라 정책을 담당하는 기구로 거듭나야 한다. 그리고 이를 위해서 역할 재정립이 필요하다. 2006년 국가재정법의 제정을 통해 감사원이 결산검사보고서 외에 성과검사보고서를 작성하게 한 것도 이러한 취지에서이다.

3. 기획예산처

기획예산처를 둘러싼 이 책에서의 논의는 연구를 진행하던 2007년을 기준으로 한 것이다. 그런데 이 책이 발간되기 전, 17대 대선의 결과로 이명박정부가 출범하게 되었다. 이명박정부는 정부조직을 개편하면서 기획예산처와 재정경제부의 주요 기능을 통합하여 기획재정부를 신설했다. 따라서 이 책에서의 논의는 책 발간 시점에는 이미 '지나간 이야기'가 되어버렸다. 그럼에도 여기서 제기하는 문제의식과 내용은 여전히 유효하다고 생각해 그대로 소개한다.

이명박정부의 조직 개편에 대해 짧게나마 살펴보면, 기획재정부는 대부주의(大部主義) 원칙 아래 기획예산처와 재정경제부를 통합하는 방향으로 설정되었다. 기획예산처의 재정전략, 재정경제부의 경제정책 및 정책조정, 그리고 국무조정실의 경제정책 조정 기능을 하나로 묶어 기획·조정 창구를 통합하였으며, 기획예산처의 예산운용·성과관리, 재정경제부의 세제·국고, 국무조정실의 복권·기금 운용을 통합하여 재정기능을 일원화하였다. 또한 재정경제부의 금융정책은 금융위원회로, 소비자정책은 공정거래위원회로 이관하였다. 인수위원회가 발표한 자료「정부기능과 조직개편」(2008년 1월 16일 발표, 17면)에는 "기획예산처와 재정경제부의 주요 기능을 통합하여 기획재정부를 신설한다"고 나와 있지만, 정작 기획재정부 장관으로 전 재정경제부 차관이 임명되자 언론은 "재정경제부가 기획예산처를 통합한다"고 보도했다. 언론 보도가 보여주듯이, 기획재정부로의 개편은 재정운용의 측면에서 보면 결국 1994년 이전의 경제기획원 형태로 회귀하는 것이다. 이에 대해 시민단체들은 "기획재정부가 '공룡조직'이 되어 권력이 집중되고 정책오류를 시정할 기회가 박탈될 것"이라고 우려하고 있다.

해방 이후 우리나라 중앙예산기구의 변화는 크게 6기로 구분된다.

* 1948~55년

정부수립 이후 총리실 소속의 기획처로 출발하였다. 예산국(4과)과 경제기획국(5과)으로 구성되어 정부의 장기적인 계획을 뒷받침하는 기구 성격을 명확히하고 있었다. 이때는 기획과 예산을 같이 다루었다.

1955년에 예산업무를 기획처에서 재무부 예산국(4과)으로 이관하였다. 이때 건설부에 종합기획국을 두어 예산이 기획과 분리되는 시기를 경험하게 되었다.

1961년 재무부 예산국, 건설부 종합기획국을 통합 이관하여 경제기획원을 설치하였다. 부총리급 장관이 맡는 경제기획원은 기획과 예산, 그리고 경제정책을 담당하면서 이후 30년간 정부주도형 경제개발에서 주도적인 역할을 수행했다. 우리나라에서 중앙예산기구가 본격적으로 정착하는 시기였으며, 경제기획원은 기획과 예산을 연계하여 정책을 실현하는 강력한 기구가 되었다.

1994년에 국고와 예산을 연계한다는 명분으로 경제기획원과 재무부를 통합하여 재정경제원이 탄생했다. 국고의 기능까지 포함하는 거대조직을 유지하였으나 업무의 연계가 약하고 오히려 공룡조직이 되어 관료적 행태가 지배한다는 비판을 받게 되었다.[11]

1997년 외환위기를 극복하는 과정에서 신자유주의적 사고가 우리 사회를 지배하고, 이러한 과정에서 비대한 재정경제원에 대한 재설계가 모색되었다. 특히 당시 김대중 대통령은 인사와 예산은 대통령이 갖고 국무총리에게 많은 권한을 위임한다는 책임총리제를 도입하였다. 이에 따라 중앙인사위원회와 기획예산위원회가 대통령 직속기관으로 설치되었다. 기획과 결정은 대통령이 하지만 집행 기능은 분리한다는 원칙에 따라 집행기구로서 예산청을 따로 설치하여, 예산기구가 이원적인 구조를 가지게 되었다. 이때 기획예산위원회에는 재정기획국(재정기획, 재정정책, 중기재정계획, 재정협력)과 정부개혁실을 두도록 하였다. 예산청에는 예산총괄국, 경제예산국, 사회예산국, 행정예산국 등을 두어 기획예산위원회가 작성한 예산편성지침에 따른 예산의 편성과 집행관리 기능을 수행하도록 하였다.[12] 이는 정치적 민주화 과정에서 중앙예산기구가 정치적 전리품이 된 대표적인 사례로 평가된다. 그러나 장기계획을 중요시하는 기획 기능과 일년 단위의 예산편성 기능을 분리한 것은 우리의 예산운용에서 도전적 발상이라고 할 수 있었고, 이러한 시도가 나중에 국가재정법 도입의 출발점이 되었다고 평가할 수도 있다.

* 1999~2008년

기획과 집행을 분리한 새로운 시도는 1년을 넘기지 못했다. 기획예산위원회와 예산청은 결국 1999년에 기획예산처로 통합되어 총리실 소속으로 바뀌게 된다.[13] 그리고 이때 공공혁신 기능이 강화되기 시작했다.

한편, 참여정부 들어 중앙예산기구에 대한 정비 작업이 강화되었다. 우선 전략기획본부를 설치하여 국가재정운용계획을 담당하는 기구로서의 성격을 강화하였다. 이는 총액배분 자율편성 방식으로 예산편성 과정을 전환하면서 기획예산처의 기능을 세부적인 사업편성권에서 중장기적인 계획 기능 중심으로 개편한 노력의 연장으로 이해된다. 그리고 해방 이후 처음으로 예산실이 없어졌다. 종전에 기획실, 예산실, 기금실 등 3개 실국으로 나누어 수행하던 국가재정운용계획 수립, 예산안 편성, 기금운용계획 수립 업무를 한곳에서 통합하여 수행하도록 한 것이다. 이에 각 분야를 담당하는 재정기획단과 기능별 총괄을 담당하는 재정전략실,

재정운용실, 성과관리본부로 조직을 이원화하였다. 그리고 사후적인 성과관리와 예산낭비 방지를 위한 기구로서 성격을 전환하였다.[14]

참여정부의 실험이 어떤 결과를 낳을지, 재정운용의 새로운 위상을 정립하게 될지 아니면 또다른 시행착오의 과정이 될지는 좀더 두고보아야 할 과제이다. 현재 '처'이기 때문에 국무총리실 소속으로 되어 있는 것도 재검토가 필요하다. 소속은 국무총리실이라 하더라도 대통령의 의도를 반영하는 데는 문제가 없을지도 모른다. 그러나 예산사업에 대한 사전적 조정 기능이 아니라 제도를 설계하고 장기적인 기획 기능을 강조하는 부처로서의 성격을 강화함에 따라 제도정비가 필요하다고 판단된다.

기획·조정 기능을 강화하여 대통령 직속기관으로

현재 기획예산처의 위상과 관련하여 대통령 직속기관으로의 전환, 다른 경제부처와의 통합, 현행 유지 등 세가지 의견이 다투고 있다.

구술자 가운데는 국회의 정창수 보좌관, 국책연구원의 박민상 박사, 정보통신부의 윤원호 과장 등이 대통령 직속기관으로 하자는 안을 지지했다.

재정은 아껴 쓰는 것도 중요하지만 필요한 곳으로 조정하는 역할도 중요한데, 그게 지금 안되고 있는 게 아닌가 싶습니다. 갑자기 예산을 증폭시켜서 생길 수 있는 문제점들은 탑 다운 방식으로 가면서 방지가 되지만, 필요한 부분에 국가의 동력을 집중시키는, 선택해서 집중하고 이런 것들이 (…) 부족해질 수 있는 가능성이 있어요. 경제기획원같이 기획 기능이 강화되는, 지금처럼 예산을 중심으로 관리 기능만 있는 것이 아니라 기획 기능이 강화된 부처

로 가는 게 좋지 않겠냐는 생각이에요. 또 대통령 쪽으로 가는 게 좋지 않겠
느냐. (정창수, 8면)

원래대로 말하면 기획이 예산조정이에요. 사실 예산편성은 간단한 업무에
요. 실무적인 일이기 때문에. 진짜 해야 할 것은 기획하고 예산조정입니다.
그 업무만, 그 업무에 초점을 맞춰야 하는 거죠. (…) 기획예산처 하는 일은
뭐냐? 예산배분을 조정해주는 일이잖아요. 그러면 어디에 가 있어야 하느냐?
(…) 당연히 청와대 쪽으로 가야죠. 미국 스타일로. 거기 가 있어야 조정할 힘
이 생기는 거죠. (박민상, 8면)

정창수 보좌관과 박민상 박사는 재정과 직간접적으로 연관된 다른 부
서와 기획예산처를 구분해주는 가장 중요한 역할은 낭비를 막고 아껴 쓰
는 관리 기능이 아니라 말 그대로 기획, 다시 말해 국가발전의 전략방향
에 맞추어 재원배분을 조정하는 기능이라고 본다. 그런데 여러 부처의
자기중심적인 요구들을 통괄하고 조정하려면 힘이 실려야 한다. 따라서
행정부의 최고권력인 대통령 직속기구로 가야 한다는 것이다. 미국의 관
리예산처(OMB: Office of Management and Budget)가 그런 모델이라고
할 수 있다. 물론 이런 방안이 취지대로의 효과를 거두려면 기획예산처
가 지금보다 기획과 정책조정 기능을 강화하는 한편 개별 부처의 예산과
회계 기능을 강화하는 작업을 병행해야 한다.

정보통신부의 윤원호 과장은 이에 덧붙여 '재정에 대한 정치적 책임
성'을 주요한 논거로 들었다.

예산의 정치적인 책임이 조금 더 강화되고, 청와대의 집권 방향이나 철학을
반영할 수 있는, 국가 전체적인 재원배분, 이건 굉장히 강화될 필요가 있다고

보거든요. 그런데 그런 게 안된 상태에서 자꾸 재정의 리더십이 없이 사회적인 수요를 충족을 시키려니까 이쪽저쪽에서 계속 우선순위에 대한 시비가 생기는 것 같고요. 그런 측면에서 청와대 소속으로 둬서 정치적인 책임성을 강화시킬 필요가 있다는 생각이 들고요. (윤원호, 7면)

윤원호 과장은 국가적 차원의 재원배분은 근본적으로 집권층의 철학이 반영되는 영역이고, 따라서 그에 대한 정치적 책임성을 강화시켜야 한다고 생각한다. '재정 리더십', 즉 정책조정 권한을 분명하게 주고, 대신 그 결과에 대해서도 확실히 책임을 지는 방식을 취해야 한다는 것이다. 재정 리더십이 불분명하면 "이쪽저쪽에서 계속 우선순위에 대한 시비"가 생길 수밖에 없고 결과적으로 재원의 전략적 배분도 흔들리게 되므로 권한도 분명히, 책임도 분명히 하자는 뜻이다.

재경부와 통합하자

신동철 국회 전문위원은 기획예산처가 대통령 직속기구가 되면 대통령의 권한이 너무 비대해지고, 예산이 정치에 휘둘릴 위험이 크다는 이유로 반대한다. 그러나 기획예산처가 총리실에 소속되어 있는 지금 같은 체제도 문제가 있다고 보고, 현재 재경부가 맡고 있는 세입과 조세, 경제정책 부분을 기획예산처와 통합하는 방안을 제시했다.

예산이라는 게 세입하고 연계가 될 수밖에 없고, 더구나 정부에서 경제정책을 입안·분석한다면 예산과 조세는 같이 묶여 들어갈 수밖에 없단 말이죠. 그런데 지금 체제는 세입이나 조세 쪽은 재경부가 맡고 예산은 기획예산처가 맡고 있는데, 재정의 역할이 커지고 규모가 커지고 하다 보니까 재정경제부가 경제총괄부처이지만 그렇게 큰 경제 조정 역할을 못하고 있어요. 왜냐하면 경제 조정 역할이라든지 부처간의 합의를 이끌어내려면 뭔가 툴이 있어야 하는데 재경부가 툴이 없단 말이죠. (⋯) 각 부처간에 갈등이 생겼을 때 재경부가 해결을 못하다보니까 총리실 쪽으로 자꾸 올라가는 거예요. 총리실, 국무조정실에서 하기도 하고. 국무조정실은 또 정치적인 게 연계되니까 대통령 비서실 같은 대통령 조직하고 유착관계가 돼가지고 움직이죠. 그래서 이 구도보다는 현재 기획예산처와 재경부는 합치는 게 맞지 않은가 싶어요. 재정 측면에서. (⋯) 재경부의 세입, 조세 쪽하고 기획예산처의 예산 기능하고 합하면서 경제기획 기능까지 겸하는 식이 맞지 않을까. (신동철, 4면)

신동철 전문위원은 대통령 소속기구로 하자는 견해를 가진 이들과 비교하면 '정치적 책임성' 자체를 위험하게 여기는 관점을 가지고 있다. 그리고 거시적 재원배분 기능보다는 정책조정 수단으로서의 예산의 기능을 중시하고 있다고 느껴진다. 그런 관점에서 보면 세입, 즉 조세정책은 재정경제부가 맡고 지출, 즉 예산조정권은 기획예산처가 맡고 있는 현재 구조는 목표와 수단을 분리해놓은 것과 같다. 부총리급이 맡는 재정경제부가 거시 경제정책을 총괄하고 있으나 사실상 정책수단이 부족하기 때문에 정부 전체 차원에서 경제정책 조정 기능을 제대로 하고 있지 못하다. 그러다보니 국무조정실이나 대통령 비서실 같은 '정치적'인 기구가 힘을 가지게 된다는 것이다.

신동철 전문위원이 제안하는 것처럼 재정경제부의 조세정책실이나 경제정책부를 기획예산처와 통합할 경우, 이는 과거의 재정경제원 체제와 흡사하게 된다. 그런데 재정경제원은 '공룡'이란 비판을 받을 만큼 권한이 비대했고, 그 때문에 IMF 이후 재편되었다. 신동철 전문위원도 이 점을 의식하여 "지금은 금융 쪽이 떨어져 나왔기 때문에 예전의 재정경제원처럼 되기는 힘들다"고 부연했다. 예전에는 재정경제원이 조세, 예산, 금융을 다 포괄했으나 금융 부분이 금융감독원과 금융감독위원회로 분리되었으므로 그럴 위험은 없다는 뜻이다. 다만, 이럴 경우 금융을 규제수단으로만 볼 것이 아니라 산업발전의 측면에서 보아, 금융감독원과 금융감독위원회를 통합하여 금융산업을 지원하는 총괄부서를 별개로 운영할 필요가 있다고 생각된다.

굳이 개편할 필요는 없다

국회의 박기택 국장은 기획예산처가 총리실에 있는 것이 적절한 측면도 있지만 그렇다고 굳이 조직을 개편할 필요까지는 없다는 견해를 피력했다. 어디에 소속되어 있든 요구되는 역할을 하는 데 별 문제가 없고, 재정개혁을 위한 여러 시도들이 정착되는 데도 시간이 필요한데 불필요한 행정비용을 들여서까지 섣불리 개편할 필요는 없다는 것이다.

저는 기획예산처에 아직도 기대를 갖고 있어요. 그나마 경제기획원의 전통을 물려받은, 공평무사하고 합당한 비전을 갖춘 그런 조직문화가 있는 곳이라고 생각합니다. (⋯) 거시적 예산조정도 여전히 기획예산처의 기능으로서 중요한 것이라고 생각합니다. (⋯) 현재 공공기관 관리와 관련되어서 상당히 정성을 기울이고 있는 것 같은데 지금으로서는 타당하고요. 그것이 어느정도 제도화된다면 기대컨대 기획예산처가 거기서 발을 빼고 다른 일들을 찾을 수 있지 않을까 생각합니다. 예를 들면 국가재정운용계획에서 좀더 정교한 계획을 달성해서 모델을 만들고 그것을 예산조정하는 데 기준으로 삼는다든가 하는 것을 기대하는 게 낫지요. (박기택, 5면)

국회의 박기택 국장은 기획예산처가 전문성이나 공공성에서 상당히 바람직한 조직문화를 가지고 있고 핵심 업무, 즉 예산조정과 성과관리,

공기업관리를 무난히 하고 있다고 판단한다. 더욱이 성과관리나 공기업 관리 업무가 제대로 정착되면 국가재정운용계획 같은 거시적 자원배분 기능을 더욱 정교하게 다듬어나갈 여력이 생길 것이므로 시간을 두고 좀 더 지켜볼 필요가 있다는 것이다.

함께하는 시민행동의 오관영 사무처장도 비슷한 입장을 보였다.

기획예산처가 어떤 위상을 갖는가 중요한 문제가 아닌 것 같다는 생각이 자꾸 들더라고요. 그건 정부부처 내 권력의 문제잖아요. 어떻게 힘을 강화할 것이냐의 문제는 수단으로서 고려해볼 수는 있겠지만 본질적인 내용은 아니라는 생각이 들거든요. (오관영, 8면)

오관영 처장은 '어디 소속인가' 하는 조직설계보다는 우선 어떤 기능을 수행하고 있는지, 제대로 하는지를 보아야 한다고 생각한다. 그러한 본질을 놓치면 '위상'에 관한 논의가 자칫 부처간의 힘겨루기나 권한 다툼으로 변질될 우려가 있다는 이야기이다.

한편, 역설적이게도 기획예산처의 위상을 조정하는 문제에 가장 소극적이고 무관심한 태도를 보인 구술자들은 몸소 기획예산처에 근무하는 이들이었다. 원종관 사무관은 현재 일하는 데 큰 불편이 없어서 "그런 거 신경 전혀 안 쓰고 일한다"고 말했다. 민감한 사안에는 굳이 의견을 밝히려 하지 않는 공무원 특유의 방어적인 자세로 볼 수 있겠다. 다만, 원종관 사무관은 나음과 같은 생각을 밝혔다.

재경부는 업무가 다양하니까 젊은 사무관들은 합치는 게 다양한 업무를 배울 수 있고, 거기는 또 국제금융이나 금융, 세제 이런 쪽이, 시장에서 많이 [쓰이는] 그런 업무이지 않습니까? 그런 이유들로 해서 합쳐지면 그쪽 업무도 할 수 있으니까 기대하는 눈치죠. (…) 제 생각에는 정책 기능을 가져와서 정부 내각의 하나로 활동하는 게 낫지 않나 하는 생각이 있고, 그 대신 〔예산을 제외한〕 다른 기능들, 성과평가나 공기업은 다른 부처로 넘어가야……. 그 기능을 활성화시키기 위해서. 조직이 너무 커지면 아시겠지만 구석들이 생기지 않습니까? 재경부 같은 경우 우리보다 엄청 큰데, 거기는 바쁠 때는 엄청 바쁜데 한가할 때는 되게 한가하더라고요. 조직이 좀 비대해지다보니까. 일 년 내내 업무보고를 한번도 안하는 과장이 있답니다. 그런데 우리 처는 작은 편이라서 딱 보면 누가 뭐하는지 소문도 빨리 나고, 평가 같은 것도 빠르고. 슬림(slim)하면서 핵심 기능만 있으면 좋은데 지금은 약간 커져버린 것 같아요. (원종관, 5면)

원종관 사무관의 말에 따르면, 젊은 사무관들은 재정경제부와의 통합을 기대하고 있다. 통합하면, 예산만을 담당하는 기획예산처에서보다는 금융과 세제를 포함하여 훨씬 다양한 업무를 배울 수 있을 것 같아서라고 한다. 요컨대 경력개발에 유리하다는 것인데, 다양한 업무를 경험하고 싶어하는 젊은 공무원들의 의욕으로 좋게 볼 수도 있겠으나 비판적으로 보면 조직의 비전이 아니라 개인적 동기를 앞세우는 관점이다. 위상에 대한 논의가 자칫하면 부처간의 권한다툼이 될 수 있다는 오관영 처장의 지적이 기우만은 아님을 알 수 있다.

원종관 사무관도 재정경제부에 있는 경제정책 기능과 통합해 내각의 하나로 일하는 게 낫다고 생각한다. 다만, 그런 경우에도 예산 기능만 통합하고 성과관리나 공기업관리 기능은 다른 부처로 보내야 한다고 본다. 조직이 커지면 "구석들", 즉 관료화되면서 비효율성이나 도덕적 해이가 발생할 개연성이 커지기 때문이다. 조직은 핵심 기능을 중심으로 단순하게 꾸려지는 것이 좋은데, 예산 기능만으로 보자면 지금의 기획예산처도 약간 군살이 붙었다는 진단이다.

같은 부처에 근무하지만 정영규 과장은 생각이 조금 달랐다.

> 사무관들이 그런 생각을 할 수 있는데, 과거 재경부에 있다 해도 여러 기능을
> 다 못해요. 금융 영역이면 금융 영역에만 오래 있게 되고. 세제나 국고, 국제
> 금융 다 할 수 있을 것 같지만 그러지 못할 뿐만 아니라 다 하다가는 정말 일
> 반 행정밖에 안되죠. (⋯) 민간을 유도하고 조정을 할 수 있기 위해서는 어느
> 정도 민간에 상응하는 전문성이 뒷받침되어야지 과거처럼 행정권한이나 행
> 정권력으로 조종할 수 있는 시대는 지났기 때문에. (정영규, 3면)

정영규 과정은 어떤 부처가 다양한 업무를 다룬다고 해서 부처 소속
공무원들이 여러 업무를 다 익힐 수 있는 게 아니며, 설혹 할 수 있다고
해도 바람직한 게 아니라고 지적한다. 권한으로 명령했던 과거에 비해
지금은 정책방향 쪽으로 "민간을 유도하고 조정"해야 하는데, 그렇게 하
려면 민간에 상응하는 정도의 전문성을 확보해야 한다는 것이다. 또 앞
으로도 정부 내에서 전문성이 더욱 강조될 것이라고 본다.

이와 함께 정영규 과장은 예산 기능을 다른 기능과 통합하는 것에도
반대했다. 권한은 '통제권'이 아니라 '전문성'에서 나와야 하며, 예산의
본질적 기능에 집중해 그 수준을 더 높이는 것이 올바른 방향이라는 것
이다.

지금까지 살펴본 섯처럼 기획예산처의 위상을 둘러싸고 다양한 목소
리가 나온다. 우선, 기획 기능을 강화하면서 미국처럼 대통령 소속으로
개편하자는 방안이 있다. 정치적으로 흔들릴 위험이 있지만 어차피 예산
과정 자체가 정치적이므로 차라리 그 책임성을 강화하자는 안이다. 기획
예산처의 예산 기능을 재정경제부의 정책 조정 기능과 통합하여 확대하

자는 방안도 있다. 과거 재정경제부의 위상을 다시 찾자는 안이다. 기능 수행상 큰 문제가 없으니 그냥 두자는 입장도 있다. 지금 진행중인 재정 개혁이 완성될 수 있도록 틀을 흔들지 말자는 취지이다.

조직설계는 과학이라기보다는 기술이다. 정답이 있는 것이 아니라 시대적 상황에 따라 결정된다. 그간 추진해온 재정개혁의 완성을 위해 중앙예산기구의 위상과 기능을 재정립하는 것도 중요한 과제이다.

4. 전문연구기관

예산은 분명 전문지식을 필요로 한다. 국책연구기관은 전문 자료와 지식을 생산하는 곳이다. 재정과 관련한 국책연구기관으로는 한국개발 연구원(KDI)와 조세연구원, 한국행정연구원을 꼽을 수 있다. KDI는 1971년에 설립되어 36년의 연구경험을 가지고 있으며, 현재 346명의 연 구원·직원이 근무하고 있다. 1992년에 설립된 조세연구원에는 78명, 그 리고 1991년에 설립된 한국행정연구원에는 59명의 연구원·직원이 있 다. 규모로 보면 막강하다고 할 수 있는 이들 국책전문연구기관은 과연 국민의 세금을 제대로 쓰는 데 도움을 주고 있을까.

근거자료도 만들고 분석도 하고 그래서 과거보다는 많이 나아진 것 같아요. 이제 점점 더 크게 하긴 하겠지만 지금도 전문가가 많이 관여한다고 생각해 요. 큰 사업 같은 경우도 예비타당성, 그러면 적어도 그 단계에서는 전문가가 들어가는 거잖아요. 관계없이 누군가 갑자기 윗선에서 "관심있다" "고속철 놔야겠다", 이런 게 아니라 타당성을 검토하는 과정이 있고, (…) 과거보다는 그래도 많이 투명해지고 전문가가 참여하는 길이 늘어난 것 같아요. 어느정

도 더 할 수 있을지는 저도 잘 모르겠지만 많이 개선됐다고 생각해요. (박민
상, 9면)

박민상 박사처럼 정부출연 연구기관에 근무하는 연구자들은 나름대
로 소신과 자부심을 가지고 있었다. 권력자의 즉흥적인 결정이나 취향에
따라 중대한 사업이 결정되고 추진되던 과거와 달리 지금은 예비타당성
조사 같은 합리적이고 투명한 절차가 마련되어 있고, 그 과정에서 전문
가가 참여하여 의사결정의 자료를 제시하고, 낭비적 지출을 통제할 수
있는 역할을 하고 있다는 것이다.
그러나 경실련의 박정식 국장은 국책연구기관의 역할에 대해 매우 비
판적인 평가를 내렸다.

행정부 소속 관련 전문가들의 입장에서 봤을 때에는 KDI나 조세연구원 같은
데서 사전적으로 전문성있는 의견을 내는지는 잘 모르겠어요. 아직까지 뚜
렷하게 많은 기여를 하고 있다라고 나온 평가나 이런 거를 못 봤거든요. 그러
니까 실제로 행정부에 소속돼 있는 연구원들은 "맞춤형으로 연구를 하고 있
다." 행정부가 원하는 대로. 그러니까 주민의 수요가 아니라 행정부가 원하
는 거에 맞춰서 하고 있기 때문에 독립성 문제도 있지요. (…) 예를 들어서 조
세연구원이나 KDI에서 자료를 다운받아서 보게 되면 정부 쪽에서 발표하는
공식 데이터로 쓰이거나, 아니면 반대로 행정부가 발표한 것을 뒷받침하거나
둘 중에 하나거든요? 그렇다면 정보에 대해서 신뢰성 문제가 있어요. 저희는
따로 조사한 데이터를 쓰지 조세연구원이나 KDI 연구 데이터 가지고 쓰지는
않거든요. (박정식, 8면)

박정식 국장의 비판 요지는 국책연구소들이 정부의 입맛에 맞는 "맞

춤형 연구"를 주로 한다는 것이다. 정부의 입장을 뒷받침하는 자료를 사전적으로 제공하거나, 정부의 입장을 사후적으로 합리화해주는 자료를 내놓거나 "둘 중에 하나"일 뿐, 시민사회가 신뢰할 만한 독립적이고 객관적인 자료를 내놓지는 못한다는 비판이다. 요컨대, 국회의 입법보좌기관이 정치적 영향력에서 자유롭지 못한 것처럼 행정부 소속 전문연구기관도 행정부의 영향력에서 자유롭지 못한 '근원적인 한계'를 가지고 있다는 지적이다. 그래서 시민운동단체들은 국책연구소들이 내놓는 자료를 활용하지 않고 따로 자료를 확보한다. 앞서 박민상 박사가 '전문가가 개입할 수 있는 절차적 과정이 확대되었다'는, 다소 형식적이고 양적인 기준으로 연구소의 역할을 평가했다면, 박정식 국장은 연구의 내용과 질을 기준으로 평가를 하고 있는 셈이다. 국책연구소의 '근원적인 한계'에 대한 '근원적인 불신'이라고 할 수 있다.

이러한 맥락에서, 시민의 입장에서 필요한 정보를 산출하는 연구기관이 필요하다는 논의가 몇해 전부터 나오고 있다.

재정운용과 예산운용에 관한 통계나 각종 정보에 대해서는, 시민적 입장에서 객관성이 참 중요한데, 그거와 관련해서 '희망제작소' 같은 민간 독립연구기관의 역할이 참 중요하다고 보지요. (…) 중요한 것은 모든 정책은 예산의 형태로 포장이 되는 거고, 거기에는 각기 다양한 집단들의 이해관계가 반영될 수밖에 없다는 거죠. 그런 측면에서 KDI나 조세연구원은 일정정도 국가, 현 행정부의 이익을 반영할 수밖에 없는 구조적 필연성이 있기 때문에, (…) 따라서 그것을 보완하기 위해서는 국회나 NGO에서 국민의 관점에서 여러가지 재정운용에 대한 지표나, 예산운용에서의 비용편익 분석이나, 성과지표에 관련된 믿을 수 있는 자료들을 통해서, 각각의 연구기관들이 서로 논쟁이나 공유를 통해서, 재정운용과 관련된 여러가지 자료들을 풍부히 제공해줌으로써 결과적으로 국민의 신뢰를 확보하는 것이 가장 중요하고, 그런 전문가 역할이 필요하겠다 싶어요. (이강원, 8면)

경실련의 이강원 국장은 국책연구소는 독립성이나 객관성을 의심받을 수밖에 없는 "구조적 필연성"을 가지고 있으므로, 시민사회가 "시민의 입장에서" 연구하는 민간 독립연구기관을 확보해야 한다고 생각한다. 그렇다고 국책연구기관이 필요없다거나 무의미하다고 주장하는 것은 아니다. 국책연구소는 "구조적 필연성" 안에서 그 나름대로 전문적인 자료를 내놓고, 시민사회의 독립적인 연구기관들은 또 시민사회 나름의 관점에서 자료를 산출해 서로 논쟁하고 공유도 하면서 국민의 신뢰를 확보해가자는 것이다. 다양한 관점이 공존하고, 다양한 자료가 산출될수록 국민들은 더 많은 판단의 근거를 가질 수 있게 되고, 그 속에서 믿을만한 진정한 '전문성'이 어디에 있는가를 가려낼 수 있다.

5. 시민단체

1998년 경실련에 예산감시위원회가 설치되면서 비로소 시민사회의 예산감시운동이 출발했다. 경실련 예산감시위원회의 창립선언문[15]은 예산감시운동의 취지를 다음과 같이 밝히고 있다.

그동안 우리 사회에는 징세자의 권리는 있었지만 납세자의 권리는 존재하지 않았다. 오늘 우리는 조세의 날을 맞아 정부예산감시운동이라는 새로운 시민운동의 영역을 열어갈 것을 선언하면서 동시에 납세자로서의 시민의 권리를 선언하고자 한다. 오늘이 조세의 날로 명명되듯이 납세자라는 단어는 시민에게는 단지 의무만을 의미하였다. 더구나 지금까지 세금과 관련된 언술들은 탈세와 절세라는 소극적이고 피동적인 저항과 범법으로 기록되어왔다. 징세자의 입장에 있는 정부는 시민의 의무만을 강조하였고 심지어 지방자치단체의 경우에는 도세(盜稅)라는 범법을 저지르고 있었다. 때로 피동적인 납세자와 징세자는 공모하여 가혹한 세금을 회피하고 부패를 구조화하였다. 세금의 징수와 쓰임은 모두 시민의 권리와는 거리가 멀고 검고 어두운 개념으로 이해되어왔다. (…) 그러나 오늘 우리는 조세의 날을 맞아 지금까지의 모든 개념을 적극적 의미로 전환하고자 한다. 우리는 우선 조세의 날이 납세자의 날로 바뀌어야 한다고 주장한다. 징세자가 세금을 잘 낸 납세자를 칭찬하는 날에서 납세자에게 자신의 의무를 다했음을 보고하는 날이자 납세자에게 감사하는 날로 바뀌어야 한다고 주장한다.

선언문이 잘 설명하고 있듯이 예산감시운동은 징세자와 납세자의 관계를 바로잡는 중요한 계기가 되었다. 원래 징세자가 납세자에게 보고를 하고 감사를 해야 하지만, 우리사회는 오랫동안 징세자가 납세자를 칭찬하거나 꾸짖어왔다. 예산감시운동은 예산에 대한 시민의 관심을 환기하는 데 크게 기여했으며, 이후 특화된 시민운동으로 자리를 잡았다.

특히 최근에는 지방자치단체 단위에서 참여예산제에 대한 논의가 활발하게 진행되는 등 예산감시운동이 '감시' 수준을 넘어 '참여'로 발전하고 있다. 참여정부 들어 분권교부세[16]가 도입되자, 이로 인해 지역의 복지 관련 예산이 줄어들 것을 우려한 풀뿌리 시민단체들이 복지정책을 중요한 의제로 제기하며 예산수립에 적극 참여하고 있는 것이다. 시민들이 예산편성에 참여하는 참여예산제, 공무원이 아니라 시민단체가 직접 예산을 편성하는 대안예산 등이 시도되고 있다.[17]

그러나 예산감시운동의 발전과 확산은 역설적으로 운동의 주체들에 새로운 과제를 제기하고 있다.

규범적 주장을 넘어 분석에 근거한 '시민보고서'를 제출하자

저희들도 이제 '밑 빠진 독' 상으로 갔던, "낭비됐다" 이거에서 더 나가서 체계적인 깊은 분석이 필요하거든요. 예를 들어서 작은 정부, 큰 정부 논란이 있다고 하면 시민적 시각에서 대안적 리포트가 나와줄 필요가 있는 거잖아요. (…) 그런 면에서 시민의 시각에서 우려되는 바, 이러한 부분에 대한 깊이 있는 연구와 분석을 하는. CBPP 같은 게 있어야 한다고 보거든요. CAGW처럼, 거기도 나름대로 전문성도 있으면서 대중적으로 편한 반면에, CBPP는 대단한 싱크탱크더라고요. 정부 조세정책 하나 나오면 바로 리포터가 나오더라고요. '사회적 약자들에게 미치는 영향' '조세감면이 누구에게 혜택이 가는 거냐' 이런 보고서들이 바로바로 나와주는, 그런 게 필요한 거죠. '조세감면을 해야 한다' 했을 때 정말 조세감면이 사회적 정의를 높이는 데 효과를 미치는지, 아니면 양극화를 더 심화시키는 건지에 대한 보고서가 딱 나와주면 좋겠죠. 그럼 훨씬 더 합리적인 논쟁이 될 텐데, 조세감면 하면 '큰 정부, 작은 정부' 이런 연장에서 〔논한다〕. 우리는 큰 거, 작은 거가 중요한 게 아니라 '인권을 어떻게 신장하고 시민의 이익을 어떻게 보장할 거냐' 하는 공공적 관점에서 접근을 하는데, 그런 입장에서의 보고서들이 참 없죠. 우리들은.
(오관영, 12면)

오관영 사무처장은 현재 국가재정의 큰 틀과 운영 씨스템이 질적으로 바뀌고 있다고 본다. 그렇다면 예산감시운동도 그에 걸맞게, 즉 낭비를 감시하는 데서 "체계적인 깊은 분석"으로 정부의 여러 정책들을 비판하고 대안을 제시할 수 있는 수준으로 나아가야 한다고 생각한다. 예를 들어 여야가 조세감면을 두고 대립한다든지 전문가들이 큰 정부 작은 정부 논쟁을 벌이면, 그 논쟁의 요지가 무엇이고, 조세감면은 누구에게 이롭고 누구에게 해로운지, 큰 정부가 되면 무엇이 좋아지고 무엇이 나빠지는지, 작은 정부가 되면 무엇이 어떻게 달라지는지를 구체적인 데이터에 입각해 분석하고 시민들이 이해할 수 있도록 전달해야 한다는 것이다. 이 단계가 이전과 구별되는 점은 '당위에 입각한 규범적 주장'을 넘어 실제로 그것이 어떤 결과를 초래할지를 자료와 정보를 "분석"해 보여주어야 한다는 것이다.

그런데 현실은 그렇지 못하다. 시민의 시각, 즉 '큰 정부 작은 정부' 식의 강요된 틀을 뛰어넘어 '과연 무엇이 시민들의 인권에 보탬이 되고 시민에게 이로울 것인가' 하는 관점은 있지만, 구체적인 분석이 뒷받침되지 않아 규범적 주장에 그치고 만다. 그리하여 시민들을 설득하지 못하고, '큰 정부 작은 정부' 식의 도식화된 틀에 다시 포섭되고 만다. 요컨대 정부의 입장을 대변하는 보고서는 있으나 시민의 입장을 대변하는, 비전문적인 시민들이 읽어도 이해할 수 있는 그만한 두께의 보고서는 아직 제출되지 못하고 있는 것이다. 이를테면 국민연금개혁 같은 중대한 문제가 논란이 되어도 "더 내고 덜 받는 수밖에 방법이 없다"는 정부보고서를 규범이 아니라 구체적 수치로 반박할 수 있는, 제대로 된 보고서 하나 내놓지 못하고 있는 게 우리 현실이다.

오관영 사무처장은 시민사회 내부에 그러한 전문적인 역량이 축적되지 못한 현실을 안타까워하면서 CBPP(Center for Budgetary Planning and Priority)라는 미국의 예산 관련 싱크탱크의 예를 든다. CBPP는 행동하는 운동단체라기보다는 시민을 위한 정보를 제공하는 단체이다. 미국에는 CAGW(Citizens Against Government Waste) 같은 운동단체뿐 아니라 CBPP나 POGO(Project On Government Oversight) 같은 역량있는 싱크탱크들이 시민운동에 포진해 있다.[18] 오관영 사무처장이 설명하듯이 그러한 단체들은 정부가 새로운 조세정책을 하나 내놓으면 곧바로 사회적 약자에게 어떤 영향을 미칠지 분석한 보고서를 내놓는다. 그러면 운동단체들은 그 보고서를 기초로 의제를 설정하고, 필요하면 이슈 파이팅을 한다. 비판이 구체적이고 합리적일수록 운동은 설득력을 얻고, 그만큼 시민들의 요구가 반영될 가능성도 높아진다.

그런 맥락에서, 앞서 이야기한 독립적인 민간연구소도 나와야겠지만 예산 관련 시민단체들도 이제는 전문적인 역량을 기르고 필요하면 역할을 분화해가야 할 것이다.

시민단체도 권력이 될 수 있다

그런데 시민단체들이 예산과정에 참여하는 것에 대하여 전문가나 공무원 들은 어떻게 생각할까?

지금 대부분 NGO들의 독무대가 되지 않습니까? 그걸 바탕으로 NGO들은, 경우에 따라 양심불량인 데는 그걸 바탕으로 보조금 같은 것도 당겨서 쓸 수 있고 사업비도 지원받을 수도 있고. "우리가 조용히 할 테니까⋯⋯" 사실 예산 보기 힘들지 않습니까? 그래서 신문에서 설명해서, 편집해가지고, "○○에 쓰이는 돈" 제목만 딱 잡아버리면 "쓸데없는 데 쓰는 돈이다!", 내막을 들여다보면 아님에도 불구하고 그런 식으로 신문이 떠들어버리면 그렇게 되거든요. 실질적으로 시민들이 참여하는데, 그걸 제대로 판단할 수 있는 사람들이 〔얼마나 되겠나〕, 제대로 이해가 되겠나. (양희석, 8면)

최근에 보면 부처들이 시민단체들에게 휘둘리는 느낌이에요. (⋯) 그러니까 '국민들이 어떤 권한을 주는 단체도 아닌데 무슨 자격으로 저렇게 부처 정책

양희석 박사와 양원석 박사는 각각 지방자치단체의 연구소와 국책연구소에 소속된 전문연구원이다. 두 사람은 공히 시민단체의 활동에 거부감을 나타내고 있다. 또한 시민들이 예산과정에 관심을 가지고 또 책임감을 느껴야 한다는 원칙을 부인하지 않았다. 그러나 현재 경험하고 있는 시민 혹은 주민단체들의 활동에 대해서는 "독무대"라거나 "휘둘린다"는 표현으로 불신을 보인다. 양희석 박사는 문제를 찾아내 그것을 무기로 보조금이나 사업비를 지원받는 일부 "양심불량" 단체들을 사례로 들면서, 시민들 가운데 예산안을 보고 그 내용을 "제대로 판단하는" 사람이 얼마나 되겠느냐고 묻는다. "내막", 다시 말해 예산의 전문적인 처리방식이나 절차 등을 잘 알지 못하면서 무책임하게 비판한다는 뜻이다. 양원석 박사는 더 나아가 시민단체의 대표성에 의문을 제기한다. 법률적 절차를 밟아 대표성을 인정받은 것도 아닌 임의단체가 "무슨 권한으로" 정부부처의 정책에 일일이 간섭을 하느냐는 것이다.

아주 일부이기는 하지만 도덕적으로 문제가 있는 시민단체가 없는 것은 아니라는 점에서, 또한 시민단체가 전문가나 담당 공무원 들에 비해 전문적인 식견이 떨어질 수 있다는 점에서 이러한 비판이 일리가 없는 것은 아니다. 또한, 두 구술자들이 경계하듯이 시민단체도 권력이 될 수 있다. 그러나 시민단체가 "무슨 권한으로" 정부의 정책에 의견을 내놓고, "부처 정책에 영향을 미치나" 하는 물음은, 실제로 그렇게 생각하는 전문가나 공무원이 있다면, 재정민주화를 위한 운동이 여전히 필요함을 역설적으로 보여주는 물음이다. 앞서 인용한 선언문은 그 권한을 "납세자로서의 시민의 권리"라고 명명하고 있다.

다양한 의견그룹으로 정책공동체를 형성하자

한편, 시민단체들이 예산과정에 의견을 개진하고 참여하는 문제에 대해 국회에 있는 박기택 국장은 행정부에 있는 구술자들과는 다른 의견을 내놓았다.

우리가 '참여' 관련해서 한가지 혼동하는 게 있는데, 이해당사자들이 참여하는 스타일의 공론이 필요한 경우가 있고, 그다음에 전문가들이 참여해서 전문적인 의견을 창출해야 하는 공론의 장이 있어요. 현재 우리가 난항을 겪는 이유가 그 두 개가 구분이 안되고 있어요. 그러니까 전문가들이 모여서, 전문가라는 건 결국 그 사안에 대해서 깊이 알고 멀리 볼 수 있는 사람인 거죠. 자기 이해관계를 떠나서 결정해야 되는 일과 이해관계자들이 모여서 얘기를 해서 서로, 결국 충돌이 있다면 요체는 어떻게 양보하느냐 아니겠어요? 그런 양보의 장이 있는데, 그것이 구분이 안되어 있어서, 전자가 될 것이 후자로 구성되는 상황이 문제라고 생각하지 현재 우리의 참여 수준이 '높다' '낮다'라는 것은 경험적으로 얘기할 수 없을 것 같습니다. 제대로 된 경험을 못해봤기 때문에. 다만, 결국은 참여로 인한 공론의 가장 대표적인 게 국회가 아니겠습니까? 299명의 의원들이 서로 다른 다양한 차원에서 이해관계를 갖고 있기 때문에. 그런 면에서 우리나라 정책결정 과정에서 정책공동체(policy community)가 제대로 조성이 안되는 가장 큰 이유는 역시 행정부의 관료제라고 생각합니다. (박기택, 7면)

박기택 국장은 예산과정에 대한 시민들의 참여 정도를 평가해달라는 질문에 답하면서 예산의 경우 정책전문성과 이해관계가 상호교차하는 영역이므로 참여의 영역도 이 두가지를 구분해야 한다고 설명했다. 일반 시민, 혹은 이해당사자가 참여하여 정책에 대한 의견을 내놓고 이해관계를 조정하는 영역과 "사안에 대해서 깊이 알고 멀리 볼 수 있는" 정책 전문가가 참여하는 영역을 구분하여 공론의 장을 마련해야 한다는 것이다. 그런데 이런 구분 없이 무조건 '참여'를 강조하다보면, 전문가들이 모여 의논해야 할 사안을 일반 시민들이나 이해당사자들이 모여 의논하는 바람에 논의가 엉뚱한 데로 흘러가기도 하고, 이해관계 집단이 자신의 특수이익을 반영하기 위해 공론의 장을 이용하는 일도 일어난다는 지적이다.

그러면서 그는 국회야말로 가장 대표적이고 유용한 공론의 장임을 강조한다. 국민이 직접 선출한 의원들이 시민사회의 다양한 이해관계와 의견을 대표하면서 공론을 만들어내고 정책을 조정할 수 있다는 것이다. 그런 점에서 우리사회에서 정책공동체가 아직 제대로 형성되지 못하고 있는 가장 큰 책임은 행정부의 관료들에게 있다고 비판한다. 직접 인용되어 있지는 않지만, 비판의 요지는 "정부 입장을 옹호하는 사람들만으로 정책공동체를 만들어 체크 앤드 밸런스(check and balance)가 없는 상태를 만든다"는 것이었다. (박기택 국장은 국회로 가기 전 대학에 있었다. 대학에 있다보면 정부 관련부처가 정책과 관련해 의견이나 자문을 구해올 때가 많다. 그때 몇번 비판적인 견해를 보였더니 그다음부터는 "연락이 끊겼다"고 한다.)

박기택 국장의 말대로 국회는 가장 대표적이고 유용한 공론의 장이다. 그러나 정당정치의 수준이 낮아 그 역할을 제대로 못하고 있는 것 또한 현실이다. 시민운동이 일어나고, 오늘날 거버넌스 체제가 이야기되는 것도 모두 대의정치의 헛점과 한계 때문임은 다시 설명할 필요가 없을 것이다.

재정이 도달해야 하는 최종지점에서부터 정부의 거리를 생각하면, 정보의 쏘스가 정부나 유관 연구기관, 관련단체와 협회, 이렇게 이너 써클(inner circle)에서 생산되고 접하는 정보만으로는 굉장히 제한적이고 한계를 가질 수밖에 없는 상황이에요. 그래서 재정 관련 의사결정을 할 때 뒷받침이 되는 정보들이 굉장히 다양하고 재정의 최종 수혜자들이나 경제현장의 최종단계에 있는 그런 사람들하고의 커뮤니케이션 채널이 필요하다고 생각이 들거든요. (윤원호, 6면)

윤원호 정부통신부 과장이 잘 지적하고 있듯이 '정부와 재정이 도달하는 최종지점까지의 거리' 사이에는 수많은 기관과 협회, 단체들이 존재한다. 그런 기관과 단체들은 "이너 써클"을 형성하여 폐쇄적으로 정보를 유통한다. "현장의 최종 단계에 있는" 시민들의 감시와 견제가 없으면, 정책은 얼마든지 왜곡될 수 있고 이해관계에 의해 흔들릴 수 있다. 시민단체는 정부가 "현장의 최종 단계" "재정이 도달해야 될 최종 지점"과 소통할 수 있는 커뮤니케이션 채널의 하나이다. 그리고 그 채널은 정책공동체의 중요한 구성원임을 잊어서는 안될 것이다.

6. 시민의 직접참여

우리나라 예산운용에 희망이 보이는 것은 시민사회가 적극적으로 관심을 가지게 되었기 때문이다. 중앙정부 차원에서는 복지·여성 분야에 대한 시민들의 관심이 높고, 특히 지방자치단체에서 참여예산제 바람이 불기 시작한 것도 시민들의 관심을 증폭시키는 계기가 되었다.

시민들의 예산과정 참여는 예산결정 전, 집행, 그리고 집행 후, 이렇게 세 단계로 나눌 수 있다. 그동안은 결정 단계에서 정보공개나 낭비요소에 대해 입장을 밝히는 경우가 많았고, 집행된 다음에 문제가 있는 예산사업에 대해 감시운동을 벌였다.

참여하는 시민의 지위라는 측면에서 보면 수동적 지위와 능동적 지위로 나눌 수 있는데, 수동적 지위는 결정권자가 집행부나 의회라는 것을 전제로 정보를 공개하거나 결정과정을 모니터링하는 활동이다. 반면 능동적 지위는 직접 자신의 의견을 표방하는 과정이다. 이러한 기준으로 보면 참여예산제는 예산결정 전에 주민의 적극적이고 능동적인 지위를 보장하자는 운동이다.

현재 우리나라에서 주민참여예산제도는 다양한 형태로 도입·시행되고 있다. 광주광역시 북구가 전국에서 처음으로 조례로 주민참여예산제도를 제도화했지만, 그 이전부터 제한적이나마 몇몇 지방자치단체가 예산을 편성하는 과정에 주민이 참여하는 통로를 열어놓은 사례도 있다. 2005년말 기준으로 조례를 통해 제도적으로 시행하고 있는 지방자치단체는 광주광역시 북구, 울산광역시 동구, 대전광역시 대덕구, 충북 청주시, 경기 안산시, 전남 순천시 등이다. 또한 조례를 제정하지 않고 행정력에 의해 시행하고 있는 지방자치단체는 인천광역시, 광주광역시, 경기

〈표 23〉 지방재정운용에 대한 국민의 참여와 통제 장치

참여의 지향성 참여의 시점	수동적 지위	능동적 지위 (적극적 투입의 기능)
예산 결정 전 단계	예산편성안, 예산공개 예산분석 의회 방청 및 의정 감시	주민참여예산 대안예산 위원회 참여
집행 단계		집행정지 청구권
집행 후 단계	결산정보 공개 결산분석	주민(납세자)소송 주민감사청구 예산감시운동

부천시, 전남 나주시, 광주광역시 동구, 광주광역시 남구, 서울특별시 강남구 등이다.(〈표 24〉 참조)

이런 선도적인 노력에도 불구하고 시민참여를 활성화하기 위한 제도적 장치는 아직 미흡하다는 것이 시민단체 활동가들의 평가이다.

여전히 시도만 되고 있지 결과는 미진하다는 거고, 두번째로는 예산운용의 과정에 있어서 불법성이나 낭비성을 적발하고 확인했을 때, 그것에 어떤 인쎈티브나 환수장치가 아직 미진하다는 거죠. 예컨대 기껏해야 보상 3000만 원 주는 거고, 부패방지법에 따르면 3억 이하 정도 되는 거고. 근데 (…) 불법

〈표 24〉 전국 지방자치단체의 주민참여예산제도 도입 현황(2005년말 현재)

조례 제정 단계	광주광역시 북구	2003년 8월 전국 최초 도입, 2004년 3월 조례 제정
	울산광역시 동구	2004년 6월 조례 제정
	충북 청주시	2004년 시민참여기본조례에 명문화, 2005년 4월 조례 입법예고
	경기 안산시	2004년 시민참여기본조례에 명문화, 2005년부터 시행
	전남 순천시	2005년 3월 조례 제정
	대전광역시 대덕구	2005년 8월부터 시행, 11월 조례 입법예고
조례 제정 이전 단계	인천광역시	1999년부터 예산편성 전 싸이버토론회, 분야별 공청회 개최하여 주민의견 수렴·반영
	광주광역시	시민단체의 예산요구서 비공개결정 행정소송 취하조건으로 2004년부터 예산정책설명회 등 부분적 도입
	경기도	2005년부터 예산편성 전 싸이버 및 서면조사, 분야별 토론회 개최하여 주민의견 수렴 반영
	전남 나주시 경기 부천시	2001년부터 연1회 시민예산설명회 개최, 주요 시책 및 재정운용 방향 주민의견 수렴
	광주광역시 동구 광주광역시 남구	2004년부터 구청장이 위촉한 예산참여시민위원회 구성 의견 수렴
	서울특별시 강남구	2004년 1억 이상 사업비 동별로 배정 주민자치위원회에서 결정

* 자료 : 박광우(2006) 전남대 석사학위 논문.

이나 부작용에 대한 고발이나 제도적 개선을 통해 쎄이브 할 수 있는 돈은 몇 조원에 해당하는데, 그것들이 고발자나 정책제안자에게 인쎈티브로 돌아가거나 아니면 다른 사업에 투자될 수 있는 이런 구조가 있어야 하는데 우리는 아직까지 실질적으로 대단히 미약하다는 거죠. (이강원, 5면)

이강원 국장은 예산과정에 국민들의 참여를 확대하는 장치들이 아직 미흡하다는 것과 더불어 인쎈티브 부족을 중요한 문제점으로 꼽고 있다. 그는 공공의 문제에 관심이 부족한 우리사회의 정서상 참여를 확대하기 위해서는 인쎈티브를 강화해야 한다고 생각한다. 불법이나 낭비 사례를 고발한 시민이나 공무원에게 주는 포상금을 높이고, 나아가 그렇게 해서 확보한 돈을 더욱 생산적이고 의미있는 사업에 투자할 수 있게 하는 장치도 필요하다는 것이다. 돈에 꼬리표를 붙일 수는 없지만, 그 돈이 의미 없이 다른 돈에 섞이는 것보다는 시민들이 보람을 느낄 수 있는 곳, 규모는 크지 않더라도 특별히 시민들의 관심을 받고 있는 어떤 사업, 예를 들어 지역의 숙원사업이라든지 입양아 지원사업이라든지 어려운 이웃을 돕는 데 쓰이면 시민들의 참여동기를 훨씬 높일 수 있을 것이다.

우선 과감하게 시도하자

지방에서는 주민이 가까이에 있으니까 느끼는 거지만, 국가에서는 대부분 어떤 거냐면 국방, 대규모의 SOC 이런 거거든요? 여기에서 참여라는 게 참 애매한 느낌이 들어요. (…) 상식적으로 지방은 그게 드러나요. 이쪽에 노인복지회관 지을래? 저기 애들 놀이터 지을래? 이 정도지만, 국가예산을 보고 일반 국민이 어떤 아이디어를 낸다는 건 굉장히 어렵거든요. 평가한다는 게 어려울 거예요. 그런 건 조금 전문가들이 해주어야 하지 않을까. (박민상, 9면)

박민상 박사가 난감해하듯이 지방정부는 몰라도 중앙정부의 예산과 정에 시민들이 직접 참여하기는 쉽지 않다. 지방정부의 경우 각종 사업이 바로 주민들의 눈에 보이고 생활에 밀착되어 있기 때문에 직접 참여할 수 있다. 참여예산제가 지방자치단체 단위로 도입되고 확산되는 이유도 그 때문이다. 그러나 중앙정부는 정책지향성이 강하기 때문에 전문가라면 몰라도 일반 시민들이 참여하기에는 어려움이 있다.

> 국가 차원에서는 기획예산처에서 나름대로 예산편성하기 전에 하잖아요. 분야별 정책토론이라든가 그런 큰 틀에 있어서 기조를 정하고 하는 과정, 그 속에서 시민들의 의견은 들을 수 있겠죠. (…) 복지 수준에 대한 합의라든가. 우리가 정말 불안정성이 강화되고 양극화가 심화되는 속에서 사회공동체를 유지하기 위한, 우리가 서로 세금 내는 사람으로서 보장해줘야 될, 최소한으로 합의해야 될 복지 수준이 어떤가. 이런 건 국가적 통합의 문제잖아요. 그거는 시민들의 의견을 들어야죠. (오관영, 10면)

오관영 처장은 박민상 박사가 지적하는 어려움을 인정하면서도 최소한 국민적 합의가 필요한 사안에 대해서는 어떤 식으로든 시민들의 의견을 수렴할 필요가 있다고 본다. 지방자치단체 단위에서처럼 직접 참여하는 방식은 어렵더라도 그에 준하는 여러 방법들을 모색해볼 수 있을 것이디. 재원배분의 우선순위 같은 중요한 사안에 대해서는 시민단체나 민간연구소의 참여폭을 넓힐 수도 있고, 여론조사, 국민투표 같은 것도 고려해볼 수 있다. 사실 시민단체들이 '시민의 참여'를 강조하는 것은 정부의 태도나 의식을 향한 문제제기라고 볼 수 있다.

공무원들은 싫어하죠. 싫어하는 이유가 일단 절차상으로 귀찮거든요. 참여에 대해서. 아시잖아요? 5단계가 10단계 이상으로 늘어나서 공무원들이 싫어하는 거죠. 그리고 참여가 실익이 없다, 이거 해봤자 힘있는 애들만 참여하고 기회가 제한되니까. (원종관, 7면)

원종관 사무관이 솔직하게 전하듯이 공무원들은 여전히 '참여'에 대해 거부감을 느낀다. 합리성에 근거하여 공무원이 결정하는데 여기에 또 시민이나 시민단체가 참여한다는 것은 공연히 절차만 늘어나고 일이 많아지는 것에 불과할뿐더러 게다가 실익도 없다고 생각한다. 그런 절차를 만들어놓으면 정말 공공적인 마인드를 가진 시민보다는 오히려 협회나 단체 같은 힘있는 이익단체가 끼어들 소지가 훨씬 많다는 것이다.

그러나 '그렇더라도' 참여를 확대해야 한다는 것이 시민단체의 주장이다.

참여의 내용이 없다기보다는 참여해도 그걸 적극적으로 반영하겠다, 그런 의지의 결여가 더 큰 문제라고 보여요. 그러니까 내용도 불충분하다고 할 수 있겠지만 반대로 얼마만큼 적극적으로 행정부가 예산운용에 있어서 시민의 참여를 목말라하고 있는지. 거짓말이라고 보는 거죠. (…) 소극적이고 마지못해 하는. 그리고 가더라도 조심히 두드리면서 가보자라는 거죠. 뭔가 국민의, 혹은 주민의 참여를 통해서 예산운용의 참여 효과성은 단 몇퍼센트라도, 그것의 성과가 많지 않더라도 과감하게 시도를 해보고 그것의 축적된 성과가 정말 예산운용구조의 비효율성을 덜어내는 거라는 강한 어떤 철학이나 마인드로 무장되어 있지 않다고 보는 거죠. (이강원, 10면)

이강원 국장은 중앙정부든 지방정부든 시민의 참여에 대한 태도가 아직 가식에 불과하다는 인식을 가지고 있다. 최근 시민의 목소리가 높아지고 이를 반영하기 위해 정부가 노력하고 있으나 내용을 들여다보면 시늉만 하는 경우가 많다. 이는 예산운용에서 정부 독점성을 상실하지 않겠다는 태도이고, 이처럼 공무원의 의식이 바뀌지 않은 상태에서 제도만 도입하는 것으로는 실익을 확보하기 어렵다. 시민들이 정부에 바라는 것은 예산운용에서 정부 독점성을 극복하고 거버넌스 구조로 운용하려는 의지와 사고의 전환이다. 시민참여의 문제는 제도나 기술 이전에 철학과 인식의 전환을 필요로 한다. 과감한 시도는 그 전환 속에서만 가능할 것이다.

7. 정보공개

정보공개는 재정개혁의 대전제이다. 재정운용에 관한 정보 없이는 시민의 감시도 참여도 불가능하다. 다행스러운 것은 사회 전반의 민주화에 힘입어 재정정보의 공개 속도도 빨라지고 있다는 것이다. 특히 놀라운 속도로 발전하고 있는 우리사회의 정보기술 씨스템도 여기에 큰 영향을 미치고 있다.

> 디지털 예산회계가 되면 정보공개 수준이 거의 세계 최고가 되지 않을까 생각합니다. (…) 서희 예산 관련된 부분들은 경제기획원부터 기획예산처까지 내려오면서 정말 자부심을 갖고 예산을 운용해왔기 때문에. (…) 예산 파트 쪽은 낙관적으로 볼 수 있다고, 그런 자부심이 있는 것 같아요. 멤버들 자기 스스로가. (오승식, 5면)

기획예산처의 개방형 공무원인 오승식씨는 우리 정부의 예산 관련 정보공개에 대해 상당히 낙관적인 견해를 보이고 있다. 현재 기획예산처 주관으로 진행하고 있는 디지털 예산회계씨스템이 완성되면 우리나라의 예산 관련 정보공개 수준이 세계 최고가 될 것이라고 전망한다. 이것은 개인의 사견이라기보다는 기획예산처의 '공식적인' 입장이라고 할 수 있다. 그러나 다른 구술자들의 평가는 이와는 매우 달랐다.

너무 어려워서 전문가도 이해하기 힘든 예산서

가장 기본적이고도 중요한 예산 관련 정보는 두말할 것도 없이 정부가 발표하는 예산서이다. 그런데 이 예산서는 '정보'로서 치명적인 결함을 안고 있다. 너무 어렵게 작성되어 있어, 읽어봐도 그 의미를 파악하기 힘들다는 것이다.

> 어려워요, 첫번째 느낌은 어렵다는 거예요. 물론 미국 예산도 어렵긴 어렵습니다만 우리의 예산서를 보고 이해할 수 있는 국민은, 일반 국민은 아니고 국회의원 수준에서도 거의 파악을 못할 것 같아요. 너무 어렵게 쓰여 있어요. 이걸 알기 쉽게 쓸 필요가 있습니다. 항상 마음속에 갖고 있는 게 정부 예산이나 재정 같은 걸 알기 쉽게, 좀 눈에 확 보이게 쓸 수 없을까. (…) 정상적인 교육을 받은 사람이면 10~20분 보면 "이렇구나", 이렇게 제대로 만들 수 있게끔, 제약을 해서라도 그렇게 만들어야 할 것 같아요.(…) 사실은 저는 그런 걸 한번 해보면 어떨까 [하는 꿈이 있다]. 우리나라 예산의 방향을 그것만 보면 정확하게 알 수 있게끔. (박민상, 10면)

놀랍게도, 국책연구소의 재정 관련 전문가 박민상 박사가 우리 예산서를 가지고는 예산의 주요 흐름이나 특징을 제대로 파악하기 힘들다는 토로를 하고 있다. 별도의 설명이 없더라도 예산서를 보면 재원배분 순위나 전년도 대비 분야별 증감 같은 주요한 사항들을 파악할 수 있어야 하는데 그게 불가능하다는 것이다. 그래서 일반 국민은 그만두고라도 예산 심의를 하는 국회의원들 가운데 과연 몇명이나 이 예산서를 이해할 수 있을지 의문스럽다고 한다. 오랫동안 그런 답답함을 느껴온 까닭에 박민상 박사는 "마음속에" 꿈을 하나 품고 있다. "정상적인 교육을 받은 사람"이라면 어렵지 않게 이해하고 파악할 수 있는, "그것만 보면" 우리나라 예산의 방향을 확인할 수 있는 쉽고 친절한 예산서 만들기가 그것이다.

예산감시운동을 오래 경험하여 시민사회 내에서는 예산에 관해 전문성이 있다고 하는 경실련의 활동가들도 박민상 박사와 다르지 않았다. 예산서는 무엇을 알려주는 정보라기보다 '해독해야 할 암호'에 가깝다는 것이 일반적인 평가이다. 규모가 방대하기는 해도 기본적으로 수치를 담는 예산서가 특별히 어려울 이유는 없다. 그럼에도 전문가들조차 예산서를 쉽게 이해하기 힘든 까닭은 예산서의 형식이 그것을 읽는 사람, 즉 시민을 전혀 고려하지 않고 있기 때문이다. 재정민주주의는 '작성하는 사람의 편의'에 맞추어져 있는 예산서의 형식을 '읽는 사람의 가독성'을 배려하는 형식으로 바꾸는 것을 포함한다.

데이터는 정보가 아니다

정보공개와 관련해 공무원들은 "할 만큼 다 공개하고 있다. 예전에 비해 엄청나게 하고 있다"고들 한다. 그런데 정작 시민들이나 시민단체는 "양만 많지 정작 알고 싶은 정보는 없다"고 비판한다. 이 비대칭성은 어디에서 오는 것일까?

정보가 몇가지 수준이 있다고 보는데, 하나의 데이터를 공개하는 것과 정보는 다르잖아요. 정보라는 것은 데이터를 가공해가지고 정보를 이용하는 사람들이 접근 가능하고, 이해 가능하고, 적절한 시기에 공급되어야 된다는 게 저희들 입장인데 예산서는 그것만으로는 데이터잖아요. 물론 그걸 전문적으로 보는 사람들이야 조합해내서 의미를 읽어낼 수도 있지만 그런 능력이 없는 시민들한테 그런 정도로 이해해야 된다는 것은 "아니다"라는 생각이 들고요. 1단계로 데이터에 대한 공개도 대단히 중요하죠. 원시 데이터를 공개하는 건. 2단계에 있어서는 진짜 참여를 위한 정보공개라고 한다면, 지금 말씀드렸던 진짜 필요한 정보가 설명되는 단계로 가야 한다는 거죠. (오관영, 11면)

오관영 사무처장은 "이용하는 사람들이 접근 가능하고, 이해 가능하고, 적절한 시기에 공급"되는 것을 "진짜 참여를 위한 정보"가 갖추어야 할 요건으로 꼽는다. 정보가 필요한 사람들이 언제든 볼 수 있고, 보면 이해할 수 있고, 또 필요할 때에 볼 수 있어야 그게 정말 정보라는 것이다. 그런 기준으로 보면 읽어도 이해할 수 없는 예산서는 정보가 아니라 원시적인 데이터에 불과하다. 물론 데이터도 필요하고, 공개해야 한다. 그러나 정보공개의 취지를 생각하면 데이터는 분석되어 그것이 품고 있는 의미가 드러날 때 비로소 정보의 가치를 가질 수 있다. 시민들은 '정보'를 원하는데, 공무원들은 "당신들이 조합해서 의미를 읽어내라"며 데이터를 던져준다. 정보공개 수준을 둘러싼 정부와 시민사회의 비대칭성은 바로 여기서 발생하는 것이다.

전면적이고 상시적이고 자발적인 공개가 필요하다

앞서 오관영 처장이 제시한 기준, 즉 필요한 정보를 누구나, 필요한 때에, 이해할 수 있는 형식으로 제공받아야 한다는 기준으로 살펴보면 지금의 정보공개는 비단 어렵다는 데만 문제가 있는 게 아니다.

우선 중요한 정보는 거의 대부분 '정보공개 청구'를 따로 해야 얻을 수 있다. 누구나 접근할 수 있는 것이 아니라 청구절차를 따로 밟을 정도의 열성을 가진 사람만 접근할 수 있다는 뜻이다. 청구를 할 때도 막연히 '무엇을 알고 싶다' 정도가 아니라 제목이나 종류를 분명하게 지시해서 신청해야 하므로, 웬만한 사전 정보가 없으면 일반 시민들은 신청조차도 쉽지 않다. 그나마 시민단체는 예컨대 사회단체보조금 내역을 알려면 증빙 영수증 같은 원시적 데이터를 요청해 그것을 분석하는 정도의 요령과 능력이 있지만, 시민 개인이 그렇게 하기는 불가능하다. 또 '필요한 때'에 받아보는 일도 쉽지 않다.

> 제3자의 제보나, 아니면 완전히 사업이 다 집행되고 나서 결과물이 다 보였을 때, 그랬을 때 예산이 잘못됐다는 걸 말할 수 있는 것입니다. 진행되는 과정에 예산운용의 정보를 보고 불법이나 낭비 여부를 따진다는 것은 정보공개를 통해서는 불가능하다는 게 그동안의 경험이죠. (이강원, 11면)

예산감시위원회 일을 오래 해온 경실련 이강원 국장은 그동안의 경험에 근거하여, 제3자의 제보가 있지 않은 이상 예산낭비 사례나 불법적인 예산집행을 사전에 알아내기는 불가능하다고 말한다. 정보공개 청구를 한다고 해서 바로 자료를 받아볼 수 있는 게 아니기 때문이다. 모든 일이 그러하지만, 예산도 낭비되거나 불법집행되기 전에 미리 막는 것이 가장 좋다. 그런데 정보공개가 사후적으로 되다보니 그것을 미리 통제하는 일도 불가능해진다. 그러다보니 시민의 제보나 '첩보성 정보'에 의존하게 된다는 것이 예산감시운동의 고충이다.

일반적으로 공무원들은 정보공개를 꺼리거나 귀찮아하게 마련이다.

물론 나라마다 정도의 차이는 있겠으나, 사실 이것은 공무원들의 존재론적 속성이라고 보는 것이 합당하다. 그렇다면 제도로서 정보공개를 강제할 수밖에 없다.

> 그러니까 전면적, 상시적, 자발적, 이게 가장 중요한 거죠. 예를 들어서 〔공개를〕 요구하는 것도 중요하지만, 그걸 누구든지, 요구하지 않더라도 인터넷이나 이런 데서 상시적으로 두고 볼 수 있게끔 하는 거죠. 그러니까 기본적으로 국가기밀에 해당되지 않는 한 상시적으로 데이터를 공개하도록, 그 정도로 가야 한다는 거예요. 지금은 요구하는 것도 잘 안 내놓고, 내놓는 것도 충분치 않아요. (박정식, 11면)

박정식 국장은 정보공개의 가장 바람직한 수준을 "전면적, 상시적, 자발적" 공개로 표현하고 있다. 원칙적으로 국가기밀을 제외하고는 모든 정보를 공개하고, 필요한 때에 언제나 볼 수 있도록 하고, 특별한 절차를 밟지 않더라도 알아서 공개하라는 것이다. 정보공개가 "요구하는 것도 잘 안 내놓고, 내놓는 것도 충분치 않은" 수준에서 전면적이고 상시적이고 자발적인 수준으로까지 나아가는 데는 많은 시간과 노력이 들 것이다.

그러나 정부나 공무원들이 존재론적인 두려움을 넘어 정보공개의 취지를 이해한다면 그 시간은 훨씬 짧아질 수 있다. 공무원들은 흔히 '공개하면 뭔가 문제가 일어난다'고 생각하지만, 사실 공개할수록 문제는 줄어들게 되어 있다. 공개된 정보는 시민사회가 정부를 이해하는 통로이기도 하다. 정보가 많을수록 시민이 정부를 더 잘 이해할 수 있게 되고, 시민이 정부를 더 잘 이해할수록 정부에 대한 신뢰가 높아진다. 예산 관련 정보공개의 수준을 획기적으로 높여줄 것이라 기대되는 디지털 예산회계씨스템이 완성되어, 중요한 정보들이 누구나 이해할 수 있는 형식으로 신속하고 정확하게 공개되기를 기대한다.

희망의 여명

문민정부에서 국민의 정부에 이르기까지 많은 행정개혁이 시행되었다. 과거 군사정권의 묵은 때를 벗겨내기 위한 노력이었다. 그러나 조직이나 인사, 각종 정책의 변화에 비해 예산의 개혁은 상대적으로 소홀했다. 예산을 여전히 당선자의 전리품으로 생각하는 경향이 강했다. 대통령의 의중을 살펴서 지출하는 것을 중시했을 뿐 재정운용의 전반적인 변화를 모색하는 노력이 부족했기 때문이다.

그러나 사회 전반의 민주화에 따른 시민참여 활성화는 예산운용에도 변화를 불러왔다. 경실련의 예산감시위원회 그리고 '함께하는 시민행동'이 활동은 우리사회에 예산과성과 본질에 대한 문제의식을 일깨웠다. 공권력을 통해 조성한 자금을 사용하는 과정에서 국민은 수동적인 위치에 있고, 모든 예산과정은 관료적 절차의 지배를 받으며, 정보는 정부가 독점하고 있는 현실을 분명한 목소리로 비판했다. 또한 납세자의 의무가 아니라 권리를 주장하면서 예산과정의 패러다임을 전환시켰다.

또한 2000년대 들어 확산되고 있는 참여예산제는 새로운 제도적 장치로서 절차의 변경을 유도하고 있다.

이러한 정치환경의 변화에 따라 참여정부 들어 예산운용과 관련하여 획기적인 노력이 이루어졌다. '3+1 재정개혁'에서 출발하여 예산을 계획과 성과의 연계고리 속에 두게 하였다. 그 완결판으로 45년간 유지해 오던 예산회계법 체계를 버리고 2006년에 국가재정법이 새로이 제정되었다.

이런 싯점에서 예산과정에 직간접적으로 참여하고 있는 각계각층의 사람들이 재정개혁에 대해 어떠한 생각을 하고 있는지를 들어보고 정리해보는 것은 매우 의미있었다. 한걸음 더 나아가 새로운 방향성을 제시하는 계기가 되기를 기대한다.

제2장에서는 우리나라 예산낭비의 현장을 보고, 재정관리의 수준을 점검했다. 제3장에서는 재정규모와 재원배분의 우선순위에 대한 의견을 정리했다. 우리가 낸 세금이 누구를 위하여 지출되는가를 살펴보고자 했다. 제4장에서는 최근 진행되고 있는 3+1 재정개혁에 대한 점검을 시도했다. 제5장에서는 예산과정과 연관된 제도적 장치로서 국회, 감사원, 기획예산처, 전문연구기관, 시민단체, 시민참여, 그리고 정보공개 등을 정리해보았다. 별도로 정리를 하지는 않았지만, 인터뷰 과정에서 제기된 다양한 의견을 제도개선의 아이디어로 활용한다면, 분명 우리 재정운용에 새로운 비전을 제시해줄 것으로 믿는다.

다만, 예산은 정부활동 중에서 가장 보수적인 영역이다. 이를테면 예산의 결정과정을 설명하는 이론 중에 점증주의가 있다. 올해 예산이 전년도에 비해 몇퍼센트 증가했는지로 예산을 설명하는 것이 가장 설득력이 강하다는 이론이다. 달리 표현하면 그만큼 변화에 저항하고 둔감하다는 뜻이다. 그 이유는 자금 지출과 관련하여 다양한 이해관계가 얽혀 있기 때문이다. 그리고 관련되는 사람들이 필요한 자금을 확보하는 데만 관심을 가질 뿐, 제도를 만드는 데에는 관심을 갖지 않으려고 하기 때문이다.

그럼에도 각계각층에서 활동하고 있는 예산 파수꾼의 노력이 결집되어 우리사회에 희망을 가져다줄 것으로 믿는다. 어려운 여건에서 기꺼이 인터뷰에 응해준 우리사회의 다양한 예산 파수꾼들에게 진심으로 감사드린다.

1장 재정은 어디서 어떻게 낭비되는가

1 중앙일보 2007.2.3.

2 이하의 논의는 다음의 주요 내용을 인용한다. 이원희 「예산낭비의 개념 정립과 대응체계 구축 방안」, 한국정책학회, 기획예산처 용역, 2006.

3 공식 명칭은 '대통령 소속 민간부문 비용통제 조사위원회'(Private Sector Survey on Cost Control)이다.

4 이에 관한 자세한 내용은 다음의 논문을 참조하라. 이원희 「미국 예산감시 시민단체의 유형과 활동」, 『지방정부연구』 제6권 제4호, 145~62면, 2003.

5 국회의원이나 지방자치단체장이 정치적 지지를 얻기 위해, 혹은 정치자금을 마련하기 위해 불요불급한 사업에 예산을 책정하는 것이 대표적인 예이다. 이른바 '구유통사업'(Pork Barrel), '선심사업'이 이에 해당된다. 고위관료들이 경력관리를 위해, 또는 뇌물을 받기 위해서 특정 정책을 결정하는 경우도 이에 해당된다. 로비스트의 활동에 휘둘려 무기를 구매하거나, 국회의원이나 지방의원들의 외유를 위한 예산을 편성하는 것도 여기에 해당된다. 관료들의 횡령이나 계약비리 등도 이에 속하는데, 과거 인천과 부천의 세금도둑 사건처럼 정부의 세입을 횡령하는 경우와 세출을 집행할 때의 계약 관련 비리 등이 해당된다.

6 정부는 기업과는 달리 상충되는 다양한 가치를 추구한다. 예를 들어 형평성과 효율성을 함께 추구한다. 효율성을 추구하려면 가급적 예산낭비를 피해야 하지만, 행정은 때로는 형평성을 추구해야 하고 이 때문에 예산낭비가 발생하기도 한다. 예컨대 무안-광양 고속도로에 대한 예비타당성 조사 결과가 나쁘게 나왔으나 지역 낙후도 등을 고려하여 사업을 추진했다. 효율성 측면만 고려한다면 무안-광양 고속도로는 추진하지 않는 것이 효율적이나 형평성이라는 또다른 중요한 가치를 달성하기 위해 사업을 추진한 것이다. 또한 정부의 경직된 계약절차가 비효율을 초래할 수 있는데, 이는 잠재적 계약자들에게 공평한 기회를 제공해야 한다는 가치와 계약 관련 공무원들의 청렴성을 확보해야 한다는 또다른 가치를 위하여 정당화된다. 이러한 유형의 예산낭비는 원인제공자들에게 책임을 묻기 어려우며, 경우에 따라서는 오히려 권장되기도 한다. 상충되는 가치의 추구는 진정한 효율성(true efficiency) 개념에 근거하여 효율성 개념 속에 포함시키기도 하는만큼 논쟁의 여지가 있을 수 있다.

7 W. Stanbery & F. Thomson, "Toward a Political Economy of Government Waste: First Step, Definitions," *Public Administration Review*, 1995.

8 이러한 과정에서 일본의 지방재정 적자가 발생하였다. 이에 대해 일본에서는 '삼위일체 개혁'이라고 하여 교부금과 보조금은 줄이고 지방세를 늘리는 개혁을 단행했다. 자기 지역에서 공공 써비스를 확대하려고 하면 자신의 부담으로 하도록 한 것이다.

9 정부는 현재 공공부문이라고 하는 대분류 속에서 기업형 46개, 공익형 92개, 연구기관형 57개, 진단형 53개로 구분하고 있다. 다시 기업형 속에 시장형 6개, 준시장형 18개, 기타공공기관 22개로 세분한다. 그리고 공익형 속에 기금관리형 13개, 위탁집행형 64개, 기타공공기관 15개로 구분한다. 이것이 2006년에 제정된 공공기관의 운영에 관한 법률에서 규정하는 '공공기관'의 유형이기도 하다.

10 2004년 6월 감사원 발표.

11 중앙일보 2007.1.30.

12 중앙일보 2007.4.11.

13 중앙일보 「줄줄 새는 농어촌 정부 지원금」, 2005.4.2.

14 중앙일보 2007.1.29, 1면.

15 중앙일보 「축복받는 국책사업 만들자」, 2007.1.30.

1 2007년 예산을 기준으로 보면 일반회계의 규모가 125조원이고, 특별회계가 16종류로 38조원이 지출된다. 기금은 47종류가 있으며 사업비로만 72조원이 지출된다. 기금의 경우 적립을 하고 여기에서 나오는 이자로 지출을 하는 경우를 포함하면 전체 규모는 300조원에 달한다.

2 기획예산처의 반론은 다음과 같다. ① IMF 통계로 비교해도 OECD 수준과 비슷하다는 주장에 대해: 중앙일보는 미국 등 외국통계는 공기업이 빠진 OECD 통계를 사용하고, 우리나라는 공기업을 포함한 IMF 기준으로 비교했음을 스스로 인정했다. 그러면서도 다른 나라의 경우 IMF 통계결과가 OECD 통계와 비슷하기 때문에 공기업을 포함한 우리나라의 통계와 OECD 각국 통계를 비교해도 문제가 아니라는 논리를 폈다. 그러나 IMF 통계상 어느 나라도 공기업을 포함하여 재정통계를 작성하지 않고 있다는 사실을 아직도 모르고 있는 것 같다. ② OECD 기준에 공기업에 대한 규정이 없다는 데 대해: OECD는 재정규모를 산정하는 통계기준으로 일반정부를 대상으로 하고 있으며, 일반정부 부문에는 공기업이 포함되지 않는다고 명확하게 규정하고 있다. The general government sector does not include public corporations, even when all the equity of such corporations is owned by government units. (System of National Account 93, 4.113조항)

3 일정 기간에 국민경제를 구성하고 있는 모든 경제주체들의 경제활동의 결과와 일정 시점에서 국민경제 전체의 자산과 부채상황을 정리해 보여주기 위해 정해진 회계기준을 말한다. 국민경제의 순환과 변동을 체계적으로 기록한 사회회계로서 경제활동을 거래형태별, 거래에 참가하는 경제주체별로 파악하여 복식부기 방식으로 기록한 것이다. 국가의 재무제표라고 할 수 있으며 1968년 UN이 국제적으로 통일된 국민통계를 작성키 위해 마련했다. 한편 UN은 1993년에 개정 SNA를 발표하고 이 지침에 의한 국민계정의 편제를 각국에 권고하고 있는데, 우리나라는 국민소득통계의 1995년 기준년 개편시 이행 가능한 사항은 일부 이행하였으며 2004년까지 완전 이행토록 하였다.

4 IMF는 전 세계 125개국의 정부 관련 통계치를 발표하고 있다. 여기에서 다양한 국가의 통계치를 비교하면서 일정한 기준을 제시하고 있다.

5 구축효과는 버스에 승객이 너무 많으면 다른 승객이 밀려나게 된다는 이론이다. 경제에 정부와 민간의 두 주체가 있는데 정부가 너무 비대해지면 민간이 축소된다는 것이다. 정부를 확대하려면 민간의 세금이 필요하니 민간의 재원이 부족해지

고, 또 정부투자를 확대하면 민간투자가 기회를 잃게 된다고 보는 견해이다.

6 2006년에는 정부가 비전 2030년을 발표하면서 사회적인 논쟁이 전개되었다. 현재 경제여건이 어려운데 머나먼 2030년을 전망한다는 것이 현재를 외면하게 만드는 정치적 수사(修辭)가 아니냐는 비판이 제기되기도 했으나, 재정운용의 방향성을 점검한다는 의미는 있었다. 비전 2030이 주창하는 함의는 세가지 명제로 압축된다. 첫째, 성장과 복지가 선순환구조를 갖는 동반성장으로의 패러다임 전환이 필요하다. 둘째, 복지예산 지출 증가가 성장의 걸림돌이라는 이분법적 사고를 극복해야 한다. 셋째, 성장과 복지의 조화로운 발전을 통해 민주적 시장경제를 이루어가야 한다. 그리고 이를 위해 R&D투자와 인적 자원에 대한 투자를 확대한다는 의미도 강조되었다.

3장 어떤 전망 아래 어느 분야에 얼마나 쓰이고 있는가

1 일단 민간자금으로 건설한 다음에 정부가 장기적으로 이를 상환하는 방식이다. 예컨대 600억원이 드는 공원을 건설할 때, 정부가 600억원의 자금을 한꺼번에 확보하기 어려우면 20년으로 나누어 매년 30억원씩 상환해가는 방식이다. 물론 이럴 경우 민간업자에게 일정한 이윤과 이자를 포함하여 건설비를 계상하게 된다. 이때 어느정도 이윤을 보장하느냐에 따라 자칫 특혜가 발생할 우려가 있다. 그리고 당장 정부자금이 투입되지는 않으므로 공짜 심리에 의해 공공공사를 무리하게 책정할 우려도 있다. 즉 정부는 그다지 시급히 필요하지 않은 사업도 시행할 가능성이 있고, 의회에서는 당장 자금이 소요되지 않기 때문에 심각하게 이를 심의하지 않을 우려가 있다.

2 BTL과 달리 사업의 결과 수익이 발생하는 경우에 적용된다. 흔히 말하는 '민자유치 고속도로'가 대표적인 유형이다. 민간자본을 유치하여 고속도로를 건설하게 하고, 일정 기간 통행료를 받아서 투입된 자금을 회수하는 방식이다. 그러나 이 경우에도 국고가 건설비에 투입되기도 하고, 또 적정 이윤이 보장되지 않을 경우 정부의 재정자금이 지원된다. 그리고 이윤을 보장하는 과정에서 공공도로에 비해 통행료가 비싸게 책정된다. 민간자본으로 건설된 인천공항 고속도로, 공주-대전 고속도로 통행료가 유달리 비싼 이유가 여기에 있다.

3 중앙일보 2007.1.30, E2면.

4 국가재정운용계획 사회복지·보건 분야 작업반, 2006.

5 농·어업정책 보고회(2007.3.20)에서의 노무현 대통령 발언.

6 중앙일보 2007.3.21. 고추피망, 오이, 가지, 배는 일본시장 점유율이 100%에 가깝고, 백합은 92.6%, 파프리카는 63.9%, 수박은 58.1%를 기록하고 있다.

7 정부가 특정한 재화와 써비스의 수요자에게 일정액에 상응하는 구매권을 부여하고 공급자에게는 써비스 제공 댓가를 사후에 지불하는 써비스 전달체계이다. 다수의 공급자 중에서 원하는 공급자를 소비자가 선택하게 한다는 장점이 있어 시장지향적 정책수단으로 확대되고 있다. 유한욱「재정효율성 제고를 위한 시장원리 활용 방안 ─ 바우처 제도를 중심으로」, KDI 정책연구보고서, 2006.

8 현인택『한국의 방위비 : 새로운 인식의 지평을 위하여』, 한울 1991.

9 현재 국방부는 병력집약적 군에서 기술집약적 첨단군으로 거듭나기 위해 국방개혁을 추진하고 있다. 국방개혁은 현대전 양상에 부합하는 군구조로 개편하고 국방운영의 문민기반을 확대하며, 국방관리체제를 혁신하여 저비용·고효율의 국방운영을 구현하고, 시대상황에 부응한 새로운 병영문화를 정착시키는 데 중점을 두고 있다. 2020년까지 18만 병력을 감축하고 전투력은 강화한다는 복안이다. 첨단전력 증강과 질적 정예화를 통해 과학기술군으로 발전시키면서 현재 68만명의 상비병력을 2020년까지 50만명 수준으로 축소할 계획이다. 육군은 군단과 사단의 수를 줄여나가되, 단위부대의 전투력은 강화될 수 있도록 재설계될 것이다. 특히 1·3군을 통합하여 지상작전사로 개편하고, 2군사령부도 후방작전사로 개편되며, 또한 전후 50년 이상 유지해온 GOP 경계체제도 개선하여 첨단 경계장비를 편제한 경비여단이 전담하게 될 것이다. 해군과 공군도 전투전단 및 비행전대 등 중간제대를 해체하여 지휘계선을 단축하는 한편, 첨단 무기체계 획득을 통해 강화된 작전능력을 확보하게 될 것이다. 그리고 현재 300여만명의 방대한 예비군은 150여만명 수준으로 대폭 정비하는 대신 상비군의 대체전력으로서 질적으로 정예화할 것이다.

4장 재정관리 씨스템은 진화하고 있는가

1 2000년에 '납세자소송에 관한 특별법' 제정이 입법청구되기도 하였으나, 아직 도입되지 않고 있다. 미국의 경우 1863년 연방법으로 제정되어 시행되고 있는 'Federal False Claims Act'에 근거하여 이 제도가 매우 활발하게 활용되고 있다.

2 PART(Program Assessment Rating Tool)는 재정사업을 16개 지표로 구분하여 사업의 성과를 측정하는 기법이다. 미국에서 시행된 것을 도입한 장치이다.

3 미국의 감사원은 의회 내에 회계감사국(General Accounting Office)이라는 명칭으로 있다가 1993년 GPRA 법률 제정을 계기로 미국 행정부가 성과관리체계로 전환하면서 책임감사국(Government Accountability Office)으로 이름을 바꾸었다.

5장 누가 우리의 세금을 지킬 것인가

1 국무총리실 소속기관이었다가 이명박정부 들어 기획재정부로 개편되었다. 원고를 작성하는 기간이 길었기도 하거니와 정부조직 개편 시기마다 중앙예산기구가 변화한다는 점을 방증한다.

2 우리나라의 역대 예산안 총 수정비율을 보면 최고 4%에 근접했던 적도 있었으나(1989, 2005년) 2% 이하에 머물렀던 해가 절대적으로 많다. 한편, 순수정비율을 보면 대부분 음으로 나타나 삭감이 주를 이루고 있으나 2002년 이후에는 예산액이 증가한 경우도 3번이나 있다.(2002, 2004, 2005년) 1979년부터 2000년까지의 총 수정비율 평균은 1.45%였는데 예결위가 상설화된 이후인 2001년부터 2006년까지의 평균은 2.17%로 나타났다. 한편, 순수정비율은 2000년까지는 평균 0.40%로 나타나 국회심의에서 예산안이 소폭으로 삭감되는 게 관행이었음을 알 수 있다. 그러나 예결위가 상설화된 이후인 2001년부터 2006년까지는 순수정비율이 평균 0.12%로 국회의 예산심의과정에서 예산이 증가하는 흐름이 나타나고 있다.

3 미국은 예산을 국회의 고유한 권한으로 여긴다. 그래서 원래는 의회가 예산안을 편성하여 행정부에 넘겨주는 것이 통례였다. 그러나 1921년 예산회계법을 제정하면서 예산사업이 너무 방대하여 행정부가 예산안을 먼저 만들어서 제출하는 방식으로 바뀌었다. 의회의 예산심의권과 관련하여 특히 우리나라 지방의원들의 경우, 집행부가 제출한 예산안을 삭감하거나 증액하는 의회의 권한에 제약이 있는 것처럼 생각한다. 그러나 예산안 심의는 시민의 대표기구인 의회의 가장 중요한 권한이다.

4 1948.5.31~1950.5.30.

5 제4차 국회법 개정, 1953.1.22.

6 제10차 국회법 개정, 1963.11.26.

7 6대 국회부터 8대 국회까지는 각 교섭단체 소속 의원수의 비율에 의해 각 상임위원회별로 3인씩 교섭단체에서 선임하여 36~39인으로 구성했다. 9대 국회와 10대 국회에서는 교섭단체 소속 의원수의 비율과 상임위원회 위원수 비율에 의해

40~45인을 의장이 선임했다. 강신택『재무행정론』, 박영사 2001, 272면 참조.

8 국회예산처장의 최종 임명권자는 국회의장이다. 따라서 임명과정에서 국회의장의 출신 정당, 즉 다수당의 추천이 결정적인 영향을 미친다. 이때 이미 정치적 편파성이 개입될 소지가 많다. 더욱이 여야가 바뀌어 국회의장이 다른 정당 출신으로 바뀌면 전임 국회의장이 임명한 사람과 불편한 관계가 형성된다. 이럴 경우 보통은 사표를 내는데 임기를 지키겠다고 버티면 갈등관계가 형성된다. 이렇게 되면 다수당에서 여러가지 방식으로 압박을 가하기 때문에 버티기가 쉽지 않다.

9 이러한 필요성은 지방자치단체의 경우 더욱 절실하다. 지방의회는 전문위원실 직원이 집행부에서 파견나온 사람들로 구성된다. 따라서 의회 입장에서 일을 하기보다는 집행부의 입장을 대변할 우려가 있다. 또한 전문위원실 공무원은 정책분석 보고서를 발간하기보다는 의원에 대한 의전행사에 집중하게 된다. 지방의회의 지원기능 활성화에 대한 논의가 시급한 형편이다.

10 특히 지방자치단체에서 이러한 필요성이 강하게 제기된다. 지금처럼 시장이나 군수의 임면권 아래에 있는 감사관실 조직으로는 내부 통제에 한계가 있다. 외부 전문가를 개방형으로 임명하고 임기를 보장하여 기관장에 대한 내부견제를 강화해야 한다. 이럴 경우 의회의 인사청문회를 통해 감사관에 대한 검증과정은 필요하다. 물론 장기적으로는 의회 소속으로 하는 것도 방안이다.

11 일본의 경우에도 재정과 금융을 통합한 거대조직인 대장성이 재정운용의 정치화를 유도하고 이로 인해 재정의 팽창기조를 유발했다고 지적된다. 眞渕勝『大藏省統制の政治經濟學』, 中央公論社 1994.

12 기획예산위원회『정부조직개편백서』, 1998.

13 대통령제 국가에서 총리에게 예산권을 주는 기형적인 모양은 계속 유지되고 있다.

14 기획예산처『한국의 재정, 어제 오늘 그리고 내일』, 2007, 437~48면.

15 1998년 3월 3일 발표하였다.

16 과거 보조금은 특정 사업을 정해 중앙정부가 지방정부에 자금을 주면 지방정부가 여기에 일정한 자금을 분담지출하는 체계였다. 에컨대 복지 관련 재정지출을 하면서 중앙정부가 광역자치단체에 예산의 50%를 주면 광역자치단체가 여기에 30%를 더해 기초자치단체에 보내고 기초자치단체가 나머지 20%를 채워 지출하는 방식이다. 이로 인해 지역의 선택에 중앙정부가 간섭한다는 비판이 있었다. 분권교부세는 기존의 세분화된 보조금을 묶어서 지역에서 사업을 선택하도록 한 것이다. 세분화된 사업을 포괄적으로 통합하는 것은 좋으나, 복지 관련 보조금 사업을 통합하는 과정에서 지역에서 복지 관련 예산이 줄어들 우려가 제기된다.

17 이에 대해서는 다음의 논문을 참조하라. 이원희 「예산과정과 주민의 역할: 감시
를 넘어서 참여로」, 희망제작소 월례발표회, 2007.

18 이에 대해서는 다음의 논문을 참조하라. 이원희 「미국 예산감시 시민단체의 유형
과 활동」, 『지방정부연구』 제6권 제4호, 2003, 145~62면.

김병기 해양수산부 사무관

박기택 국회예산정책처 국장

박민상 한국조세연구원 연구원

박정수* 이화여자대학교 행정학과 교수

박정식* 경제정의실천시민연합(경실련) 국장

손일석 경제전문 기자

송철호 감사원 사무관

신경혜 감사원 사무관

신동철 국회사무처 전문위원

안상혁 한국철도기술연구원 연구원

양원석 한국개발연구원 연구원

양희석 경기개발연구원 연구원

오관영* '함께하는 시민행동' 사무처장

오승식 기획예산처 개방형 공무원

옥동석* 인천대학교 무역학과 교수

원종관 기획예산처 사무관

윤원호 정보통신부 과장

이강원* 경실련 국장

이재명 국회사무처 전문위원

전철홍 국회예산정책처 팀장

정영규 기획예산처 과장

정창수* 국회의원 보좌관

* 표시를 제외한 다른 구술자들은 가명으로 처리했으며, 소속 기관과 직위는 구술 당시의
  것을 따랐다.

희망제작소 프로젝트
우 리 시 대 희 망 찾 기 **02**

시민이 챙겨야 할 나라 가계부

초판 1쇄 발행 • 2008년 8월 1일

지은이 • 이원희
펴낸이 • 고세현
책임편집 • 강영규 김도민
펴낸곳 • (주)창비
등록 • 1986년 8월 5일 제85호
주소 • 413-756 경기도 파주시 교하읍 문발리 513-11
전화 • 031-955-3333
팩시밀리 • 영업 031-955-3399 편집 031-955-3400
홈페이지 • www.changbi.com
전자우편 • human@changbi.com
인쇄 • 상지사P&B

ⓒ 희망제작소 2008

ISBN 978-89-364-8544-3 03300
ISBN 978-89-364-7984-8 (세트)